AF493617

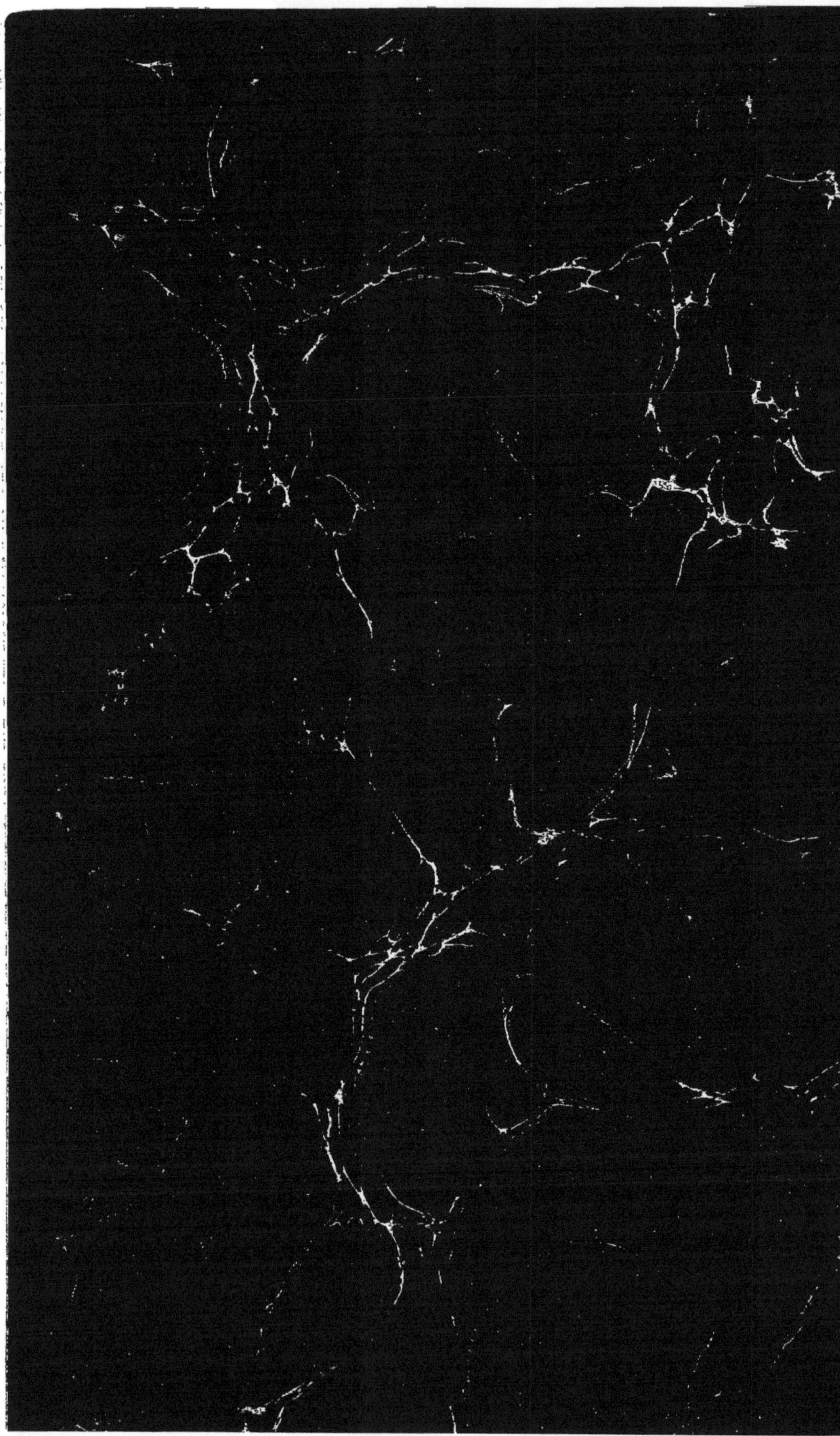

O3n
53.

C.

NOTICE

SUR LE PAYS ET LE PEUPLE

DES YÉBOUS

EN AFRIQUE.

IMPRIMERIE DE Mme Ve DONDEY-DUPRÉ,
rue Saint-Louis, 46, au Marais.

NOTICE

SUR LE PAYS ET LE PEUPLE

DES YÉBOUS

EN AFRIQUE,

Par M. D'AVEZAC,

VICE-PRÉSIDENT DE LA SOCIÉTÉ ETHNOLOGIQUE DE PARIS,
MEMBRE HONORAIRE DE CELLE DE NEW-YORK,
DES SOCIÉTÉS GÉOGRAPHIQUES DE PARIS, LONDRES, FRANCFORT, ET BOMBAY,
DE LA SOCIÉTÉ ASIATIQUE DE LA GRANDE-BRETAGNE ET D'IRLANDE,
DE LA SOCIÉTÉ AFRICAINE DE LONDRES,
DE LA SOCIÉTÉ ORIENTALE,
ETC., ETC, ETC.

BIBLIOTHÈQUE ROYALE

PARIS.

LIBRAIRIE ORIENTALE DE Mme Ve DONDEY-DUPRÉ,
RUE DES PYRAMIDES, 8.

1845

NOTICE

SUR LE PAYS ET LE PEUPLE

DES YÉBOUS

EN AFRIQUE,

Par M. D'AVEZAC,

Vice-Président de la Société Ethnologique de Paris,
Des Sociétés Géographiques de Paris, Londres, Francfort, et Bombay,
De la Société Asiatique de la Grande-Bretagne et d'Irlande,
De la Société Africaine de Londres,
De la Société Orientale, etc.

INTRODUCTION.

§ Ier. — SOURCES D'INFORMATION.

1° Utilité des informations orales pour la connaissance des peuples africains.

Ce n'est point exclusivement à une longue et rigoureuse exploration, aidée de toutes les ressources de la science, ce n'est même point à des reconnaissances expéditives, mais intelligentes et précises, que l'on doit se borner à demander les résultats susceptibles d'être enregistrés au grand livre des notions acquises sur les pays et les peuples de la terre.

De vastes continents sillonnés à de grands intervalles par de rares itinéraires seraient encore à peu près inconnus si l'on avait négligé de rattacher à ces lignes nues et clair-semées qui constatent le passage du voyageur européen, les informations bien autrement étendues recueillies sur les lieux, de la bouche des indigènes. L'Afrique surtout offre un champ sans bornes aux enquêtes de cette nature : Seetzen (1), Burckhardt (2), Rüppell (3), Browne (4),

(1) U. J. SEETZEN, *Nachrichten von dem negerlande Für; — Nachrichten von dem negerlande Mobba und einigen nachbarlændern; — Ueber das grosse afrikanische reich Burnu und dessen nebenlændern, und ueber die sprache von Affadeh.* — Ces trois morceaux, rédigés au Caire en octobre et novembre 1808, furent insérés dans la *Monatliche Correspondenz* du baron de ZACH, cahier de mai 1809, t. XIX, pp. 429 à 446 ; — cahier de février 1810, t. XXI, pp. 137 à 155 ; — cahier de septembre et octobre 1810, t. XXII, pp. 269 à 275 et 328 à 341.— On en trouve une traduction française dans les *Annales des Voyages* de MALTE-BRUN, t. XXI, pp. 145 à 179, et t. XIX, pp. 164 à 184.

(2) J. L. BURCKHARDT, *Travels in Nubia*, Londres 1819, in-4°. On trouve dans l'appendice : 1° *Itinerary from the frontiers of Bornou by Bahr el Ghazal and Darfour to Shendi*, pp. 477 à 483 ; — 2° *Some notices on the countries of Soudan west of Darfour, with vocabularies of the Borgo and Bornou languages ; collected at Cairo from negro pilgrims in the winter of* 1816-1817 ; pp. 484 à 492.

(3) ED. RUEPPELL, *Notice sur Mehemet-Beg et sa carte du Kordoufan*, insérée dans la *Correspondance astronomique* du baron de ZACH, cahier d'octobre 1824, t. XI, pp. 359 à 370 ; répétée dans les *Nouvelles Annales des Voyages* de MM. EYRIÈS et MALTE-BRUN, cahier de décembre 1824, t. XXIV, pp. 409 à 422, et dans le *Journal des Voyages* de M. VERNEUR, cahier de décembre 1824, t. XXIV, pp. 265 à 282.

(4) W. C. BROWNE, *Travels in Africa, Egypt, and Syria, from the year 1792 to 1798*, Londres 1799, in-4°. Voir dans l'appendice : 1° *Illustrations of the maps*, pp. 445 à 450 ; — 2° *Itineraries*, pp. 451 à 473.

Hornemann (1), Lyon (2), Bowdich (3), Dupuis (4), Clapperton (5) et beaucoup d'autres (6), nous ont

(1) F. HORNEMANN, *The Journal of his travels from Cairo to Mourzouk, the capital of the kingdom of Fezzan in Africa, in the years* 1797-8, Londres 1802, in-4°. On trouve dans l'appendice : *A Memoir containing various informations respecting the interior of Africa, transmitted from Mourzouk in 1799 by F. Hornemann;* pp. 105 à 119.

(2) Captain J. F. LYON R. N., *A Narrative of travels in northern Africa in the years* 1818, 19 *and* 20, *accompanied by geographical notices of Soudan and of the course of the Niger,* Londres 1821, in-4°; *passim*, mais surtout pp. 121 à 151.

(3) T. E. BOWDICH, *Mission from Cape Coast-Castle to Ashantie, with a statistical account of that kingdom, and geographical notices of other parts of the interior of Africa,* Londres 1819, in-4°; pp. 161 à 227 et 422 à 452.

(4) JOS. DUPUIS, *Journal of a residence in Ashantee, comprising notes and researches relative to the Gold-coast and the interior of western Africa, chiefly collected from arabic Mss and information communicated by the Moslems of Guinea,* Londres 1824, in-4°; seconde partie, pp. 1 à 115, et appendice, pp. 124 à 135.

(5) DENHAM and CLAPPERTON, *Narrative of travels and discoveries in northern and central Africa, in the years* 1822, 1823 *and* 1824, Londres 1826, in-4°; appendice, n° 12 : *Geographical and historical account of the kingdom of Takroor*, pp. 158 à 167. — CLAPPERTON, *Journal of a second expedition into the interior of Africa from the bight of Benin to Soccatoo*, Londres 1829, in-4°, ou Philadelphie 1829, in-8°; appendice : *Late captain Clapperton's arabic papers, translated by Mr. A. V. Saleme*, pp. 389 à 403.

(6) Tels que : NIEBUHR, *Deutsche Museum*, cahier d'octobre 1790, pp. 963 à 1004.— A. von EINSIEDEL, *Nachricht von den innern ländern von Africa*, dans le recueil de CUHN, *Reisen in das innere von Africa*, Leipzig 1791, in-8°, t. III; pp. 433 à 447. — V. DENON, *Voyage dans la basse et la haute Égypte*, Paris 1803, in-12; t. Ier, pp. 307 à 310. — M. J. LAPANOUZE, *Caravanes du Dârfurth et du Sennâr*, dans les *Mémoires sur l'Égypte*, Paris an XI; t. IV, pp. 77 à 124. — LEDYARD et LUCAS, dans les *Proceedings of African association*, passim. — MUNGO PARK, *the Journal of a mission to the interior of Africa in the year* 1805, Londres 1815, in-4°; pp. 281 à 284. — GREY JACKSON, *Account of*

montré quels services on peut rendre à la géographie en puisant avec discernement et sagacité à de telles sources, des notions abondantes et choisies sur des pays restés jusqu'alors inexplorés.

On a fait, dans l'intérêt de la science, des tentatives plus hardies. Qui peut ignorer la riche moisson de lumières que Ludolf recueillit à Gotha, de ses relations avec l'Abyssin Abba-Gorgoryos (1)? A Paris, Guillaume de l'Isle obtint d'un envoyé tripolitain des informations très-curieuses sur les états de l'Afrique centrale (2); à Londres, l'Association africaine, par l'organe de Beaufoy, reçut du maure Ebn-'Aly des

Marocco, Londres 1814, in-4°; pp. 282 à 314; et *Account of Timbuctoo and Houssa*, Londres 1820, in-8°; pp. 1 à 54. — RILEY, *An authentic Narrative of the loss of the american brig Commerce*, Hartford 1817, in-8°; pp. 266 à 295. — FITZ-CLARENCE, *Journal of a route across India through Egypt to England*, Londres 1819, in-4°; pp. 486 à 498. — COCHELET, *Naufrage du brick français la Sophie*, Paris 1821, in-8°; t. II, pp. 1 à 26 et 330 à 334. — KOENIG, *Renseignements sur diverses contrées à l'ouest du Darfour*, insérés dans le *Bulletin de la Société de Géographie*, cahier d'octobre 1826, t. VI, pp. 169 à 175. — LANDER, *Journal of an expedition to explore the course and termination of the Niger*, Londres 1832, in-18; t. II, pp. 58 à 64, 116, 133 à 138. — W. B. HODGSON, *Notice sur les Foulahs*, dans le *Bulletin de la Société de Géographie*, cahier de janvier 1838, t. IX, pp. 49 à 52, ainsi que dans la *British Cyclopedia* de PARTINGTON, t. Ier, pp. 918, 919. — Etc., etc.

(1) Job LUDOLF, *Historia Æthiopica* et *Commentarius*, Francfort 1681-1691, in-folio.

(2) DE L'ISLE, *Carte d'Afrique dressée pour l'usage du Roy*, Paris 1722, une feuille. — On y voit une série d'indications dont le point de départ est Tripoli, et qui s'étend d'un côté jusqu'à Bornou et Courourfa, de l'autre jusqu'à Téloué et le Gonge. — Les distances successives de ces divers points sont expressément marquées en journées de caravane, avec divers autres renseignements, sur les minutes manuscrites de ce grand géographe, conservées au Dépôt de la marine.

renseignements intéressants sur les grandes voies de communication à travers le Ssahhrâ (1). On a fait plus encore : on a interrogé au loin des nègres de traite qui n'avaient pas perdu tout souvenir de leur patrie. C'est ainsi qu'aux Antilles, vers la fin du siècle dernier, le missionnaire danois Christian Oldendorp (2) et le publiciste anglais Bryan Edwards (3) avaient réuni des indications géographiques, des vocabulaires et des renseignements ethnologiques, relatifs aux principales nations de la Nigritie occidentale : M. James Mac-Queen (4) y trouva plus tard des indications curieuses pour expliquer et compléter les récits de Mungo-Park. C'est ainsi encore qu'avant la double expédition de Clapperton, M. d'Andrada (5) avait recueilli au Brésil quelques lumières sur les pays visités ensuite par ce voyageur; que M. Rugendas (6) avait de même formé au Brésil de petits vocabulaires

(1) BEAUFOY, *Proceedings of the association for promoting the discovery of the interior parts of Africa*, Londres 1790, in-4°; pp. 62, 80, 81.

(2) OLDENDORP, *Geographische und politische nachrichten von afrikanischen nationen*, dans son *Geschichte der mission der evangelischen Brueder auf den Caraibischen inseln, herausgegeben von J. J. Brossart*, Barby 1777, in-8°, 2 vol.

(3) Bryan EDWARDS, *History of the British West-Indies*, Londres 1801, in-4°, 3 vol.

(4) MAC-QUEEN, *Geographical and commercial view of northern central Africa*, Édimbourg 1821, in-8°.

(5) MENEZES DE DRUMMOND, *Lettres sur l'Afrique ancienne et moderne*, dans le *Journal des Voyages*, cahier de décembre 1826, t. XXXII, pp. 190 à 324.

(6) BALBI, *Introduction à l'Atlas ethnographique du globe*, Paris 1826, in-8°; pp. 224 à 227; et dans les *Nouvelles Annales des Voyages*, cahier de juillet 1826, t. 1er, pp. 133 à 136.

de certaines langues de l'Afrique orientale ; et j'indiquerai sur-le-champ la mesure de l'utilité que peuvent offrir des investigations de ce genre, en faisant remarquer que l'un de ces vocabulaires a donné lieu, de la part de Klaproth, à une découverte linguistique importante, celle de l'affinité de langage des nègres de la côte orientale avec les peuples du Congo (1). Je ne dis rien ici des spécimens de diverses langues africaines, non plus que du vocabulaire Eyo, dont mistress Hannah Kilham et le révérend John Raban ont respectivement colligé les éléments à Sierra-Léone : j'aurai à revenir spécialement sur ces deux ouvrages. Plus récemment le révérend M. Renouard (2) a recueilli à Londres les récits de voyage du nègre Abou-Bekr de Ten-Boktoue, et le capitaine Washington (3) ceux du mandingue Mohhammed Siseï de Nyani-Marou, pendant qu'aux États-Unis d'Amérique, M. Théodore Dwight (4) recevait du sérakouleh Lémen-Kébé un petit vocabulaire de sa langue, et de curieux

(1) Klaproth, *Sur les langues de l'Afrique méridionale*, dans les *Nouvelles Annales des Voyages*, cahiers d'août et septembre 1826, t. Ier, pp. 219 à 224 et 357 à 368.

(2) G. C. Renouard, *Routes in north Africa by Abu-Bekr es-Siddik*, dans le *Journal of the Royal geographical society of London*, Londres 1836, in-8°; t. VI, pp. 100 à 113.

(3) Capt. J. Washington, R. N., *Some account of Mahommedu Siseï, a mandingo of Nyani-Maru on the Gambia*, dans le *Journal of the Royal geographical society of London*, Londres 1838, in-8°; t. VIII, pp. 448 à 454.

(4) Th. Dwight, *Remarks on the Sereculehs, an African nation, accompanied by a vocabulary of their language*, dans les *American Annals of education and instruction*, cahier d'octobre 1835, t. V, pp. 451 à 456.

détails sur l'enseignement donné, dans les écoles du pays, aux enfants de cette nation (1).

2° Occasion qui s'est offerte de recueillir des renseignements sur le peuple yébou.

Je viens à mon tour apporter un semblable tribut; moi aussi j'ai interrogé, ici à Paris, un Africain arraché il y a vingt ans à sa terre natale pour aller subir dans un autre hémisphère un long esclavage, redevenu libre en touchant la terre de France, où son maître brasilien l'avait conduit il y a trois années, puis reparti furtivement, de son plein gré, pour cette seconde patrie, dont le chaud climat était pour lui un objet de continuels regrets.

Le hasard m'amena cet homme; et quelques questions réveillant en lui les souvenirs de sa patrie, m'eurent bientôt procuré, sur son origine, des indices qui excitèrent vivement mon attention, en me révélant cette circonstance, qu'il appartenait à une nation considérable, dont le nom, généralement inconnu à nos meilleurs traités de géographie (2), se retrouve à peine

(1) Depuis même que la présente notice a été une première fois communiquée à la Société de Géographie, M. Jomard a recueilli, de la bouche d'un jeune Galla du pays de Limmou (malheureusement décédé le 5 juillet 1841), des détails pleins d'intérêt sur son pays et sa nation. — Et pendant que ceci s'imprime, M. Hodgson me mande de New-York qu'il va mettre à profit, pour obtenir les éléments d'une notice ethnologique, d'un vocabulaire et d'un essai de grammaire, la présence, aux États-Unis, d'un Foulah lettré avec lequel il a déjà entamé une correspondance en arabe.

(2) Pinkerton, *Géographie moderne;* — Malte-Brun, *Précis de Géographie universelle;* — Balbi, *Abrégé de Géographie;* — Ritter, *Erdkunde;* Etc., etc.

mentionné dans les plus volumineuses descriptions de l'Afrique et dans les relations de quelques voyageurs, avec une somme de renseignements qui se borne à un petit nombre de lignes, sans un seul mot de la langue, des caractères physiques, aucun de ces renseignements qui peuvent servir à déterminer le classement ethnologique d'un peuple dans la grande famille humaine.

Le pays n'est pas mieux connu : à peine est-il indiqué sur les meilleures cartes d'Afrique ; et la côte même, négligée par les hydrographes modernes, n'est tracée que d'après des relèvements surannés.

Que l'on examine en effet le fond de cette mer de Guinée si riche d'or et d'esclaves, et là, entre l'embouchure qui porte vulgairement le nom de Lagos, et celle que les découvreurs portugais appelèrent jadis Rio-Fermoso, on remarquera, dans les travaux nautiques de la grande expédition d'Owen, une lacune de quarante lieues marines, pour lesquelles il faut recourir à l'ancienne carte de Dalzel, qui date de 1785.

Et généralement tous les auteurs à qui nous devons quelques informations (presque nulles, je l'ai déjà dit) sur cette contrée, les ont recueillies à des époques antérieures, sans exception, à la captivité de mon informateur.

Les renseignements que je viens apporter, tout imparfaits et tronqués qu'ils puissent être, ont donc à la fois, sur le peu que nous savions auparavant, l'avantage de l'étendue et celui de la nouveauté.

Je dois un mot d'explication sur la manière dont je les ai obtenus ; car des embarras de plus d'une espèce accompagnent d'ordinaire ces sortes d'enquêtes scientifiques. Il ne suffisait pas que le nègre Joaquim (c'est le nom qu'il a reçu au Brésil avec le baptême) pût me faire entendre, dans un langage informe composé de créole portugais et de mots français à peine reconnaissables, ses réponses à des interrogations énoncées elles-mêmes sous mille formes, de manière à être bien comprises de mon interlocuteur ; il fallait éviter soigneusement d'influer le moins du monde sur le sens des réponses, par la tournure donnée à la demande : c'est un écueil dangereux, que j'ai mis la plus grande attention à éviter, en me gardant de systématiser mes questions dans un ordre d'idées préconçu, réservant pour un travail ultérieur le soin de trier et de coordonner ces informations, recueillies comme au hasard, au gré d'une conversation pour ainsi dire vagabonde et sans but déterminé.

Mais quelque soin que j'aie mis à rendre mes interrogations parfaitement intelligibles à l'esprit paresseux de mon informateur, quelque attention que j'aie apportée à bien saisir le sens des mots si étrangement assemblés et travestis qui sortaient de sa bouche en articulations mal définies, il est à craindre que plus d'une méprise n'ait été commise de part et d'autre dans ces entretiens difficiles ; sur beaucoup de points sans doute, des informations d'abord imparfaites ont été complétées ou rectifiées par les nouveaux développements que je provoquais : mais combien d'autres points sont restés sans contrôle suffisant !

Je ne présente donc mon travail qu'avec une sorte de défiance : et j'appelle les zélateurs de l'exploration africaine, heureusement plus nombreux de jour en jour, à vérifier, corriger et compléter cette imparfaite esquisse, dès que l'occasion leur en adviendra.

---

§ II. — REVUE RÉTROSPECTIVE.

1° Notions antérieures sur le pays des Yébous, consignées dans les cartes et autres documents géographiques.

Je viens d'exposer mon but et mes procédés : j'arrive aux résultats.

Il serait curieux sans doute d'offrir d'abord une histoire critique complète des notions graduellement recueillies sur le pays et le peuple que je veux faire mieux connaître, et de suivre pas à pas les progrès des hydrographes et des descripteurs, afin de signaler l'apparition de chaque indication nouvelle, d'en découvrir la source, et d'en étudier les transformations successives. Sans avoir la prétention d'accomplir un pareil travail, je rappellerai du moins en peu de mots les grandes phases sous lesquelles se présente la région qui nous occupe, dans la série des documents géographiques que j'ai examinés.

Jusqu'au milieu du dix-septième siècle, les premiers relèvements des navigateurs portugais se reproduisent de carte en carte, à peu près sans variation, tels qu'on les voit dans les éditions de Ptolémée (1), dans la Géographie de Livio Sanuto (2), ou dans les Atlas de Mercator et de Hondius. Un autre tracé portugais apparaît plus tard sur les cartes de Pierre Mortier (3) : la côte y est morcelée en îles nombreuses derrière lesquelles s'étend la grande *Lagoa de Curamo;* à quelque distance dans les terres et vers le *Rio do Lago* est marquée une *cidade do Jubu,* et ce même nom de *Jubu* est répété en petits caractères vers le rivage.

Les documents hollandais (4) forment une autre série, où des relèvements nouveaux sont entés sur les données portugaises; le nom de *Ichoo* apparaît alors sur la chaîne d'îles, quelquefois réunies en une seule terre allongée, qui s'étend entre le lac de Curamo et la mer. Dapper (5), copié ultérieurement par Jean Barbot (6) et par le sieur de la Croix (7), annonce dans sa Description de l'Afrique, l'existence d'un *royaume de Jaboe* à l'ouest ou au nord-ouest du Bénin ; et Van Keulen inscrit ce royaume sur ses cartes, au nord du lac de Curamo.

(1) Voir entre autres les éditions de Strasbourg de 1513 et de 1520, la carte intitulée : *Tabula moderna primæ partis Aphricæ.*

(2) *Geografia di M. Livio Sanuto distinta in* XII *libri*, Venise 1588, in-folio; *Africæ tabula* XI.

(3) *Carte des costes de l'Afrique depuis Cabo Corso jusques à Omorro levée par ordre exprès des rois de Portugal sous qui on en a fait la découverte,* Amsterdam S. A.

(4) Voir, entre autres, les cartes de Van Loon, de Robyn, de Loots, et de Van Keulen.

(5) DAPPER, *Description de l'Afrique*, pp. 307, 308, 313 de l'édit. française.

(6) BARBOT, dans la collection de Churchill, t. V, pp. 356 et 376.

(7) *Relation universelle de l'Afrique ancienne et moderne*, Lyon 1688, in-12; t. III, pp. 164 à 166.

Peut-être devons-nous aussi faire une part spéciale à l'école française qui, indépendamment des données portugaises et hollandaises combinées, semble avoir recueilli de son chef quelques notions de détail, telles que l'indication des villes de *Curamo* et *Ody*, marquées dès 1656, par Sanson (1), aux deux extrémités de la grande lagune. De l'Isle réunit tout ce qu'avaient respectivement acquis ses devanciers, même en double emploi (2), et il y ajouta, peut-être sur des lumières empruntées à David de Nyendaal (3), la désignation précise des *Corsaires d'Uza, indépendants*, à leur véritable place : quoi qu'il en soit, les cartographes postérieurs, hollandais et anglais, la transcrivirent en français dans leurs propres cartes, de même que les indications portugaises et hollandaises se retrouvaient respectivement en ces deux langues sur les cartes françaises de Duval et de Sanson. Le grand d'Anville vint à son tour, et ne fit guère d'abord que reproduire De l'Isle avec ses doubles emplois ; plus tard il voulut être lui-même, et il corrigea son prédécesseur, mais avec moins de sagacité qu'il n'y avait lieu de s'y attendre (4).

(1) N. Sanson, *l'Afrique en plusieurs cartes nouvelles et exactes*, Paris 1656, in-4° ; carte 9e.

(2) G. De l'Isle, *Carte de la Barbarie, de la Nigritie et de la Guinée*, août 1707.

(3) David de Nyendaal, lettre du 1er septembre 1701, dans Bosman, *Voyage de Guinée*, Utrecht 1705, in-12 ; p. 456.

(4) Comparez la *Carte de la côte de Guinée et du pays, autant qu'il est connu, depuis la rivière de Serre-Lionne jusqu'à celle de Camarones, juillet* 1729, avec celle qui est simplement intitulée : *Guinée entre Serre-Lione et le passage de la ligne*, 1775.

Enfin arrivent les Anglais. Copistes d'abord des Hollandais et des Français, ils explorèrent ensuite eux-mêmes ces côtes avec le but exprès d'en faire le relèvement nautique : ce fut le capitaine Archibald Dalzel qui exécuta, en novembre 1785, à bord du bâtiment le *Tartar*, une reconnaissance, combinée ensuite avec les travaux particuliers des capitaines Joseph Matthews et Clemisson, puis complétée dans sa partie occidentale par un levé spécial de l'embouchure de la rivière de Lagos, effectué en 1789 par le capitaine Horseley, de Liverpool : elle fut ainsi insérée dans l'*African Pilot* de Lauric, et doit être considérée comme ce que nous possédons de mieux sur la région qui nous occupe (1). Les îles de la côte y ont pris l'aspect d'une langue de terre longue et étroite, coupée en certains endroits par des criques peu considérables ; quelques villes anonymes, outre celle de *Oddy*, s'y trouvent indiquées; le nom de Curamo est renvoyé aux anciennes cartes ; celui de *Eco*, ou *Ichoo* (suivant l'orthographe hollandaise), est restreint à la ville de Lagos ; la grande lagune est appelée *lac de Cradoo*, et une ville du même nom est marquée, auprès d'une rivière, sur le bord septentrional du lac, ainsi qu'un village de *Quassee* à côté du-

(1) Voir la carte intitulée : *A new survey of that part of the coast of Africa comprised between cape Verga and cape Formoso*, en trois feuilles, dont la première édition est du 25 mai 1789, et qui a été plusieurs fois reproduite depuis ; on y lit, auprès du nom de Jaboo, l'annotation suivante : « *N. B.* The coast between river Lagos and river Benin, » with the soundings, etc., is laid down according to the observations » made by capt. Arch. Dalzel in the ship Tartar, in november 1785, compared with those of capt. Joseph Matthews and capt. Clemisson. »

quel débouche pareillement une petite rivière ; à quelque distance au nord, dans les terres, se lit en grosses majuscules le nom de *Jaboo*.

Voilà, dans leur plus grande étendue, les notions cartographiques réunies depuis quatre siècles sur cette contrée.

Hâtons-nous d'y joindre les indications du petit nombre de voyageurs, tous anglais au surplus, qui ont dit quelques mots relatifs à notre sujet.

2° Relevé des informations recueillies par les voyageurs sur le peuple yéboû.

Snelgrave est le premier voyageur qui nous parle des Yébous. Des nouvelles du Dahomé, qui lui parvinrent après son retour en Angleterre, racontaient que le roi Truro-Audati, profitant de la paix qu'il venait de conclure avec les *Joes*, avait tourné ses armes contre les *Yabous*, peuple de l'intérieur ; il s'était porté contre eux dans les premiers mois de 1731, et avait éprouvé une vigoureuse résistance, pendant laquelle étaient arrivées les pluies de l'hivernage. Faisant alors un dernier effort, le roi de Dahomé était parvenu à déloger les *Yabous* de leurs retranchements, mais sans être en état de les poursuivre dans leur retraite ; et il avait été forcé de s'en retourner, après avoir perdu la meilleure partie de ses troupes et compromis sa grande réputation militaire (1).

(1) Guillaume SNELGRAVE, *Nouvelle relation de quelques endroits de Guinée, et du commerce d'esclaves qu'on y fait*, Amsterdam 1735, in-12 ; pp. 174, 175.

Le capitaine John Adams, dont le voyage en Guinée se rapporte à l'année 1803, bien qu'il n'ait été publié que vingt ans après, avait fait escale à Lagos, qu'il dit appartenir à un chef absolu qui étend sa domination sur deux ou trois villages populeux de la rive septentrionale du lac de *Cradoo*, laquelle touche au fertile royaume de *Jaboo*, habité par un peuple agriculteur et manufacturier. L'auteur décrit le lac de Cradoo en témoin oculaire : « C'est, dit-il, une belle et grande pièce d'eau, mais unie et monotone, au milieu des terres basses qui l'entourent et qui s'élèvent à peine au-dessus de son niveau ; sa couleur, terreuse dans la saison sèche, contracte pendant l'hivernage une teinte foncée de matières végétales en décomposition. Le poisson y abonde, surtout des muges d'une grosseur remarquable et d'un goût excellent ; mais sous l'influence d'une telle atmosphère, quatre heures suffisent pour le gâter, et les Européens ne peuvent le manger que peu de temps après la pêche : quant aux Africains, leur épicuréisme en fait de poisson est analogue au nôtre en fait de gibier, et leur palais est d'autant plus flatté que le poisson est arrivé à son véritable point de saveur, de fumet et de tendreté. — Au temps des pluies les hippopotames fréquentent les îles marécageuses voisines de Lagos ; mais c'est des villes de *Cradoo* et de *Kosi*, au nord-est, sur le bord du lac, que viennent les dents de cet animal qui sont quelquefois apportées aux traitants européens. Les caïmans sont nombreux, et infestent les étangs où les navires vont faire de l'eau : les matelots en tuèrent un de trente pieds. — Les *Jaboos*, ajoute-t-il, habitent un pays situé entre Hio et Bénin ; ce sont de beaux hommes, qui semblent toujours arriver d'un pays d'abondance, tant ils sont pleins de santé, de vigueur et de résolution. C'est un peuple très-industrieux, fabriquant, pour l'exportation, une immense quantité de toiles communes de Guinée très-estimées au Brésil, fournissant d'ailleurs à la consommation de ses voisins du gros et du menu bétail, de la volaille, du blé et des calebasses (1).

Plus rapproché de nous de douze à quinze années, bien que ses *Notes sur l'Afrique* aient été publiées quatre ans avant les *Remarques* d'Adams, George Robertson nous parle comme lui de *Jaboo*, dont il avait vu plusieurs marchands à Lagos. Il considère ce pays comme une vice-royauté du Bénin, située entre Lagos et le Rio-Fermoso, et il en représente les habitants comme actifs et industrieux, très-supérieurs à leurs voisins, fabriquant d'excellentes étoffes de coton de douze à quatorze pouces de large, très-recherchées, les unes blanches, d'autres d'un bleu très-solide, quel-

(1) Capt. John Adams, *Remarks on the country extending from cape Palmas to the river Congo, including observations on the manners and customs of the inhabitants*, Londres 1823, in-8° ; pp. 96 à 98. — La date du voyage d'Adams étant restée inaperçue jusqu'à ce jour pour la généralité des lecteurs, nous ferons remarquer que cette date se trouve implicitement indiquée par le voyageur (p. 56), qui mentionne la rupture de la paix d'Amiens peu avant son arrivée à Vida. Il se trouvait là pendant que Lionel Abson, commandant du fort anglais de Whydah, était encore vivant (pp. 52 à 55), et l'on sait par Mac-Leod (*A Voyage to Africa*, Londres 1820, in-12, p. 77) qu'Abson mourut au commencement de juillet 1803.

ques-unes de couleur différente, assez bien teintes, sauf les jaunes. Ces gens portent, dit-il, une sorte de caleçon très-court qu'ils appellent *choocatoo,* et une grande pièce d'étoffe qui leur sert de couverture et de moustiquière pendant la nuit (1).

Bowdich, en 1817, conversa, au Cap-Corse, avec un mulâtre qui était allé à *Kosie,* et dont il reçut des renseignements d'après lesquels, par suite d'une méprise imputable soit à lui-même soit à son informateur, il transforma la ville yéboue de *Kosie*, sur le bord du lac, en une capitale de royaume sur la rive orientale de la rivière de Lagos, à une soixantaine de milles de l'embouchure. Une autre erreur de sa part fut de prendre pour les *Jaboos* un peuple qu'il trouvait mentionné, dans les observations anonymes jointes à la relation du matelot Robert Adams, sous le nom de *Joos*, tandis qu'il s'agit des *Joes* de Snelgrave, *Hios* de John Adams et de Bowdich lui-même, *Ayoes, Eyoes* ou *Eyeos* de Dalzel, Norris, Robertson, et qu'il est plus exact d'appeler *Èyos*. « Les *Jaboos*, ajoute-t-il, habitent à quarante milles à l'ouest de *Kosie*, et non derrière le *Cradoo* comme le marque la carte de Norris (la même que celle de Dalzel) : ils sont renommés par les étoffes qui portent leur nom, et dont les Portugais font des chargements considérables (2). »

(1) G. Robertson, *Notes on Africa, particularly those parts which are situated between cape Verd and the river Congo*, Londres 1819, in-8° ; pp. 287, 200, 301 à 303.

(2) E. Bowdich, *Voyage dans le pays d'Aschantie*, pp. 317 à 319 de la traduction française.

Dupuis nomme également *Jaboo* et *Kosie* parmi les états du second ordre compris avec le Bénin dans la partie orientale de la grande région de Ouanqârah, d'après les informations qu'il avait reçues en 1820 des traitants musulmans du Cap-Corse ; mais là se borne tout ce qu'il en dit (1).

Les nègres Bernard et François, en faisant en 1819 à M. d'Andrada, au Brésil, l'énumération des lieux qu'ils avaient traversés en venant de l'intérieur de l'Afrique aux comptoirs de la côte où ils avaient été vendus, nommèrent aussi *Dhiabuh* ou *Ghebuh*, comme une de leurs dernières étapes (2).

C'est là tout ce que les livres ont pu nous apprendre jusqu'à ce moment du pays et du peuple de *Yébou*, auquel appartient le nègre Joaquim que j'ai interrogé.

Venons maintenant aux informations que j'ai recueillies de sa bouche ; et d'abord disons un mot de lui-même.

---

§ III. — LE NOUVEL INFORMATEUR.

Histoire sommaire du nègre Ochi-Fêkouè Dê, natif de Yébou, baptisé au Brésil sous le nom de Joaquim, et connu à Paris sous celui de Joseph.

Agé aujourd'hui de quarante-deux à quarante-quatre ans, il a dû naître vers 1798. Le lieu de sa naissance est le village de Omakoû, vis-à-vis de Ôdé,

(1) J. Dupuis, *Journal of a residence in Ashantee*, p. lij de la 2e partie.
(2) *Journal des voyages*, t. XXXII, pp. 209, 213.

et dépendance du canton d'Ekpê, dont le chef-lieu, inconnu à toutes nos cartes, est situé à deux journées (ou seize heures) de navigation vers l'est de Cradoo, plus exactement *Kroudoû*, sur la rive septentrionale du lac.

Quelque éloigné que l'on soit d'ordinaire et que je fusse moi-même d'ajouter foi aux récits magnifiques que les nègres ont l'habitude de faire du haut rang et de la puissance de leur famille, cependant, la naïveté un peu obtuse de mon informateur, ses notions précises de l'organisation politique et du mécanisme administratif en vigueur dans son pays, la netteté des détails qu'il m'a donnés sur son origine, et qui se sont toujours reproduits les mêmes, à quelques faits qu'ils se trouvassent d'ailleurs mêlés; ces diverses considérations me portent à admettre comme très-probable et à croire volontiers qu'il appartient, ainsi qu'il le dit, à une nombreuse et puissante famille, alliée à celle des rois de Yébou, et dans laquelle, au surplus, il ne s'attribue personnellement qu'un rang très-modeste.

Son grand père Ochi-Wô était revêtu de la charge de *ladékê* ou surintendant des finances, et la première des quinze femmes de ce grand personnage était *Ogouä-Adê*, sœur du roi *Ochi-Gâdè*. Deux fils naquirent de cette union : le premier, *Ochi-Nandê*, enlevé par une mort prématurée, laissa trois enfants, savoir, deux garçons appelés *Ogouti* et *Ogouti-Moûyou*, et une fille nommée *Ouroyoû*.

Le second, mort également avant son père, fut

Addê-Sounloû, dont la bravoure et les prouesses de guerre allongèrent le nom d'une série de titres d'honneur qui m'ont été bien souvent répétés avant que j'en aie pu comprendre la nature et la signification : les voici dans toute leur étendue, *Addê-Sounloû, okâra, agouagouâ omalê okbô tagouá tagouá, ódi olorogoû môdi,* c'est-à-dire, Addê-Sounloû, le brave, le chien de garde fidèle criant arrière, arrière, celui qui a pris le chef ennemi en l'acculant contre un mur.

Celui-ci à son tour eut pour première femme une parente du roi, qui lui donna six enfants, trois garçons et trois filles : le cinquième enfant, qui était le second parmi les mâles, reçut le double prénom de *Ochî-Fêkouè,* auquel ajoutant le patronyme *Dé,* on a le nom entier de *Ochî-Fêkouè-Dé,* que portait dans sa patrie ce même nègre que l'on appelle aujourd'hui Joaquim. Des six autres femmes de son père, les quatre dernières n'eurent point d'enfants; la seconde eut une fille; la troisième une fille et un garçon : et dans l'ordre général des naissances des neuf enfants de *Addê-Sounloû, Ochî-Fêkouè* n'occupait que le septième rang.

Voici un petit tableau nominatif des femmes et des enfants de *Addê-Sounloû.*

1re femme : *Egghî Adê,* mère de six enfants, savoir :

1. *Erougouî,* fille;
2. *Ogoû-Soyâ,* garçon (père de nombreux enfants déjà grands lors du départ d'Ochi-Fêkouè);
3. *Otoulâ,* fille;
4. *Okouyî-Mirè,* fille;

5. *Ochi-Fêkouè*, garçon (notre informateur);
6. *Ochi-Nôouo*, garçon, plus jeune de six ans qu'Ochî-Fêkouè.

2e femme : *Loubekô*, mère d'un seul enfant, savoir :
Edenoûnga, fille, née avant Ochî-Fêkouè;

3e femme : *Lousoumî*, mère de deux enfants, savoir :
1. *Outein*, fille, née avant Ochî-Fêkouè;
2. *Ogoû-Sàchou*, garçon, plus jeune qu'Ochî-Fêkouè de trois à quatre mois seulement.

4e femme : *Ibousi*, sans enfants.
5e femme : *Okouaô*, sans enfants.
6e femme : *Oulêchou*, sans enfants.
7e femme : *Adê-Gamî*, sans enfants.

Ochi-Fêkouè suivit la carrière de son père, qui était celle de négociant, et il fit avec lui dans sa jeunesse de nombreux voyages, qu'il renouvela plus tard pour son propre compte : c'étaient le plus souvent des navigations, dont les plus étendues atteignirent, dans l'est, *Gatô*, où l'on débarque pour se rendre à la capitale du Bénin (*Ebinî*, où il a fait à l'âge de douze ans un séjour de trois mois consécutifs); au sud-est, la ville d'*Owêr*, dont les abords sont infestés par les pirates *Ouyô* (les mêmes que Landolphe appelle *Jos* (1), et que David de Nyendaal avait fait connaître sous le nom de *corsaires d'Usa*). A l'ouest il n'alla jamais plus loin que le comptoir de *Lagos*. Dans ses voyages par terre il est allé aux marchés des pays limitrophes de Yébou vers le nord. Il a connu ainsi par lui-même la véritable étendue de sa terre natale.

Il continua cette vie active de marchand voyageur jusqu'à l'âge de vingt à vingt-deux ans. Un jour,

(1) *Mémoires du capitaine Landolphe*, Paris 1823, in-8°; tome Ier pp. 134, 173; t. II, pp. 40, 46.

c'était au mois de juin 1820, après avoir acheté à Lagos une riche provision de marchandises européennes, il se rendait dans son bateau à la ville d'*Omâhè*, la dernière du Yéboû vers l'est, quand il tomba, à cinq heures du matin, dans une embuscade des pirates *Ouyô,* qui le conduisirent à Owêr, où ils le gardèrent quatre jours, après quoi il fut vendu à un négrier et transporté au Brésil.

Devenu la propriété d'un Français établi à Rio-Janeiro (1), il fut amené par celui-ci à Paris, en 1836 ou 1837, et redevint ainsi libre de plein droit, d'après la maxime antique qu'il ne peut y avoir d'esclaves en la terre des Francs. Lorsque son maître retourna au Brésil, Joaquim resta à Paris, et servit, en qualité de domestique, dans diverses maisons, sous le nom de Joseph. Il était employé à ce titre dans l'hôtel garni où il avait précédemment été logé avec son maître brasilien, lorsque, sous l'influence d'une espèce de nostalgie, il me fut amené, le 21 mars 1839, dans la pensée que je pourrais lui procurer les moyens de retourner au Brésil. Je le dissuadai de courir le risque d'y être traité, à son arrivée, en esclave marron; je lui procurai une place meilleure, chez un maître doux et bienveillant (2), et je lui promis de saisir la première occasion favorable de le rapatrier. Cette occasion se présenta en septembre 1839; mais content alors de sa position, il renonça à profiter de mes offres. L'hiver

(1) M. Navarre.

(2) M. Vendryès père, à Sablonville.

renouvela sa nostalgie; il revint me demander son rapatriement, mais une nouvelle occasion fut longue à se présenter, et l'expédition anglaise du Niger n'ayant pu l'utiliser comme interprète, mon excellent ami le capitaine Washington m'offrit de le faire passer à Sierra-Leone, ce dont le pauvre nègre paraissait très-satisfait, lorsque tout à coup j'appris que, cédant à des promesses de bons traitements, à son affection pour son ancien maître, et surtout au souvenir de l'heureux climat du Brésil et d'un fils qu'il y avait eu, il était furtivement parti pour le Havre, afin d'aller reprendre ses chaînes à Rio-Janeiro.

Il était assez âgé pour avoir acquis de tout ce qui l'entourait une connaissance exacte et raisonnée; et dans le pays d'esclavage où il a ensuite passé dix-sept ans de sa vie, il avait retrouvé assez de compatriotes pour que les souvenirs de la patrie, souvent rappelés en commun, se conservassent avec toute leur force et leur netteté dans sa mémoire, où sans doute ils étaient déjà profondément gravés.

Les récits qu'il a pu me faire depuis que je l'ai rencontré sont loin de fournir des éléments suffisants pour une esquisse complète de son pays et de sa nation : nos conversations n'ont été ni assez fréquentes, ni assez aisées, pour que j'aie eu la faculté de réunir une grande masse de faits : c'est une mine abondante mais à peine ouverte, et ce n'est qu'un simple échantillon que j'en puis offrir.

Constatons du moins, dans un ordre synthétique, les résultats obtenus; mais qu'on ne s'y trompe point, j'ai hâte de le répéter : cet ordre m'appartient exclusivement, et la notice que je viens offrir ne ressemble en rien, par sa disposition, aux conversations vagabondes et morcelées, diffuses et naïves, où j'en ai puisé les éléments.

Ces éléments avaient été recueillis presque en entier dans le second trimestre de 1839; ils furent revus et contrôlés en septembre de la même année : la partie linguistique a été encore revue et développée en août et septembre 1840, à Sablonville.

PREMIÈRE PARTIE.

LE PAYS.

§ 1er. — TOPOGRAPHIE.

Rapprochement, discussion et emploi des renseignements géographiques anciens et nouveaux sur le pays des Yébous.

Le pays de Yéboû (1) est compris, d'une manière générale, entre le Dahomé à l'ouest, le Bénin à l'est, au sud la mer de Guinée, au nord, le pays d'Èyo (2).

Le long du rivage maritime, nous pouvons préciser ces limites.

La ville de Lagos est la borne du couchant. *Lagos* est le nom vulgaire donné par les Européens; s'il en faut croire Robertson, *Awani* est la dénomination locale, écrite *Onis* par Denys Bonnaventure et la plupart des anciens navigateurs, *Aunis* par Palissot de Beauvois et Landolphe, et *Ahony* par De Flotte; quelques-uns écrivent aussi *Honis* (3); le capitaine Horseley

(1) Ce nom, ainsi que tous les autres mots africains insérés dans le texte de cette notice, y sont écrits de manière à représenter, aussi bien que possible pour un lecteur français, la prononciation des indigènes. Nous avons cherché, dans le petit travail grammatical qui forme l'appendice, une exactitude orthographique plus rigoureuse; mais nous n'avons pas cru devoir l'employer dans le corps même de la notice, pour laquelle une simple approximation a paru plus commode et dès lors préférable.

(2) Comp. CLAPPERTON, *Journal of a second expedition*, Philadelphie 1829, p. 87.

(3) ROBERTSON, *Notes on Africa*, p. 287. — DENYS BONNAVENTURE,

nous l'a appelée *Eco* (1), et c'est ainsi que la désignent les Yébous; mais elle n'est pas de leur domaine : elle appartient au Bénin, qui lui applique le nom de *Koráme*, où il est aisé de reconnaître le *Curamo* des anciens relèvements portugais, comme *Ekó* représente le *Ichoo* des hydrographes hollandais. Autrefois Koráme était unie à sa métropole par la langue de terre resserrée entre la grande lagune et la mer; mais dès longtemps les Yébous se sont emparés de cette langue de terre, dont l'extrémité orientale a été envahie par les pirates Ouyó; et Koráme est restée isolée au bout de la grande lagune, continuant à recevoir du Bénin son gouverneur ou chef politique. C'est aux terres voisines, à l'ouest, qu'appartient le nom d'*Awanee* de Robertson, prononcé *Agouaní* par Ochi Fêkouè, et compris avec *Aradá, Agbadághi* (le Badagry des cartes anglaises), *Vidá* (Whidah des Anglais, Juida des anciens traitants français), et d'autres places plus éloignées, dans les possessions de la nation *Igoû*, à laquelle appartiennent aussi *Mahí* et *Dágomè* (le Dahomey vulgaire).

La borne orientale de Yéboû, sur l'Océan, est la ville de *Omáhé*, dont la position est marquée, mais sans

dans La Barthe, *Voyage à la côte de Guinée*, Paris 1803, in-8°, p. 101; et De Flotte, *ibidem*, p. 171 : le nom y est imprimé *Ahouy* pour *Ahony*. — Palissot de Beauvois, *Flore d'Oware et de Benin*, Paris 1804-21, in-folio; t. Ier, pp. 7, 17, et t. II, pp. 22 et 42. — *Mémoires du capitaine Landolphe*, t. Ier, p. 94; t. II, pp. 98 et suiv. — *Carte de tout le bas de la Côte-d'Or, et du golfe du Benin*, 1786, par le capitaine Baugin, parmi les cartes manuscrites du Dépôt de la marine (portef. 113, chem. 25, n° 8).

(1) *Lagos and its channels*, by capt. Horseley of Liverpool, 1789; dans l'*African Pilot*, comme supplément, sur la carte déjà citée à la note de la p. 13.

nom de lieu, sur la carte de Dalzel (1), dans l'*African Pilot* de Laurie, au point où la crique de Yéboû (*Jaboo creek*) débouche à la mer : les mots *a town* (une ville) désignent seuls cet endroit dans la carte dont nous parlons.

Mais, malgré les rajeunissements que, depuis 1789, date de sa première édition, cette carte a subie de la part de ses éditeurs, elle est aujourd'hui vieillie par suite des déterminations nouvelles qui résultent, pour l'ensemble de la côte, des grands travaux hydrographiques accomplis depuis quelques années ; je veux parler de l'expédition dirigée par le capitaine William Fitz-William Owen, commandant le *Leven*, sous les ordres duquel le capitaine Alexandre-Thomas Vidal, commandant le *Barracouta*, exécuta en 1826 le relèvement d'une portion notable du golfe de Guinée, poursuivi l'année suivante par le capitaine William Jardine Purchas, commandant l'*Esk*. Dans une campagne récente, le capitaine Édouard Bouet, commandant le brick français *la Malouine*, a ajouté la détermination de quelques points aux deux ou trois positions que nous offraient les travaux antérieurs pour la rectification de la portion de côte qui nous intéresse. Les observations anglaises sont consignées dans le

(1) Ou, plus exactement, sur la carte rédigée par Norris d'après les matériaux fournis par Dalzel : c'est la même qui accompagne le *Voyage au pays de Dahomé* par Robert NORRIS, Paris 1790, in-8°, et *the History of Dahomy* by Archibald DALZEL, Londres 1793, in-4°. La partie de cette carte relative au Dahomé appartient exclusivement à Norris. — *Omdhè* est probablement le *Mongyee* du capitaine James FAWCKNER, *Narrative of travels on the coast of Benin*, Londres 1837, in-12 ; pp. 4, 23, etc.

recueil de tables publié en 1827 par l'amirauté de Londres (1); celles du capitaine Bouet m'ont été directement communiquées par cet officier. Voici le relevé général de celles que j'ai recueillies, soit à ces deux sources, soit ailleurs, tant pour les points extrêmes marqués par l'embouchure du Rio da Lagoa ou rivière de Lagos, et par celle du Rio Fermoso ou rivière de Bénin, que pour des points intermédiaires.

LIEUX D'OBSERVATION.	LATITUDE septentrionale.	LONGITUDE à l'est de Paris.	NOMS DES OBSERVATEURS.
Rivière de Lagos...	6° 22′ 30″	1° 6′ 45″	De Mayne.
	6 26 0	1 1 45	Tables d'Owen.
	6 25 0	1 2 30	Stationnaire de Sierra-Leone (2).
	6 24 0	1 2 44	Bouet.
1er village........	6 25 0	1 14 25	Bouet.
2e village.........	6 25 0	1 22 0	Bouet.
3e village.........	6 24 30	1 33 30	Bouet.
4e village.........	6 22 0	1 41 30	Bouet.
5e village.........	6 19 30	1 45 0	Bouet.
Fin de la berge de sable...........	6 20 0	2 6 45	Tables d'Owen.
Rivière de Bénin...	5 40 0	» » »	Dalzel.
	5 34 0	2 51 30	Stationnaire de Sierra-Leone (2).
	5 46 6	2 43 15	Vidal.
	5 43 0	2 39 33	Purchas.

(1) *Tables of latitudes and longitudes by chronometer, of places in the Atlantic and Indian Oceans, principally on the west and east coast of Africa, etc., resulting from the observations of H. M. ships Leven and Barracouta, in the years* 1820 *to* 1826 *inclusive, under the direction of W. F. W. Owen, captain R. N.*, Londres 1827, in-4°.

(2) Ces positions ont été communiquées à M. le lieutenant de vaisseau Fouque, en 1831, par l'officier anglais commandant le stationnaire à Sierra-Leone, comme résultat des dernières explorations de la marine britannique.

Entre les variantes applicables à chacun des deux points extrêmes, nous avons à opter pour la position qui nous semblera présenter le plus de chances d'exactitude; sans déduire ici les motifs raisonnés de notre choix, qu'il nous suffise de désigner l'observation du capitaine Bouet pour le Rio da Lagoa, et celle du capitaine Purchas pour le Rio Fermoso, comme devant être préférées.

Si l'on construit maintenant sur cette base le relèvement de Dalzel, on verra que l'extrémité de la grève sablonneuse marquée sur sa carte ne correspondra point à la position que lui assignerait l'observation anonyme empruntée aux tables d'Owen, tandis que cette position coïnciderait au contraire parfaitement avec celle du village appelé Oddy sur la carte de Dalzel; nous en concluons que cette détermination s'applique à une interruption de la plage sablonneuse vis-à-vis de Oddy, où d'anciens relèvements manuscrits (1) indiquent en effet cette interruption et marquent un fond de vase noire par un très-petit brassiage serrant la côte de plus près que celui de Dalzel; nous attribuerons en conséquence cette observation à Oddy. Pour la coordonner avec les positions du capitaine Bouet, nous déduirons d'un calcul comparatif sur la position de la rivière de Lagos, une correction soustractive de 2′ sur la latitude et une correction de 1′ sur la longitude, et nous obtiendrons ainsi 6° 18′ N. et 2° 7′ 44″ E. pour la position de Oddy.

(1) La carte du capitaine Baugin, déjà citée en note à la page 20.

Entre Lagos et Oddy, en suivant le rivage de la mer, Ochi-Fêkouè m'a désigné par leurs noms six *okoû* ou hameaux, savoir :

1. Okoû Ibéyo.
2. Okoû Obâze.
3. Okoû Ochôro.
4. Okoû Lekè.
5. Okoû Chiriôn.
6. Okoû Ezè.

Les cinq premiers noms s'appliquent naturellement aux cinq positions de villages déterminées par le capitaine Bouet, à partir de Lagos : et le quatrième viendra ainsi coïncider avec la position *town* de la carte de Dalzel rectifiée ; le sixième se placera sans embarras à l'est du cinquième, sur l'emplacement désigné par Dalzel comme couvert d'habitations éparses (*straggling houses*), quelques milles à l'ouest de Oddy, que, pour nous conformer à la prononciation d'Ochi-Fêkouè, nous devons écrire Ôdé.

Après Ôdé, on ne rencontre plus ni ville ni village jusqu'à Omâhè, qui est, ainsi que nous l'avons déjà dit, la ville maritime la plus orientale du territoire de Yéboû, et qui doit être placée, sur notre copie rectifiée de la carte de Dalzel, par 6° 4′ N. et 2° 32′ E. de Paris. On met deux jours pour se rendre par mer de Koráme à Ôdé; et en repartant d'Ôdé à cinq heures du matin, on atteint Omàhé vers deux heures après midi. Après l'avoir dépassée, on entre dans le domaine d'*Iwère* (Owère, Owyhère, Ouarre, Awerri, des cartes et des relations); c'est le pays du peuple *Ichékrí* (1). On y trouve d'abord un petit hameau ap-

(1) Clapperton écrit *Chekerie or Warrie*, d'après les Youribanis qu'il interrogea. Voir *Second expedition*, p. 55.

pelé *Echein*, qui n'a que huit habitants; un peu plus loin est *Yakwá*, où l'on compte une cinquantaine d'habitants, et tout près, *Oubobí*, qui en a une trentaine. De douloureux souvenirs ont gravé ces trois noms dans la mémoire d'Ochi-Fêkouè : c'est près d'*Echein* qu'il fut surpris par les pirates Ouyó, qui le débarquèrent devant ce misérable village, puis le conduisirent à *Yakwá*, où il demeura garrotté quatre jours pendant qu'on traitait à son insu avec le négrier brasilien dont il allait devenir l'esclave, et c'est à *Oubobí* (1) qu'il fut livré à son acheteur, et embarqué pour ne plus revoir sa terre natale.

La distance du comptoir de Lagos à Ôdé est de deux jours par eau; pour se rendre de Ôdé à Omâhè, on part à cinq heures du matin, et l'on arrive à deux heures après midi; et il reste encore à faire un jour et demi pour atteindre Oubobí.

Tous ces lieux habités sont échelonnés le long de la mer sur la langue de terre allongée que les Yébous

(1) Ce village est appelé *Bobi* ou *Boby* par le capitaine LANDOLPHE (*Mémoires*, t. Ier, p. 160, et t. II, pp. 30, 122, 343, 346); il était situé à une portée de canon seulement de l'établissement fondé à l'entrée de la rivière Formose pour le compte de MM. Marion de la Brillantais de Saint-Malo, et qui fut ruiné en 1792 par un acte infâme de piraterie. Cet établissement était à l'endroit indiqué par le nom de Salt-Town sur la carte de Dalzel, et le village de Bobi ou Boby paraît être le même qui est appelé *Lobou* sur la même carte. Il se trouve porté, avec le nom de *Boobie-Town*, dans la petite carte de M. John Arrowsmith qui accompagne, dans le *Journal of the royal geographical Society of London* (t. XI, p. 184), la note du capitaine Becroft sur son voyage aux rivières Bénin et Kouârah, en 1840. La même carte donne aussi notre village de *Yakwá*, sous le nom de *Jaqua-Town*. Le capitaine FAWCKNER nomme de son côté *Bowbee* (pp. 67, 108) et *Wackow's Town* (p. 107).

appellent *Ikbékoú*, et qui se trouve découpée en îles par plusieurs marigots qui la traversent. Sur la grande terre, vis-à-vis et à deux heures de distance de Ôdé, qui lui-même est à une demi-heure du rivage, se trouve *Oumakoú*, chef-lieu d'un petit district habité par la nation *Idokó*, à laquelle appartient aussi une autre ville appelée *Ebighí* : c'est l'extrémité orientale des possessions yéboues en terre ferme. A partir de là s'étend, à l'est, la province d'*Issobó* (1), dépendante d'*Ibiní*, c'est-à-dire de Bénin; tandis qu'en tirant au sud-est vers Iwère, sont des terres vagues, où les pirates Ouyó exercent leurs déprédations.

Nous avons déjà dit que ces pirates sont les *corsaires d'Usa* de David de Nyendaal; peut-être ce nom leur venait-il de *Osa*, qui est la dénomination employée par les Yébous pour désigner ce que nos cartes appellent lac de Cradou. Ce lac s'étend, d'ouest en est, depuis *Ekó* ou *Koráme* jusque auprès d'*Oumakoú*. Sur sa rive septentrionale s'échelonnent, à partir du premier de ces deux points, nombre de villes et de villages, dont les principaux sont *Kroudoú*, *Ikósi* et *Ekpè*. Nous voyons figurer sur la carte de Dalzel les noms de *Cradoo* et de *Quassee*, dont la correspondance avec Kroudoú et Ikósi ne peut être douteuse; mais il semble résulter des distances relatives qui m'ont été données

(1) Appelée *Sooba* par Becroft (*ubi suprà*, p. 185) : « Extensive plains » open to the view, upon which, however, neither inhabitants nor » symptomes of population of any sort could then be discerned. The Sooba » country is the name given to this district by the natives lower down » the river, who represent it as forming part of the kingdom of Benin. »

par Ochi-Fêkoué, que ces noms soient déplacés de leurs véritables positions, dans la carte de Dalzel. On se rend en effet par eau, en une journée, de Koráme à Kroudoû : en partant à cinq heures du matin, on arrive à trois ou quatre heures après midi; une demi-journée suffit ensuite de Kroudoû à Ikósi : partant à cinq heures du matin, on pourra être rendu à midi; et si l'on continue sans s'arrêter jusqu'à Ekpè, l'on y arrivera vers dix heures du soir; ou bien si l'on passe la fin de la journée à Ikósi et qu'on en reparte à six heures du soir, on atteindra Ekpè le lendemain à trois heures du matin. Enfin, partant d'Ekpè à quatre heures après midi, on parvient le lendemain matin, à trois heures, à Oumakoû, en ayant soin de profiter de la marée, afin de n'être pas contrarié par le courant. Ces informations nous procurent le petit tableau de distances que voici :

De Koráme		
à Kroudoû........	10 heures ou	17 milles environ.
à Ikósi..........	7 »	11 »
à Ekpè............	10 »	17 »
à Oumakoû........	11 »	19 »

En portant sur la carte de Dalzel ces distances relatives, on verra Ikósi tomber exactement sur la position qui y est attribuée à *Cradoo*, et Ekpè sur la position attribuée à *Quassee*; d'où il suit qu'une transposition de noms paraît avoir été commise par Dalzel, et qu'une rectification est nécessaire.

On peut se rendre d'Ekpè à Omâhé, par Oumakoû, en suivant les canaux intérieurs : cette route exige trois jours; et l'on met quatre journées de plus pour atteindre Ouloû-Iwère, capitale d'Ichékrí, vers le sud-est, et quatre jours pareillement, en allant d'Omâhé vers l'est pour arriver à Gató, d'où l'on se rend par terre, en deux jours, à Eddá, capitale d'Ibiní : Ochi-Fêkouè a parcouru lui-même cette dernière route dans un voyage qu'il fit vers 1810, en compagnie de son frère Ogoû-Soyá. Ibiní est un grand royaume duquel dépendent les provinces d'Issobó et de Eónre; au delà est le pays ou royaume de Ekbón ou Ikbón, ainsi appelé dans le Béní, mais que les Yéboûs nomment Ikolobé, et les Chekrí Ekalapá; la capitale est la grande ville de *Ogotón*, qu'il ne faut pas confondre avec *Gató* de Béni (1).

Indépendamment de la série des villages que nous avons signalés sur le rivage maritime d'Ikbékoû, on en peut citer quelques autres sur la rive septentrionale ou même au milieu de ces terres insulaires : ainsi l'on voit, en face de la grande ville d'Ekpè, le village de Sábouko; et sur le marigot qui est en face d'Ikósi, le village de Boûghiyè, renommé dans tout le pays pour le nombre et la supériorité des constructions navales qui sortent de ses chantiers (2).

Essayons maintenant d'apprécier l'étendue du pays de Yéboû vers le nord. Les seuls renseignements que

(1) Bowdich a très-bien distingué ces deux villes, tout en les plaçant mal, dans sa grande *Map of north western Africa dedicated to the African Association*, 1820.

(2) On peut, d'après cette circonstance, conjecturer que c'est le point désigné par les Portugais sous le nom de *Aldea das Almadias*, ou village des barques.

m'ont fournis à cet égard les conversations d'Ochi-Fêkoué consistent dans l'indication de deux villes frontières, Oyógwo et Ikrékoû, au delà desquelles commence le territoire d'Inongó. Disons tout d'abord ici que Inongó (1) est une grande nation à laquelle appartient le pays de Êyo, dont la capitale est Ooû, ainsi que le pays de Ibómno, appelé Kakandá par les Haoussans (2). Au delà d'Inongó est Filáni, puis Takpwà (3) (qui est le Niffé ou Noufi des Haoussans); puis enfin Haoussâ, grand pays où s'arrêtent les notions géographiques de mon informateur.

En partant de Kroudoû, vers le nord-est, on rencontre à une petite journée Igán, d'où l'on se rend, en trois jours, dans le district d'Oukbó; le chef-lieu, Ouké-Akbó, est une grande ville située à trois jours de distance d'Ekpè; et Oyógwo n'est guère que d'une heure plus éloignée. De là, en un jour, on arrive à Akbelé, qui appartient à la nation Ekbá-Ikéya, dépendante d'Inongó.

(1) Robertson écrit *Anagoo* (pp. 209 et 286) et *Inago* (p. 287); il est parlé des *Nagots* dans Pruneau de Pommegorge, *Description de la Nigritie*, Paris 1789, in-8°, p. 236, et dans Labarthe, *Voyage à la côte de Guinée*, p. 163, d'après le capitaine Denys Bonnaventure. L'un et l'autre les nomment distinctivement des *Ayeots* ou *Alliots*, qui ne sont autres que les Eyeos de Clapperton et de Lander, c'est-à-dire les Inongo eux-mêmes : de pareils doubles emplois sont presque inévitables dans les informations orales que peuvent recueillir les voyageurs.

(2) Oldfield nous apprend que Kakanda est aussi appelé *Ibbodo* ou *Ibbodah*, et *Mogay*, par les naturels, dont la langue se nomme *shabbee*. Voir son *Journal* dans Laird *and* Oldfield's *narrative of an expedition into the interior of Africa by the river Niger*, Londres 1837, in-8°; t. Ier, pp. 320, 375; t. II, pp. 25, 298.

(3) Clapperton écrit *Tappu* (pp. 55, 140, etc.); Robertson, *Takpa* (*Notes on Africa*, p. 268).

D'un autre côté, en partant de Kroudoû pour se diriger vers le nord, on atteint, après une grande journée, le territoire de la nation Eremó, dépendante de Yéboû : la première ville qu'on rencontre est Ikboré; puis une marche de deux grands jours conduit à Okó, et il faut encore deux très-fortes journées pour arriver à Ikrékoû, toujours sur les terres d'Eremó. Au delà, quatre à cinq heures de marche suffisent pour se rendre à Ekbomóso, ville d'Inongó, laquelle est elle-même à trois jours d'Oukbó. A trois journées plus loin que Ekbomóso se trouve Ekboumoû, grande ville de marché, qui appartient à un frère du roi de Yéboû.

Si l'on attribue à la journée de marche une valeur moyenne de 15 milles géographiques en ligne droite, on en pourra conclure que la ligne des frontières, du côté d'Akbelé, passe à environ 70 milles de Kroudoû et 55 milles d'Ekpé; et que, du côté d'Ekbomóso, elle passe à environ 85 milles de Kroudoû et autant d'Ekpè. On pourra approximativement déduire de ces données, pour la superficie totale du pays, une mesure vague de cinq cents lieues carrées, au maximum.

Nous n'avons point encore parlé de la capitale, Odè-Yéboû : sa position nous est fournie par une distance d'une journée et demie, ou quatorze heures de marche à l'égard de Kroudoû, et d'une petite journée de six heures à l'égard d'Ekpè; à 2 milles et demi par heure, ces distances se traduisent en 35 milles et 15 milles, et nous procurent pour Odè-Yéboû une position, estimée approximativement, de 6° 48′ de latitude septentrionale, et 1° 54′ de longitude à l'est du méridien de Paris.

Ochi-Fêkouė m'a encore nommé plusieurs villes, sur la position desquelles je n'ai point eu l'occasion ou le loisir de lui demander des renseignements; telles sont Oké-Akó (lieu de naissance de son grand-père), Odomoïlá, Ipí, Átou, Érounwo, Ichové, Noforiyá, Ilokó, Onė, Oroubó, Iké : pour cette dernière seulement, il m'a appris qu'elle était à deux ou trois heures de marche à l'est d'Ikósi.

Parmi les dépendances de Yeboû, nous avons à compter encore le district de Owwoû, qui appartient à la nation Egbvá; après une guerre de six ans, qui finissait à l'époque où Ochi-Fêkouė fut emmené en captivité, et qui avait eu pour objet la possession d'un canton limitrophe des deux pays, Obbá Owwoû, fait prisonnier, avait été conduit à Odė-Yéboû, et son domaine réuni au territoire Yéboû. Cet état de choses s'est-il perpétué? Nous n'avons à cet égard aucune lumière; et les conversations d'Ochi-Fêkouė ne m'ont pas même appris où se trouve le canton d'Owwoû.

Ce nom n'est cependant pas tout-à-fait inconnu en Europe, non plus que celui de la nation Egbvá : dans la troisième partie du petit *vocabulaire Êyo* dont il a recueilli les éléments à Sierra-Leone, le missionnaire John Raban a consigné le renseignement géographique suivant : « Yóruba est la dénomination générale d'un » grand pays contenant les cinq divisions que voici, » rangées dans l'ordre de leur importance : 1° Oyo; » 2° Eg'bwa; 3° Ibárupwa; 4° Ijébu; 5° Ijéca (pro-

» noncé Ijétcha). Owú est une grande ville de Yó- » ruba (1) ». Mais ceci demande quelques éclaircissements : on sait très-bien, par Clapperton (2), que *Yarriba* est le nom donné par les Arabes et par les Haoussans au pays et au peuple *Êyo ;* Ochi-Fêkouė ne connaissait point cette dénomination générale : pour lui *Êyo* est le nom du pays occupé par la nation *Inongó*, ayant pour roi *Obbá Oyó*, et la ville de *Ooû* pour capitale; *Egbvá* est la nation dont le pays aussi bien que la capitale sont appelés *Owwoû ; Ibároupwa* lui est inconnu sous cette forme, mais lui paraît devoir être *Gwaroûpa ; Ijébu* est son propre pays, que nous écrivons ici, d'après sa manière de prononcer, *Yéboû ;* enfin, *Ijétcha* est pour lui *Iyésa*, qu'il m'avait plusieurs fois désigné avant que le petit livre de Raban me fût tombé entre les mains (3).

Mais quel est l'emplacement géographique d'Owwoû, nous l'ignorons encore; cependant, peut-être nous est-il permis de conjecturer que cette ville est la même que celle dont Richard Lander nous parle sous le nom de *Wow*, au commencement de son deuxième voyage. D'après les explications de Clap-

(1) *The Eyo Vocabulary* compiled by the rev. John RABAN, one of the missionaries of the Church missionary Society in Sierra-Leone; 3 parties, Londres 1830, 1831, 1832, in-18; partie 3e, p. 10.

(2) *Second expedition*, p. 29.

(3) J'en dois la communication à mon excellent ami le capitaine John Washington, de la marine royale britannique, ancien secrétaire de la Société royale géographique de Londres, et l'un des membres les plus actifs et les plus éclairés de la Société de civilisation africaine, aujourd'hui chargé de travaux hydrographiques dans la mer du Nord.

perton sur les limites du Yarriba du côté de Badagry, Wow appartient bien certainement à cette grande contrée (1) ; et son homonymie est frappante avec *Owwoû*. Mais, d'un autre côté, *Ekbá-Ikéya*, vers Akbélé, ne serait-il pas identique à *Egbvá?* Nous sommes forcés de rester dans l'incertitude.

Quoi qu'il en soit, d'après tous les renseignements que nous venons de parcourir, nous pouvons du moins, ce semble, nous former de la disposition géographique du pays de Yéboû une idée générale, où se grouperont, autour d'un noyau territorial portant spécialement le nom de Yéboû, à l'est Idokó dont le chef-lieu est Omakoû, au nord Eremó dont le chef-lieu est Ikboré, et peut-être à l'ouest, peut-être au nord-est, Egbvá dont le chef-lieu est Owwoû.

---

§ II. — GÉOGRAPHIE PHYSIQUE ET NATURELLE.

Orographie et géologie; hydrographie intérieure; productions végétales; animaux.

Le pays est extrêmement plat et uni sur la côte, et des montagnes proprement dites ne s'y montrent qu'assez loin dans l'intérieur. Cependant sur la langue de terre même que les indigènes appellent Ikbékoû, se font remarquer quelques dunes, notamment auprès de Sábouko et de Boûghiyè, où elles reçoivent le nom de *Oké* ou montagne.

(1) Lander, *Journal of an expedition to explore the Niger*, t. Ier, p. 58. — Clapperton, *Second expedition*, pp. 29 et 87.

Quant à celles de l'intérieur, elles font partie de la grande chaîne granitique traversée, dans l'ouest, par Clapperton, à qui l'on apprit qu'elle prenait naissance dans le Borghoû, et se continuait, à travers le Yéboû, jusqu'au Bénin. C'est, d'après la description de ce voyageur, un granit gris surgissant à travers un sol argileux rouge, couvert d'une couche de terreau noir mêlé de sable dans les parties qui avoisinent la mer (1). On y trouve, suivant les indications d'Ochi-Fêkoué, des mines métalliques riches et nombreuses, où l'or se rencontre en grosses pépites (2), et l'argent en abondance, mais sans valeur et sans utilité aux yeux des naturels; les mines de fer leur sont beaucoup plus précieuses, et le cuivre, rare chez eux, se paye plus cher que l'or même (3).

Des rivières nombreuses, mais qui ne paraissent pas très-considérables, arrosent et fertilisent ce territoire. La plus importante est celle de *Óchoû*, qui vient de très-loin dans le pays d'Èyo, où elle est appelée *Íchery*; elle est déjà grande à Ekbomóso, plus grande et inguéable à Oukbó; elle traverse Eremó, et débouche à Kroudoû. Une autre est celle de *Omè*, qui vient

(1) CLAPPERTON, *Second expedition*, pp. 48, 52, 87.

(2) Il est inutile d'insister sur l'abondance de l'or dans des contrées qui tirent de là leur dénomination même; il suffit de lire ce qu'en rapporte VILLAULT DE BELLEFOND, *Relation des costes d'Afrique appelées Guinée*, Paris 1669, in-12, pp. 387 à 397.

(3) C'est ce que Pruneau de Pommegorge (*Description de la Nigritie*, p. 123) avait déjà remarqué chez les Sérères de la Sénégambie.

d'Akbelé, passe à Onè, à Idokó dont elle prend le nom, et débouche à Ekpè. Dans l'intervalle, une troisième plus petite passe près d'Oroubó et débouche à Iké.

Ces divers cours d'eau se jettent dans ce que les géographes appelaient autrefois le *lac de Curamo*, et qu'ils nomment aujourd'hui le *lac de Cradoo*, mais que les Yéboûs appellent uniquement *Ósa* ou lac, par opposition à la mer, qu'ils appellent *moloukoû*, et aux rivières, qu'ils appellent *outó*. Un peu au-dessus de la ville de Oumakoû, le Ósa éprouve tout à coup un rétrécissement tel, que trois barques ne pourraient y cheminer de front; c'est dès lors une véritable rivière, et son nom spécial est *Efrá*. Peut-être le même nom reparaît-il à l'ouest du lac, pour la rivière qui passe à Ardra, et à laquelle la carte de Dalzel applique improprement la dénomination de Lagos, mais que d'Anville appelle Eufrat, et Denys-Bonnaventure, trop classiquement Euphrate (1).

D'autres rivières communiquent du lac à la mer, à travers Ikbékoû, ainsi qu'on le voit sur la carte de Dalzel; la plus connue de celles-ci est Outó-Boûghiyè. Au temps des pluies solsticiales, et de l'inondation qu'elles amènent, l'eau de 'Osa s'écoule en une vaste nappe par dessus les terres basses d'Ikbekoû.

La profondeur du chenal, au milieu du lac, est de 14 à 15 brasses, suivant l'indication de quelques anciennes cartes. Les sondes sont très-peu profondes

(1) D'ANVILLE, *Guinée entre Serre-Lione et le passage de la ligne*, 1775; et *Eufrate* dans sa carte de la côte de Guinée, 1729. — Denys Bonnaventure, dans LABARTHE, *Voyage à la côte de Guinée*, pp. 102, 103.

sur la côte maritime ; l'eau y est d'un vert olivâtre ; le fond, de sable successivement blanc, roux, et brun, à mesure qu'on s'écarte du rivage par 4, 5, 6, 8, 10 brasses ; alors se rencontre un fond de vase noire, qui se montre immédiatement à l'entrée des criques transversales depuis Odé jusqu'à Omâhè (1).

Tout le long des rivages court une berge sablonneuse couverte de mangliers rabougris, par dessus lesquels on aperçoit au loin des arbres élevés, à têtes rouges, surtout entre Ekpè et Oumakoû. Il existe en outre dans le pays de belles forêts, et nous savons d'ailleurs que le terroir est fertile, que le maïs et les calebasses sont exportés pour la consommation des populations voisines.

Les conversations d'Ochi-Fêkouè m'ont appris que sa terre natale produit en abondance les bananiers à gros et à petit fruit (2), le cocotier, le chou-palmiste, l'oranger, le citronnier, la canne à sucre, l'ananas, la patate, le manioc, l'igname, le piment, la malaguette (3), l'ôbi, qui n'est autre que le fameux cola ou gourou des voyageurs européens (4), l'indigo, le co-

(1) Carte manuscrite du capitaine Baugin, déjà citée.

(2) Le *musa paradisica* des botanistes (*plantain* des Anglais), *okbo ibroïn* des indigènes ; et le *musa sapientum*, appelé dans le pays *okbo oghéde*.

(3) Poivre de Guinée ou graine de paradis, fruits de l'*uvaria æthiopica* et de l'*amomum melegueta*.

(4) *Sterculia tomentosa* de PERROTTET (*Floræ Senegambiæ tentamen*, Paris 1843, gr. in-4° ; t. Ier, p. 81, tab. 16). C'est probablement le même

ton, et bien d'autres végétaux utiles, sur lesquels je n'ai pu recueillir d'indications assez précises (1).

Quant au règne animal, il m'a signalé, entre les mammifères, de nombreux hippopotames, le lion, le léopard, l'éléphant, des singes et des guenons de divers genres, notamment une sorte d'orang qu'il appelle *inoki*; des pangolins, des porcs-épics, des hérissons, des rats en quantité; et parmi les animaux domestiques, le cheval, rare dans le pays si ce n'est dans la province d'Idokó, l'âne, le chien, le chat, le cochon, et de grands troupeaux de bœufs, de chèvres et de moutons. Parmi les reptiles il m'a désigné des caïmans monstrueux, des tortues de terre et de mer, des crapauds, des grenouilles, et des serpents de diverses grandeurs, dont le plus remarquable, appelé *ére* par les indigènes, doit être un python de la plus grande taille (2); ils en ont un autre connu au Brésil sous le nom de *surucúcu* (3), et un autre moins grand, noir,

que le *sterculia acuminata* de PALISSOT DE BEAUVOIS (*Flore d'Oware*, t. 1er, p. 4, tab. 24).

(1) On peut comparer à cette énumération celle qui est donnée par MONRAD pour le voisinage d'Accra (dans WALCKENAER, *Hist. gén.*, t. XII, p. 479), et par BOSMAN (*Voyage de Guinée*, seizième lettre) pour toute cette côte en général.

(2) Ochi-Fékoue m'a donné de ce serpent une description qui ne permet pas de douter que ce ne soit la même espèce qui est indiquée par MONRAD sous le nom de serpent royal (WALCKENAER, *Histoire générale des voyages d'Afrique*, t. XII; Paris 1827, in-8°, p. 458). BOSMAN (*Voyage de Guinée*, pp. 282 et 326) en parle aussi, et mentionne les crochets voisins de l'anus qui caractérisent les pythons.

(3) Ce nom de *surucúcu*, et l'explication qui m'en a été donnée par

avec la gorge jaune. Parmi les oiseaux il m'a cité l'autruche, la cigogne, le flammant, le héron, le perroquet gris, le pigeon, la poule, le canard, la spatule, le pélican (1). Parmi les insectes, l'abeille, qui donne aux naturels la cire qu'ils vont vendre aux comptoirs européens, et le miel qu'ils savourent à leurs repas; l'incommode moustique, le scorpion venimeux, l'industrieuse termite, et les innombrables fourmis rouges ou noires, grandes ou petites. Entre les poissons il ne m'a désigné d'une manière précise que le redoutable requin (2); et parmi les mollusques, l'huître, qui pullule dans le lac sans que les riverains aient l'idée de la classer parmi leurs comestibles.

Là se bornent à peu près toutes les indications que j'ai eu l'occasion de recueillir de la bouche d'Ochi-Fêkouè sur les animaux les plus répandus dans le pays de Yéboû.

M. le chevalier de Lisboa, de Rio-Janeiro, m'ont fait reconnaître dans ce serpent celui qui est décrit sous le nom de *daboué* dans LABARTHE (*Voyage à la côte de Guinée*, p. 131, en note), et qui paraît appartenir au genre *eryx*.

(1) Ochi-Fêkouè me désignait chaque animal, tantôt par son nom brasilien quand il le connaissait, tantôt par l'indication du caractère extérieur le plus saillant, tantôt en me montrant la figure correspondante sur les planches de la relation de Barbot que je tenais ouverte devant lui.

(2) Par son nom portugais de *tuberão*.

SECONDE PARTIE.

L'HOMME.

§ Ier. — ÉLÉMENTS FONDAMENTAUX DU CLASSEMENT ETHNOLOGIQUE.

1°. Caractère physique et moral.

Quant à l'homme, aux indications si favorables, mais si vagues, de Robertson et de John Adams (1), je puis joindre, jusqu'à un certain point, le témoignage de mes yeux, en prenant mon informateur pour un type de sa nation.

Je dirai ainsi que le Yéboû est d'une taille moyenne, bien constitué, d'un noir brun, ayant le nez plat et large, les lèvres grosses et saillantes, les dents supérieures inclinées en avant, les pommettes proéminentes. Mais le caractère le plus remarquable de la face est un front partagé en trois compartiments verticaux, dont l'un est en retrait sur les deux autres; ou plutôt ce sont les deux os temporaux qui font une saillie très-marquée sur l'os frontal, en avant duquel ils forment comme un bourrelet de trois à quatre lignes d'épaisseur. Les cheveux sont crépus et laineux comme dans la plupart des races nègres. L'angle facial ne m'a point semblé extrêmement aigu.

(1) Voir ci-dessus, p. 16.

Au surplus (comme la Société Ethnologique l'a indiqué dans l'instruction générale destinée à servir de guide aux recherches qui ont pour but la détermination des races humaines), il est indispensable d'emprunter le secours des arts graphiques si l'on veut donner une idée précise du type physique, et mon premier soin a été de dessiner un double portrait d'Ochi-Fêkoué pour accompagner cette notice. Mais je ne me suis point borné à cela, et par les soins de M. de Blainville, mon informateur a été moulé au Muséum royal d'histoire naturelle, où l'on sera toujours ainsi à portée de voir son buste, aussi bien qu'au siége de la Société Ethnologique, et dans mon propre cabinet.

Le caractère moral paraît très-doux, et quoique l'intelligence de mon informateur soit peu développée, les renseignements qu'il m'a fournis dénotent chez ses compatriotes un degré d'aptitude et d'activité qui s'accorde avec ce que les voyageurs avaient rapporté des habitudes industrieuses et de la richesse territoriale de ce peuple. Les denrées dont il approvisionne ses voisins, les étoffes qu'il fabrique en si grande quantité et qui révèlent une habitude perfectionnée de la filature, du tissage et de la teinture, déposent en effet de sa supériorité relative à l'égard des nations limitrophes. La résistance qu'éprouva, chez les Yéboûs, le grand conquérant dahomé Trouro-Audati, et leur prise de possession de la lisière maritime qui obéissait autrefois au Bénin, sont en même temps des preuves de leur bravoure.

2°. Langage.

La langue des Yébous m'a offert, dès les premières questions que j'adressai à mon nègre, les noms de nombre de *un* à *dix* entièrement conformes à ceux que Bowdich avait rapportés de la langue Êyo (1); et mon informateur m'apprit que les Êyos parlent en effet une langue si voisine de celle de Yéboû, que les deux nations peuvent converser ensemble sans difficulté; je pus aussitôt me convaincre moi-même de cette intime affinité en comparant les mots que je recueillais de la bouche d'Ochi-Fêkoué, au petit vocabulaire yourriban compris dans l'appendice du second voyage de Clapperton. J'en ai eu, depuis, de nouvelles preuves, plus

(1) BOWDICH, *Mission to Ashantee*, appendix. (Ces noms de nombre manquent dans l'édition française.) — CLAPPERTON, *Second expedition*, pp. 404, 405. — Voici la comparaison de ces noms de nombre :

HIO DE BOWDICH.	YOURRIBA DE CLAPPERTON.	YÉBOU D'OCHI-FÊKOUÈ.
1. innce.	ok'ka.	innè, óko.
2. eygce	ma'jee.	eyî.
3. etta.	mai'ta.	êta.
4. ernee.	me'ne.	êre.
5. aroun.	mallóo.	âro.
6. effa.	mai'ffa.	êva.
7. eggay.	ma'gee.	êyè.
8. eggo.	ma'jo.	êyo.
9. essoun.	mai'ssu.	êso.
10. eywaw.	maywah.	êgwa.

m initial, dans Clapperton, est un préfixe, peut-être simplement euphonique, employé en construction après un substantif : quelques-uns des nombres que j'avais d'abord recueillis de la bouche d'Ochi-Fêkoué en étaient affectés aussi.

concluantes encore et plus multipliées, depuis que j'ai été à portée d'examiner les petits vocabulaires et spécimens de langage êyo recueillis à Sierra-Leone par le révérend John Raban, missionnaire anglican, et publiés à Londres en 1830, 1831 et 1832.

Il n'en est pas de même pour la langue de Béni, qui paraît appartenir à la même famille, mais qui présente des différences beaucoup plus tranchées (1) : en sorte

(1) Je me proposais de recueillir de la bouche d'Ochi-Fêkouè les vocabulaires des diverses langues africaines qui lui étaient connues; le temps m'a manqué. J'avais seulement noté occasionnellement quelques mots de la langue béni; les voici :

Bateau	okó.	*Canon*.	itiru.
Aviron	uguóko.	*Pistolet*.	libatine.
Voile.	aveá.	*Sabre*.	odá i''bo.
Cordage.	okú.	*Lance*.	ekwá.
Cheval.	èchi'.	*Fils, fille*.	oto''.
Aubarde	ughèchi'.	*Jeune garçon*. . . .	omréwi.
Mors	urokbó.	*Père*.	owá.
Fouet.	achipé.	*Mère*	yé.
Fusil	krui.	*Tabac (en feuilles)*.	eféya.
Poudre à tirer. . .	aferiñe.	*Farine*	uchi'.

Il est à observer que les mots *père* et *mère* sont exprimés en bénin, parmi les soixante-sept mots de cette langue recueillis à Sierra-Leone par mistress Hannah Kilham et insérés dans ses *Specimens of African languages*, de la manière suivante :

Père.	uansa.	*Mère*	nama.

Le premier est loin d'être identique; le second est entièrement différent. En faut-il conclure que l'une ou l'autre source est suspecte, ou qu'elles le sont toutes deux? Non, sans doute; mais seulement qu'il reste à déterminer quelle est la population à laquelle appartient chacun des vocabulaires : car nous savons par Clapperton (*Second expedition*, p. 140) que le nom de Bini est appliqué à des contrées très-différentes. Le Bini d'Ochi-Fêkouè est celui qui est limitrophe de sa terre natale, celui qu'on appelle

que, d'après les indications d'Ochi-Fèkoué, il y aurait lieu de former, des divers langages similaires répandus en ces contrées, deux groupes principaux, dont l'un comprendrait les dialectes yéboû, êyo, et leurs ramifications (1), l'autre les dialectes bénî, ebbô, et leurs annexes.

Le domaine territorial de cette famille linguistique est borné au nord par la langue haousâ, à l'ouest par la langue igoû, qui renferme les dialectes de Dahomé, de Mahi, et de ce qu'on appelle vulgairement la Côte des Esclaves. Dans l'est, mon informateur ignore ce qui est au delà de l'empire de Béni.

Revenons à la langue yéboûe en particulier : j'en ai recueilli un vocabulaire d'environ huit cents mots (2), plus quelques phrases, trop peu nombreuses pour y trouver les éléments d'une analyse au moyen de laquelle je pusse tenter une esquisse grammaticale; et

vulgairement Bénin ou le Grand Bénin. Cependant le mot *yé*, qu'il donne pour *mère*, est identique à *iai*, que Hannah Kilham attribue à Bornou, c'est-à-dire à l'autre Binî.

(1) D'après CLAPPERTON (*Second expedition*, pp. 132, 143, 184), les langages de Wawa, de Boussa et du Niffé sont des dialectes de la langue du Yarriba, c'est-à-dire Èyo. Mais sont-ils plus voisins de cette dernière que de celle de Béni? c'est une question que l'étude comparative des vocabulaires peut seule résoudre.

(2) Je l'ai communiqué à la Société de civilisation africaine de Londres, pour être compris dans le vocabulaire comparatif imprimé sous ce titre : *Outline of a Vocabulary of a few of the principal languages of western and central Africa, compiled for the use of the Niger expedition*; Londres 1841, in-18 oblong. Ce petit volume offre un intérêt de plus en reproduisant les *Specimens of African languages*, de mistress Hannah KILHAM, imprimés à Sierra-Leone, et devenus très-rares aujourd'hui.

je dois le dire, ce travail d'analyse offrait d'autant plus de difficulté, que mon informateur s'est montré complétement inhabile à en comprendre la nature et la portée : sa connaissance du français et du portugais est d'ailleurs trop grossière pour qu'il lui eût été possible d'exprimer, dans l'une ou l'autre de ces langues, une forme grammaticale correspondante à celle que lui eût fournie sa langue maternelle. Ce n'est que par la comparaison intelligente de textes variés et multipliés que peuvent être obtenues des lumières sur la constitution organique et physiologique (si je puis employer de telles expressions) de cet idiome nouveau pour nous.

Les petits livres de Raban m'offraient à cet égard quelques secours que j'ai dû ne point négliger, et qui, malgré les différences probables de dialecte, m'ont permis des rapprochements dans lesquels se laissaient entrevoir quelques indices du mécanisme général du langage que j'étudiais.

J'ai cru utile de tracer, d'après ces données, un premier canevas conjectural de grammaire, pour servir de thème aux vérifications à venir : on le trouvera, ainsi que le vocabulaire, à la suite de ce travail (1).

Sous le rapport euphonique, la langue yéboûe peut être considérée comme une des plus douces qui soient au monde; les voyelles y abondent, et il est à cet égard remarquable que (sauf peut-être quelques rares et douteuses exceptions), non-seulement tous les mots, mais même toutes les syllabes sont terminées par des

(1) Voir l'appendice.

voyelles ; les consonnes n'offrent dans leur prononciation aucune rudesse, et plusieurs s'articulent avec une sorte de mignardise qui les rend difficiles à saisir et plus difficiles encore à exprimer graphiquement par des lettres de notre alphabet.

Un caractère particulier que j'ai cru découvrir dans cette langue doit être signalé ici : il fournirait aux linguistes un curieux sujet d'études et de méditations, si au lieu de simples conjectures je pouvais présenter une affirmation précise ; je veux parler de la nature essentiellement monosyllabique qu'elle m'a paru offrir dans sa composition, non que les monosyllabes s'y montrent distinctement au premier abord ; mais il semble qu'une analyse intelligente puisse retrouver dans les polysyllabes une série d'éléments monosyllabiques, tantôt simplement juxtaposés, tantôt euphoniquement contractés.

Est-ce une racine modifiée par des affixes ou des suffixes inséparables, qu'il suffit de dépouiller de ces augments pour mettre en évidence le monosyllabe originel ? ou bien chaque polysyllabe se décompose-t-il en divers éléments radicaux, tous significatifs, tous séparables, et se groupant entre eux au gré de l'idée complexe qu'il s'agit d'exprimer ? S'il m'était possible de résoudre dès à présent cette question, ce n'est plus une conjecture, un soupçon timide que je proposerais ici : j'aurais une certitude, et des régles à formuler ; mais, encore une fois, je n'ai que des arguments, des indices, à soumettre à l'appréciation des linguistes.

L'opinion que je me suis formée à cet égard est née

de la facilité avec laquelle j'ai pu décomposer en monosyllabes significatifs quelques phrases très-courtes recueillies de la bouche d'Ochi-Fèkoué, et dont chacun des éléments m'était déjà connu par son emploi dans d'autres locutions.

Par exemple : OBÆWÆ WOFURIMI', *tu me donnes ce couteau :* cette phrase, qui, dans l'émission orale, semblait à mon oreille ne former que deux mots, l'un de trois syllabes, l'autre de quatre, m'offrit, à l'analyse, sept mots bien distincts assemblés en deux groupes et se traduisant littéralement ainsi :

O	BÆ	WÆ	WO	FU	RI	MI.
le	*couteau*	*ce*	*toi*	*donner*	*à*	*moi.*

De même : KOMAYIMIKU', KOMAYIMINU', *préserve-moi de la mort et des maladies ;* ce sont deux versets de la prière quotidienne des Yéboûs, décomposables et traduisibles mot pour mot ainsi qu'il suit :

KO	MA	'YI	MI	KU.
falloir	*point*	*permettre*	*moi*	*mourir.*
KO	MA	'YI	MI	NU.
falloir	*point*	*permettre*	*moi*	*être malade.*

De même encore : KOFOGORIMI', *donne-moi la richesse ;* c'est un autre verset de la même prière, qui s'explique très-bien de cette façon :

KO	FU	O	GO	RI	MI.
falloir	*donner*	*la*	*richesse*	*à*	*moi.*

Ainsi mis sur la voie de la décomposition des

phrases et des mots dont les éléments m'étaient connus, j'ai été porté à en conclure que les polysyllabes dans lesquels je ne sais point retrouver chacun des éléments constitutifs ne sont pas moins le résultat de la juxtaposition de monosyllabes distincts, dont mon ignorance seule ne peut discerner actuellement la forme précise et la valeur.

---

§ II. — ÉPOQUES ET ACCIDENTS DE LA VIE.

1°. Naissance, allaitement, éducation première.

Quelle que soit la diversité des races humaines répandues d'un bout à l'autre de ce globe où la Providence nous a jetés, les mêmes lois régissent l'existence physique de chacun des atomes de ce grand tout. Sous les feux de l'Équateur comme sous les glaces du Pôle, l'homme naît, grandit, mûrit, se fane, et meurt, à travers une succession de vicissitudes et d'accidents qui, vus de haut, n'offrent que d'insignifiantes différences : ou plutôt les différences que nous apercevons ne sont, pour ainsi dire, que des insignes dont la vie sociale décore les actes de la vie naturelle.

Enregistrons ici les détails que les souvenirs de mon informateur m'ont permis de rassembler sur les formes que revêt, chez les Yéboûs, chacun de ces actes que toutes les nations semblent s'accorder à solenniser.

Le Yéboû, comme tous les autres hommes, est enfanté dans la douleur ; mais la douleur est peut-être moindre et moins prolongée qu'en nos climats. La mère, en ce pénible travail, est entourée, assistée des matrones de sa famille ou du voisinage, qui reçoivent le nouveau-né et lui nouent le nombril à peu près comme l'exécutent les sages-femmes de notre Europe civilisée. Mais, à la grande différence de nos habitudes, l'accouchée demeure pendant six jours étendue sur ses nattes, enveloppée des mêmes pagnes, ayant à côté d'elle son nourrisson, sans recevoir ni prendre elle-même aucun soin de propreté; enfin le septième jour, l'appartement est nettoyé de fond en comble, et les cendres mêmes sont enlevées du foyer et jetées à la rivière; on appelle un *alasè*, ou prêtre, afin d'accomplir la cérémonie de l'imposition du nom au nouveau né. Alasè frotte d'abord d'huile de palme la tête de l'enfant; le panier dans lequel les cendres ont été emportées devient alors pour un instant son berceau, et on l'asperge d'une quantité d'eau suffisante pour le nettoyer, après quoi on le rend à sa mère. Alasè, délayant dans sa bouche quelques grains de sel, prend de nouveau l'enfant, et lui soufflant sur le front quelques gouttes de salive salée, l'appelle tout haut du nom que le père lui a d'avance fait connaître.

L'allaitement dure un an au moins; il se prolonge assez souvent jusqu'à trois ans. La mère porte son nourrisson tantôt sur son bras comme les nourrices d'Europe, tantôt grimpé sur son dos, les bras passés autour du cou, les jambes serrées sur les flancs et assujetties au moyen d'une pagne nouée.

Quand vient le temps du sevrage, elle substitue à

son lait une bouillie claire de maïs, et bientôt cette espèce de pain ou de gâteau de maïs qu'on appelle *ouri*.

L'enfant n'a point un berceau séparé; il dort près de sa mère, enveloppé de pagnes. Quel que soit leur sexe, les enfants vont absolument nus jusqu'à l'âge de quinze ans, qui est celui de la puberté.

2°. Circoncision et tatouage.

Arrivé à l'âge de six ou sept ans, le Yéboû subit la double opération du tatouage et de la circoncision : la première, nommée *ellá*, est commune aux deux sexes; la seconde, *oufón*, n'est pratiquée que sur l'homme, et n'a point d'analogue pour la femme (1).

L'une et l'autre sont faites, moyennant salaire, par un artiste dont c'est la profession spéciale, et qu'on appelle *aldkila* : il emploie à cet usage un instrument dont la lame courte, large, à double tranchant, et bien affilée, ressemble beaucoup, par sa forme, à celle d'un grattoir de bureau; elle est assujettie dans un manche de bois, mince et arrondi, que l'opérateur tient dans sa main droite entre le pouce, l'index et le doigt du milieu, comme nous tenons nous-mêmes une plume à écrire.

La circoncision est d'ordinaire une institution religieuse, accompagnée de cérémonies où intervient le sacerdoce; rien de semblable n'apparaît chez les Yéboûs : aucun alasè ne préside à l'opération, et c'est

(1) David de NYENDAAL (dans BOSMAN, p. 472) dit qu'au Bénin on pratique sur la femme l'excision d'une petite portion du clitoris.

uniquement à l'artiste qui l'exécute que la direction en est confiée.

On sait que le tatouage est une sorte d'insigne, de blason national, uniforme pour tous les individus d'un même peuple, et différant de peuple à peuple de manière à servir entre eux de caractère distinctif. Il consiste en un certain nombre d'entailles plus ou moins profondes, à des places et dans un ordre déterminés.

Les indications de cette nature ont une importance ethnologique dont les voyageurs n'ont point en général tenu assez de compte : un travail d'ensemble sur cette matière serait aussi curieux qu'intéressant; mais avant qu'il puisse être entrepris, il en faut préalablement amasser les matériaux essentiels.

Voici les renseignements que je tiens de Ochi-Fêkoué sur la disposition de ces marques caractéristiques chez les diverses populations africaines qu'il a connues, soit pour les avoir visitées chez elles, soit pour en avoir vu quelques individus dans son propre pays, ou au comptoir de Lagos.

Et d'abord, Yéboû lui-même (ainsi que Erémó qui en dépend) a son tatouage national composé de six raies longitudinales partant du bas ventre et s'élevant jusqu'aux mamelles, où s'arrêtent les deux médianes, tandis que les autres s'épanouissent symétriquement en se contournant sous les aisselles.

Idokó, tributaire de Yéboû, se fait autour du cou une double rangée de petites entailles obliques, parallèles entre elles dans chaque rangée, mais inclinées en sens inverse d'une rangée à l'autre.

Eggwá, autre tributaire de Yéboû, se distingue par cinq ou six longues incisions verticales sur chaque joue, depuis les tempes jusqu'à la mâchoire inférieure.

Béni (ainsi que Eónré qui y est compris) a plusieurs entailles verticales (depuis quatre jusqu'à huit) au milieu du front; plus une longue raie depuis le creux de l'estomac jusqu'au bas ventre.

Issobó, tributaire de Béni, et Ouyó, qui semble n'être que la partie restée indépendante du même peuple, se font trois entailles partant du coin de l'œil et rayonnant sur la tempe.

Ikolobé ou Ekbón, dépendant aussi de Béni, se marque le front d'une raie horizontale, au-dessous de laquelle sont entaillés de petits traits perpendiculaires, courts et rapprochés.

Les habitants de Koráme n'ont point de tatouage; mais ils se reconnaissent à leur tête rase, au sommet de laquelle reste intacte une mèche de cheveux.

Ichékrî non plus n'a aucun tatouage.

La grande nation Inongó a pour insigne quatre entailles horizontales de chaque côté de la bouche.

Ibómno (ou Kakanda), qui en est une dépendance, a les mêmes entailles, plus profondes, et prolongées jusqu'à l'oreille.

Le peuple guerrier des Filani, dont la couleur, au lieu d'être noire, ne peut mieux être comparée qu'au rouge brun de nos meubles d'acajou, a adopté la même disposition de traits incisés; mais chez lui ce ne sont que des raies fines et légères.

Takpwá, qui habite au delà d'Inongó, porte une double entaille diagonale de l'oreille à la bouche, recoupée d'incisions verticales depuis le nez jusqu'à l'oreille.

Haousá, plus éloigné encore que Takpwá, porte devant l'oreille cinq ou six traits horizontaux s'allongeant successivement jusqu'à une dernière incision qui s'arrondit pour remonter jusqu'au coin de la bouche.

En revenant à l'ouest, se présente la grande nation Igoû, dont le tatouage consiste en trois petites incisions verticales, dont une sur chaque pommette, et l'autre sur le milieu du front.

Telles sont les diverses marques nationales que les Yéboûs ont occasion de connaître chez eux ou autour d'eux (1); mon informateur en a rencontré d'autres

(1) On peut voir dans le journal de M. Oldfield (*Narrative of an expedition into the interior of Africa*, t. Ier, p. 320, et t. II, pp. 136, 323 et suiv.) des détails de même nature sur les populations dont il est ici question; mais il y a des différences notables entre ses indications et celles d'Ochi-Fêkouè. D'après Oldfield, la marque nationale d'Ibbodo (Ibomno) est une incision longitudinale, depuis l'angle extérieur de l'œil jusqu'à la bouche; dans un autre endroit, il dit que ce sont six ou sept lignes courbes tirées de l'angle extérieur de l'œil à la lèvre inférieure. Celle des Nonfanchis (Takpwa) se compose de trois lignes courbes sur chaque joue, et généralement deux autres sous l'omoplate gauche. Haoussa porte, comme Bornou, plusieurs lignes, quelquefois huit ou neuf, tirées de la pommette au menton. Yarriba et le pays traversé par la branche du Niger appelée Ado ont des incisions qui de la bouche rayonnent sur la joue. Les Felatah ne se tatouent pas, et considèrent les nations tatouées comme de condition inférieure. — Il est remarquable que l'on trouve dans le voyage de Denham et Clapperton le portrait d'une femme de Nyffé dont le tatouage ressemble beaucoup mieux à la description

sur la terre d'esclavage où il a été emmené; mais nous n'avons point à en tenir compte ici.

3°. Mariages.

Le mariage est très-souvent la conséquence de fiançailles contractées dès le jeune âge, c'est-à-dire vers sept ou huit ans.

L'alliance des deux familles ayant été négociée par des amis communs, les parents du petit garçon vont faire à ceux de la petite fille la demande formelle de sa main, et stipuler la dot ou plutôt le douaire que le fiancé apportera à sa fiancée. Quand les conventions sont arrêtées et le jour fixé pour la cérémonie, on se réunit de nouveau dans la maison de la jeune fille, où l'on fait venir un *alasè*, porteur de la noix de *ôbbi* des-

d'Ochi-Fêkouè qu'à celle de M. Oldfield. — ADAMS (pp. 75, 116 et 133) indique le tatouage de Dahomey, celui de Bénin et celui des Hibos (Ekbon), d'une manière qui n'est pas entièrement conforme aux souvenirs d'Ochi-Fêkouè. Dahomey n'a, d'après lui, qu'une seule raie verticale au front; Bénin porte la figure d'une feuille trifide sur chaque tempe, et trois longues raies sur le ventre, au-dessus du nombril; les Hibos ont un grand nombre d'incisions perpendiculaires sur les deux tempes. — DAPPER (p. 314) dit que les habitants d'Ouwerre sont marqués de trois incisions, une sur le front et les deux autres sur les tempes : c'est, d'après Ochi-Fêkouè, le tatouage de la nation Igoû. — Le portrait d'une jeune fille de Vida, que je dois à l'obligeance du capitaine de frégate Bouet, ne montre cependant que l'incision verticale du front. — David de NYENDAAL (dans BOSMAN, pp. 472, 473) parle de l'opération du tatouage au Bénin comme d'une simple fantaisie, sans autre règle que le caprice de l'opérateur : ce qui paraît une erreur évidente. L'étude de ces curieuses distinctions nationales est encore une des parties les plus négligées et cependant les plus importantes de l'ethnologie africaine.

tinée à consacrer l'irrévocabilité de l'engagement. Il prend successivement, pour les réunir, la main du petit garçon et celle de la petite fille, en disant au premier : *wirobirêwi onrayarè*, cette femme sera ton épouse, et à celle-ci : *wirókunèwi onrokorè*, cet homme sera ton mari ; et ayant coupé en deux la noix de *óbbi*, il en présente à chacun d'eux une moitié, qui est aussitôt mangée : *alasè* se retire, et les deux familles se séparent. A partir de cette époque la mère du fiancé va souvent visiter sa petite bru, qui reçoit d'elle beaucoup de cadeaux ; et les deux enfants jouent souvent ensemble.

Quand les fiancés ont atteint quinze ou vingt ans, ou qu'il s'agit d'un mariage entre adultes, le garçon vient trouver les parents de la jeune fille, pour la leur demander, sauf à régler alors les conventions matrimoniales s'il n'y a pas été déjà pourvu par des fiançailles. Le consentement obtenu, il se rend, avec toute sa parenté, chez sa future épouse, où l'on appelle en même temps un *alasè*, et l'on se met à manger, boire, jouer, danser, jusqu'à ce que le moment de la retraite soit venu. Alors *alasè* prend de l'eau, y trempe un rameau de *oroûnou*, ou basilic (1), et en asperge le front des mariés : il prend ensuite leurs mains, qu'il réunit en leur disant alternativement *ayakbó*, *ayató*, *onrayarè*, *onrokorè* : « Mari, femme, c'est ton épouse, c'est ton mari. » Et l'époux alors emmène sa femme dans la mai-

(1) Ochi-Fêkouè me l'a fait reconnaître par le synonyme brasilien *majiricão*, dont, au défaut des dictionnaires, l'explication m'a été donnée par M. le chevalier de Lisboa, de Rio-Janeiro.

son de son père, ou dans la sienne propre s'il en a une. Le lendemain, toute la famille, tous les amis, se réunissent chez le mari et se livrent aux plaisirs de la danse, du jeu, de la table, comme dans toutes leurs fêtes.

La polygamie étant admise par les lois et les mœurs, les mêmes cérémonies se renouvellent à chaque mariage. On conçoit que la dépense de ces fêtes, et surtout l'obligation de constituer un douaire à chaque épouse, doit restreindre dans de justes bornes cette faculté de posséder plusieurs femmes, dont quelques états voisins offrent des exemples monstrueux (1). A Yéboû, le roi n'en a tout au plus qu'une cinquantaine; les plus grands personnages de l'État n'ont guère que le tiers de ce nombre; la plupart des gens du peuple se bornent à une ou deux.

Le divorce est aussi admis chez les Yéboûs : il entraîne le payement du douaire et le remboursement, à la famille de l'épouse répudiée, de toutes les dépenses que les fiançailles et la noce ont pu lui occasionner. C'est une restriction à l'abus autorisé ; toutefois, malgré cette barrière, le divorce est fréquent, parmi les riches du moins.

(1) Voir Bosman (p. 362), qui en donne quatre à cinq mille au roi de Vida, et King (*Extrait de la relation inédite d'un voyage fait en 1820 aux royaumes de Benin et de Waree*, dans le *Journal des Voyages*, t. XIII, Paris 1822, in-8°; pp. 316 et 318), qui en attribue quatre mille à chacun des rois de Bénin et de Waree. Dapper (p. 311) n'en accorde que mille au roi de Bénin, ce qui est peut-être plus vrai, et semble pourtant encore à peine croyable.

4°. Maladies et remèdes.

Les Yéboûs ont parmi eux, pour les soigner dans leurs maladies, des médecins qu'ils appellent *oloû-chigou* (1), d'après les ordonnances desquels ils prennent tel ou tel *ekboghi*, ou médicament.

Les maladies graves les plus fréquentes chez eux sont :

1° *Ayáno paráko*, ou la petite-vérole, que l'on guérit au moyen de cataplasmes composés, appliqués très-chauds : cette médication a généralement beaucoup de succès, pourvu qu'elle soit pratiquée dès l'origine du mal.

2° *Ebá*, ou la pulmonie, reconnaissable à une toux sèche, accompagnée assez ordinairement de sputations sanguines, et contre laquelle il faut employer sans tarder certaines décoctions émollientes, sans quoi les symptômes s'aggravent, et l'on voit survenir une émaciation graduelle, la prostration des forces, et enfin la mort. La toux ordinaire, qui constitue le simple rhume, n'est point confondue avec cette dangereuse maladie, et reçoit le nom de *ôkkó*.

3° *Elougó*, ou la fièvre, plus fréquente chez la femme que chez l'homme : on la soigne en se chauffant à un grand feu, et en buvant l'infusion chaude

(1) Landolphe (t. II, pp. 66, 121) fait un grand éloge de l'habileté des médecins d'Oware et de Bénin. — M. Tedlie (dans Bowdich, pp. 477 à 484) a donné une liste assez étendue des remèdes végétaux employés par les nègres de la Côte-d'Or. Il est probable que la connaissance en est répandue chez tous les peuples du voisinage.

d'une plante appelée *Ewè eloukézé*, dont mon informateur n'a pu me désigner d'analogue parmi les plantes qu'il a vues soit au Brésil, soit en Europe.

4° *Oyánou*, ou la dysenterie ; on la combat en mangeant de la banane cuite sur les charbons ardents, et trempée dans une sauce composée d'huile de palme et de la peau même de la banane, carbonisée et broyée.

5° *Olókouroun*, ou l'hydropisie, contre laquelle il n'est pas de remède.

Outre ces maladies, les Yéboûs, exposés à des blessures accidentelles plus ou moins graves, ne sont point étrangers à l'emploi des moyens chirurgicaux ; l'usage des ventouses scarifiées est fréquent : on se sert pour cela de petites courges creusées dont on fait l'application après y avoir introduit une petite mèche allumée, formée de quelques débris de vieille calebasse bien imprégnée d'huile. Les *oloûchigou* pratiquent, en quelques cas, des opérations sanglantes qui exigent une certaine habileté, et des instruments appropriés, que l'Europe seule peut leur fournir : armés d'un couteau bien affilé et d'une scie très-fine, ils ne craignent pas de faire des amputations, et le succès justifie d'ordinaire leur audace.

Dans les cas ordinaires, ils guérissent les blessures par la simple application d'une pâte formée de poudre à tirer délayée dans du jus de citron. C'est une véritable cautérisation, dont l'effet est aussi prompt qu'assuré.

5°. Longévité, mort, funérailles.

N'ayant que leur mémoire pour constater le nombre des années de leur vie, les Yéboûs ignorent assez généralement leur âge précis. Cependant, autant que mon informateur peut en juger, la durée moyenne de la vie de ses compatriotes se traduirait pour nous en un chiffre assez élevé, et les exemples de longévité ne sont point rares : il estime que son grand-père est mort à environ cent quarante ou cent cinquante ans, sans qu'il y ait lieu, ajoute-t-il, de considérer cette vieillesse comme un phénomène bien extraordinaire (1). Mais la cécité est chez eux la compagne ordinaire d'un grand âge.

(1) Quelque extraordinaire que puisse paraître une telle assertion, j'ai dû la consigner ici sans modification. En général, les récits d'Ochi-Fêkouè n'étaient empreints d'aucune exagération, et l'on pourrait seulement se défier de ses moyens d'appréciation d'un si grand âge. Quoi qu'il en soit, je ferai observer que l'on a de fréquents exemples de longévité parmi les nègres transplantés en Amérique, ainsi que l'observation en est faite par Bryan Edwards (*Histoire des colonies anglaises dans les Indes occidentales*, p. 223). On cite même une négresse qui a vécu jusqu'à cent soixante-quinze ans (*London Chronicle*, 5 octobre 1780, dans Virey, *Histoire naturelle du genre humain*, Paris 1801, in-8°; t. Ier, p. 409).

Ne doit-on pas croire que si des nègres transplantés dans un pays qui n'est pas le leur, y poussent si loin leur carrière, à plus forte raison doivent-ils atteindre une grande vieillesse dans leur terre natale ? Dès le commencement du seizième siècle, le pilote portugais dont Ramusio a imprimé la relation à la suite de celle de Ca-da-Mosto (*Navigazzioni e viaggi*, t. Ier, 1553, in-folio, fol. 125, D.), remarque expressément que les nègres de Guinée et de Bénin, « anchor che nel mangiar siano disor» dinati, vivono lungamente, la maggior parte da 100 anni, sempre

Quand survient un décès, les parents et les amis du défunt se réunissent dans la maison mortuaire, où l'on voit arriver aussi un *ágounè*, ou serviteur du roi, chargé de percevoir les droits du fisc, et un *odógo* ou sacrificateur. Le corps est d'abord lavé avec du savon et une décoction de feuilles d'*olóson*, sorte de cocotier (*jaca* au Brésil) ; après quoi on l'enveloppe dans des pagnes blanches roulées comme les bandelettes des momies égyptiennes ; dans cette opération, les bras sont collés le long du corps, et ramenés sur le devant de manière à ce que les mains soient jointes, et les deux pouces attachés ensemble (1). On continue de rouler pagnes sur pagnes jusqu'à ce que le corps ait acquis ainsi un gros volume, proportionné d'ailleurs à la richesse et à la puissance du personnage ; on le dépose en cet état sur son lit ; les assistants le pleurent à grands cris, et ne le quittent plus jusqu'à la fin des funérailles, qui durent trois à quatre jours pour le commun des citoyens, et jusqu'à huit jours pour les riches. Chaque soir et chaque matin de nombreux coups de fusil sont tirés à la porte de la case, et les journées se passent à

» gagliardi. » Dans un pays où *la plupart* des hommes vivent cent ans, un âge plus avancé ne doit point être un phénomène surprenant.

Le docteur Prichard, dans son dernier ouvrage (*Histoire naturelle de l'homme*, Paris 1843, in-8°, t. II, p. 248), a réuni un assez grand nombre d'exemples de longévité chez les nègres.

(1) CLAPPERTON (*Second expedition*, pp. 79, 183, 184) décrit, chez deux populations voisines, et dont le langage appartient à la même famille, un mode de sépulture où le corps est placé accroupi, comme chez les anciens Nasamons (HÉRODOTE, IV, 190), et comme chez diverses nations sauvages d'Amérique. Cette particularité se retrouve, d'après LANDOLPHE (*Mémoires*, t. II, p. 52), dans le royaume de Bénin.

boire et manger autour du cadavre. Enfin le moment de l'enterrement étant arrivé, on appelle un *alasè* ou prêtre, et l'on commence la danse des morts; une large fosse est creusée dans la salle de réception, le corps est mis dans une bière ou grand coffre de bois, et porté dans la fosse, où il est immédiatement couvert de terre s'il s'agit d'un pauvre plébéien; mais si le défunt était un riche personnage, on y met plus de façons, et la fosse reste ouverte jusqu'à trois jours, pendant lesquels continuent les salves, les festins et les danses funèbres. Le dernier jour est celui des sacrifices, et pour un homme d'un haut rang, les victimes sont des esclaves : c'est *Odógo* qui leur ôte la vie. Il en fut sacrifié deux aux funérailles du ladekè Ochi-Wó, grand-père de mon informateur; leurs fosses furent creusées au seuil des deux portes de l'appartement, l'une vers la cour, l'autre vers le jardin, en travers et en dehors de chaque porte. On termine les funérailles en recouvrant de terre les fosses ouvertes. Alors *Alasè* choisit pour lui une chèvre, *Ágounè* de son côté en prend une seconde, et *Odógo* a pour sa part un bouc. La famille tue un bœuf pour régaler les assistants; après ce repas final, on reprend les danses, on se promène par la ville, et l'on se sépare enfin pour rentrer chacun chez soi.

Les mêmes cérémonies ont lieu pour les femmes, au prorata de leur fortune et du rang de leur famille.

---

§ III. — MANIÈRE DE VIVRE.

1°. Vêtements.

Le costume est chez tous les peuples, mais surtout chez les nations peu civilisées, un objet digne d'une très-sérieuse attention de la part de l'observateur; car au costume se rattachent une foule d'indications précieuses, une foule de questions importantes sur la nature, la production, la mise en œuvre des matières textiles, des matières tinctoriales, des cuirs, des pierres et des métaux précieux : l'industrie agricole, pastorale, manufacturière, le commerce, la constitution sociale elle-même et la hiérarchie politique, se révèlent dans cette parure extérieure de l'homme, dont l'étude semble d'abord uniquement un objet de futile curiosité.

Nous n'avons pas la prétention, dans le simple exposé des indications éparses que nous avons recueillies de nos conversations avec Ochi-Fêkouè, d'offrir la solution précise de tant de hautes questions. Nous n'avons guère réuni que ces données générales dont s'enquiert la curiosité la plus vulgaire : c'est aux esprits intelligents qu'il appartient d'en induire, à la manière du Zadig de Voltaire, ces aperçus pleins de finesse et de sagacité familiers aux têtes méditatives.

Les Yéboûs s'habillent, en général, des étoffes qu'ils fabriquent eux-mêmes : ce sont des tissus de coton dont la matière première est fournie par le sol; dans chaque famille, la récolte, la filature, le tissage, la teinture, sont l'occupation habituelle des femmes : et l'on sait déjà que la quantité des toiles ainsi fabriquées est considérable (1) et fait l'objet d'un commerce d'exportation, non-seulement pour les contrées voisines, mais pour le Brésil même, dont les navires viennent à Lagos chercher une marchandise si estimée des populations d'origine africaine transplantées en ces parages lointains. Les couleurs les plus fréquentes sont, après le bleu et le blanc, le jaune, le rouge, le cramoisi et le vert, soit unis, soit bariolés. Une simple pagne nouée sur les hanches est le costume habituel des hommes dans leur intérieur ; au dehors ils portent une sorte de culotte large et courte, appelée choukotoû, et les riches remplacent par une grande robe ouverte la pagne nouée laissée au vulgaire. Pour les femmes, c'est également une pagne qu'elles portent, mais plus ample, roulée autour du corps, et retenue par un mouchoir noué en ceinture au-dessous du sein.

Les tissus de lin apportés d'Europe ont sur ceux de coton, dans l'estime des Yéboûs, la même supériorité que nous leur reconnaissons.

Nos étoffes de soie unies ou brochées, nos plus beaux tissus de luxe même, ne sont point inconnus à ces peuples, et les riches portent dans leurs jours de gala de magnifiques vêtements. Le velours, le sa-

(1) Clapperton (*Second expedition*, p. 177), parlant du commerce de l'Afrique intérieure et des marchandises qui en font l'objet, nomme spécialement les étoffes de Jaboo, qui servent à l'habillement des esclaves et des classes pauvres ; il dit qu'elles se vendent par pièces de six yards (environ cinq mètres et demi) de long, sur une largeur à peu près pareille à celle de la toile à voile, avec une ou deux lisières bleues.

tin, le brocard sont employés à composer le costume du souverain (1).

La chaussure, négligée par le vulgaire, est réservée aux gens comme il faut : ce sont des espèces de sandales ou de pantoufles appelées *lagolágo*; une chaussure plus distinguée, qui paraît ressembler à nos galoches, se nomme *saká* : c'est celle que porte le monarque dans les cérémonies, et elle est alors d'or massif (2), d'une extrême lourdeur, ce qui imprime à la marche du prince une lenteur forcée, conforme à l'étiquette pour de telles solennités.

La coiffure est très-variée : le menu peuple conserve la tête nue, ou bien il se contente du *botibóti*, simple calotte fabriquée dans le pays; les plus aisés préfèrent l'*akodé* ou bonnet, et l'*akoró* ou chapeau de paille, indigènes; aux gens distingués il faut le bonnet de laine rouge, et aux plus riches le chapeau de feutre à grands bords, apporté d'Europe. Le chef des prêtres porte une sorte de toque sans bords. Quant au roi, sa coiffure est élevée en forme de tiare, et d'une grande richesse : elle est composée de grains de corail rapprochés et montés sur un fond de cuir cha-

(1) Personne n'ignore que ces riches étoffes sont un des articles d'importation inscrits sur toutes les listes de marchandises destinées pour la côte de Guinée. Voir entre autres DAPPER, p. 310.

(2) VILLAUT DE BELLEFOND (pp. 393, 394) signale l'habileté des ouvriers nègres de la Guinée à fabriquer divers ouvrages de parure en or, et il assure que dans leurs fêtes les femmes riches ont bien sur elles vingt ou vingt-cinq marcs d'or, et les hommes trente ou quarante; et il ne s'agit là que des particuliers : en suivant la progression, on conçoit que les rois en portent des poids énormes.

moisé (1) ; au sommet est une touffe ou houppette de torsades d'or.

Le corail est un des objets de parure les plus recherchés : la grosseur des grains et leur quantité sont parmi les Yéboûs, comme chez nous les diamants, un élément d'appréciation du rang et de la fortune (2) ; les grands en portent des colliers depuis un jusqu'à quatre rangs, descendant jusqu'au nombril ; le roi en a un grand nombre.

Ce monarque a même pour ses jambes un revêtement de corail appelé *schaba*, analogue aux knémides ou ocrées des anciens, aux τεσλουκίαι des Grecs modernes.

Outre leur habillement usuel, les Yéboûs ont, pour certaines professions ou certaines fonctions, des costumes officiels dont la forme et la couleur sont déterminées. Ainsi l'habit des prêtres est blanc, formé de deux grandes pagnes, dont l'une ceint les reins et l'autre est drapée sur la tête. Celui des ambassadeurs se compose d'une pagne blanche appelée *ebbó*, bordée de bleu, nouée sur la hanche gauche par un cordon à glands, et d'une seconde pagne blanche passée en écharpe autour du cou ; sur la tête un *akodé*, ou bonnet indigène, blanc ; à la main un *illaghé*, ou martinet

(1) Le lieutenant John King (*Journal des Voyages*, t. XIII, p. 318) décrit la couronne du roi de Warree, qui est à peu près semblable, mais bien plus haute, puisqu'elle n'aurait pas moins de trois pieds anglais.

(2) Cette haute estime du corail est répandue dans tous les états de cette région, et les colliers de corail ont à Warree et à Bénin une signification officielle bien connue. Voir entre autres David van Nyendaal, dans Bosman, pp. 465, 466, et Landolphe, t. Ier, p. 113, et t. II, pp. 37, 53.

de peau, attribut spécial de leur dignité. L'uniforme des soldats est caractérisé par l'écharpe blanche passée autour du cou et croisée sur la poitrine comme les buffleteries de nos soldats, et par une pagne ou un mouchoir rouge roulé en turban autour de la tête.

2°. Nourriture.

Chez les Yéboùs, comme chez tous les peuples du monde, la nourriture est plus grossière et plus rare pour les classes pauvres, plus abondante et plus raffinée pour les gens riches. Sans avoir la pensée d'insérer ici le *Cuisinier royal* ni la *Cuisinière bourgeoise* des nègres de Yéboû, toujours est-il à observer que c'est le menu des classes aisées qu'il convient de décrire dans toute relation où l'on veut faire connaître les ressources gastronomiques d'une nation, quelque barbare ou quelque civilisée qu'elle soit (1).

La nourriture des Yéboûs se compose de viandes, de poissons, de racines, de fruits variés. L'huile de palme joue un grand rôle dans les recettes culinaires dont j'ai obtenu la communication ; l'igname et la patate en demandent surtout une grande quantité, soit

(1) On peut comparer aux détails que nous avons recueillis, la nomenclature donnée par MONRAD (dans WALCKENAER, *Histoire générale des Voyages en Afrique*, t. XII, pp. 411 et 412) des mets qui composent la nourriture ordinaire des nègres de la côte de Guinée. DAVID DE NYENDAAL (dans BOSMAN, *Voyage de Guinée*, p. 467) fournit des indications analogues pour le Bénin, et Richard LANDER (dans CLAPPERTON, *Second expedition*, p. 383) pour le Yarriba, ainsi que CLAPPERTON lui-même (*ibidem*, p. 181) pour le Nyffé.

qu'on les serve seules à titre d'entremets, soit même qu'elles se présentent dans une entrée comme un simple accessoire autour d'une volaille, d'un poisson, d'un morceau de bœuf, de mouton ou de chevreau. La banane, de la grosse ou de la petite espèce, attendue cinq ou six jours jusqu'à ce qu'elle ait complétement jauni, ou rendue tendre et douce par la cuisson, est ensuite pilée en consistance de bouillie, offrant ainsi ce que nos maîtres-d'hôtel appelleraient un entremets sucré. Enfin l'orange, l'ananas, la canne à sucre, le miel, composent d'agréables desserts; le citron est trop acide pour être mangé : il n'a d'autre emploi que l'usage médical dont nous avons déjà eu occasion de parler. Nous ne disons rien ici des diverses sortes de poivre, de piments, de colats, qui servent de condiment ou même de hors-d'œuvre.

Mais nous ne devons point omettre l'article essentiel du pain, ou de ce qui en tient lieu. Le maïs est consacré à cette destination, non qu'on le réduise en farine comme dans les pays voisins : on le fait seulement macérer dans l'eau pendant cinq jours, après quoi on le broie en une pâte homogène au moyen de la cuisson; puis on l'enferme par petites portions dans des feuilles de bananier; on entasse ces pains sous une couverture de laine, et le lendemain ils sont mangeables. Cette pâte s'appelle *oûri*, le petit pain qui en est formé *eyóri;* un pain de double dimension reçoit le nom de *eyároun*, et un pain quadruple celui de *arigóchou*.

Quant au manioc, cette grande ressource de tant de

populations nègres, il est ici complétement dédaigné, et abandonné pour la nourriture des pourceaux.

Pour ce qui est des boissons, les vins et l'eau-de-vie d'Europe, ou le rhum d'Amérique, offrent un régal exceptionnel aussi rare que recherché, dont nous n'avons pas à faire une mention plus étendue. La boisson usuelle, c'est le vin de palme, quelquefois doux (*emoû*), plus souvent fermenté (*okkó*); et il s'en consomme dans toutes les réunions et les fêtes, qui sont fréquentes, d'énormes quantités.

3°. Habitations.

Les habitations des Yéboûs, soit isolées dans la campagne, soit groupées en hameaux, en villages, en cités, sont en général, sauf l'étendue et le *comfort* proportionnés à la différence des fortunes, disposées sur un modèle uniforme.

Une seule porte extérieure donne entrée dans une enceinte ou grande cour, où sont rangées, comme dans une rue, les cases ou maisons de toutes les personnes réunies sous l'autorité d'un même chef de famille. L'édifice principal, réservé à celui-ci, est toujours placé à côté de la porte extérieure de l'enceinte. L'ensemble de l'habitation reçoit le nom de *ogá*; les maisons qu'elle renferme sont appelées *oulè*, et le mur d'enceinte *ôdi* (1).

(1) Clapperton (*Second expedition*, p. 128) donne le plan d'une maison de Wawa, qui peut servir d'éclaircissement pour la description d'Ochi-Fékoué.

Les maisons, même le palais royal, n'ont point d'étage supérieur (1). Les murs sont en pisé, d'un mètre environ d'épaisseur; le toit en chaume, supporté par des bambous qui s'appuient sur des soliveaux soutenus eux-mêmes à l'intérieur par des piliers (2). Les maisons des riches ont plusieurs pièces éclairées par des fenêtres, et destinées à des usages distincts, tels que la salle de réception, la cuisine, la chambre à coucher. Cette recherche, exclusivement réservée pour le principal corps de logis, ne se reproduit point dans les cases plus ou moins nombreuses qui en constituent les dépendances et qui servent de logement aux femmes, aux enfants et aux esclaves. Pour les classes inférieures, la maison principale n'est elle-même qu'une simple case, une cabane, qui ne reçoit le jour que par la porte.

Quant à l'ameublement, il est assorti à la disposition des appartements. Le lit consiste dans tous les cas en une estrade sur laquelle sont étendues des nattes ou des peaux de bœuf. Des nattes aussi couvrent le sol chez les gens riches : au roi sont réservés les tapis d'Europe. Le luxe des rideaux est très-rare. Les siéges sont, en général, des tabourets de bois fabriqués dans le pays : les grands ne se refusent cependant point le fauteuil européen, mais l'usage en est restreint par

(1) On sait que dans le Haoussa les maisons ont fréquemment deux étages; CLAPPERTON (*ubi suprà*, p. 209) parle même d'un édifice à trois étages, à Babagie, près de Kano.

(2) La description donnée par LANDOLPHE (*Mémoires*, t. Ier, pp. 111, 123) et par KING (*Journal des Voyages*, t. XIII, p. 314) des maisons de Bénin, est conforme à ce que dit Ochi-Fékoué de celles de son pays.

l'étiquette à un très-petit nombre d'hommes revêtus des plus éminentes charges de l'état.

Les ustensiles de ménage sont peu nombreux et d'une grande simplicité : des marmites de fer et de terre, de grands et petits vases de terre et de bois, un grand mortier de bois avec son pilon, des assiettes, des paniers de diverses grandeurs tressés avec une merveilleuse habileté, des calebasses creuses de diverses formes, la bouteille, le gobelet, le couteau, suffisent au service de la cuisine et de la table. Des coffres et des boîtes font l'office d'armoires et de tiroirs : le commerce d'importation leur fournit des serrures et des cadenas pour les fermer; leur propre industrie fabrique des clefs et des serrures de bois très-ingénieuses.

Quand il se présente une visite, elle s'annonce en frappant à la porte extérieure; un esclave vient ouvrir aussitôt, et introduit les visiteurs ou les visiteuses (car les femmes aussi font des visites) dans la salle de réception. Le maître du logis offre toujours aux survenants du vin doux de palme. On se salue en se donnant une poignée de mains, soit en arrivant, soit en se séparant, et il est d'usage d'accompagner les sortants jusqu'à la porte de l'habitation.

Des chandelles de cire et de suif, faites à l'imitation de celles d'Europe, pourvoient aux besoins de l'éclairage.

§ IV. — INDUSTRIE.

1°. Occupations domestiques et professions spéciales.

Les occupations habituelles du peuple yéboû sont l'agriculture et le jardinage, qui n'emploient guère d'autre outil que la houe; l'élève des troupeaux de gros et menu bétail et de volatiles domestiques; la fabrication des étoffes de coton, au moyen de métiers d'une grande simplicité; la récolte de l'or, soit par le lavage des sables, soit par une fouille grossière des mines; la pêche, qui fait usage de la ligne et du hameçon, des filets, et même du harpon; la chasse, qui a ses piéges, mais qui se sert aussi des armes de guerre, l'arc et la flèche, la lance, le javelot, et même le fusil.

Les professions spéciales n'ont point cette variété qui se multiplie à mesure qu'une civilisation plus raffinée crée des besoins plus nombreux. Là où chaque famille a des bras suffisants pour des travaux qui n'exigent guère d'apprentissage, il est peu nécessaire d'avoir recours à des ouvriers de profession.

Ainsi les maisons se bâtissent par le maître luimême, ou sous sa direction par ses esclaves et serviteurs. Il en est de même pour les travaux agricoles. Nous avons déjà dit que la fabrication des étoffes est la tâche habituelle des femmes. On fait aussi dans chaque ménage un savon noir, ou plutôt une lessive rapprochée au feu sans mélange d'huile, pour servir au blanchissage et autres usages domestiques.

Il existe cependant quelques métiers distincts, tels que ceux de charpentiers ou plus exactement ouvriers en bois, et de forgerons travaillant en tous métaux; on trouve aussi des ouvriers en cuir, et peut-être encore quelques fabricants d'objets usuels de consommation.

Quant aux professions libérales, nous avons déjà eu occasion de mentionner des médecins et des tatoueurs. Nous osons à peine ranger à côté d'eux les devins ou sorciers qui font métier de spéculer sur la crédulité et la superstition de leurs concitoyens.

2°. Commerce, monnaies, et transports.

Ce que nous avons dit des professions industrielles s'applique naturellement au commerce : quand on produit soi-même pour fournir à ses besoins, on a peu d'occasions de recourir à la voie des achats. Cependant on rencontre à Yéboû des bouchers, des marchands de vin de palme, et d'autres. La revente, au détail, des objets d'Europe, constitue une branche importante du négoce intérieur. Mais c'est surtout le commerce extérieur qui est l'occupation principale : les étoffes indigènes, le sel, les bestiaux, les végétaux comestibles, fournissent amplement à l'exportation : les retours se font, soit directement en marchandises européennes, soit en produits africains propres aux échanges avec les objets d'Europe.

Le commerce d'échange, ou la traite des marchandises, ne se fait guère qu'en gros. Les marchés de vente et d'achat, et même l'appréciation mutuelle des objets d'échange, sont opérés au moyen d'une monnaie, de compte et effective tout à la fois, qui a pour base le cauris, appelé *owwó ;* une filière de quarante cauris se nomme *ogóji ;* une masse de cinq filières reçoit le nom de *ogwaó*, un paquet de dix masses prend celui de *egwegwá*, et dix de ces paquets forment un *okè*, qui devient à son tour une unité de compte.

Pour résumer en un tableau cette série de multiples monétaires, nous les reproduirons ainsi qu'il suit :

okè.		egwegwá.		ogwaó.		ogóji.		owwó.
»		»		»		»		1
»		»		»		1	=	40
»		»		1	=	5	=	200
»		1	=	10	=	50	=	2 000
1	=	10	=	100	=	500	=	20 000

Quant à la valeur relative de cette monnaie, comparativement à des bases d'évaluation qui soient à notre portée, je me bornerai à consigner ici l'observation d'Ochi-Fêkouè, que 2 *okè*, ou 40 000 cauris, représentent le prix d'un esclave ordinaire, et que 5 *ogwaó*, ou 1 000 cauris, ont la même valeur qu'un *ochouón* de poudre d'or.

L'*ochouón* est une petite mesure dont mon informateur compare les dimensions à celles d'un dé à coudre ; c'est celle qu'emploient les *eddomóo* ou marchands d'or ; et il n'est pas sans intérêt de remarquer ici occasionnellement que c'est la seule mesure déterminée dont les Yéboûs fassent usage ; qu'ils n'en ont aucune autre, non plus que des poids, et que toute appréciation de la quantité des denrées ou marchandises se fait à vue d'œil, ou à la pièce.

Je reviens à l'évaluation des monnaies yéboûes : suivant un renseignement donné par Robertson touchant la valeur des cauris sur le marché de Lagos, il faudrait les estimer à 5 shellings le mille (1), et par conséquent, selon les habitudes européennes d'appréciation, 16 000 cauris représenteraient une once d'or, ou environ 100 francs. Mais, d'une autre part, il est à observer que l'*ochouón* de poudre d'or ne peut être raisonnablement estimé, au plus bas, moins de cinquante grammes en poids, et 150 francs en valeur intrinsèque pour nous ; 16 000 cauris suffiraient donc pour acheter 16 ochouons d'or, ou une valeur de 2 400 francs, c'est-à-dire vingt-quatre fois autant que le prix de revient des cauris calculé par Robertson. En d'autres termes, des marchandises européennes d'une valeur de 100 francs pour le vendeur, lui sont payées au comptoir de Lagos, 16 000 cauris (monnaie courante), et il peut, avec cette dernière somme, acheter environ huit hectogrammes d'or, qui auront en Europe une valeur intrinsèque de plus de 2 400 francs.

Il est difficile de déduire de tout cela une valeur fixe analogue à la *valeur au pair* de nos monnaies : l'or

(1) Robertson, *Notes on Africa*, p. 292. — Comparez Dalzel, *the History of Dahomy*, Londres 1793, in-4°, p. 135, note signée J. F. (James Ferguson ?)

est ici une marchandise sur l'achat de laquelle on fait d'énormes bénéfices; les 100 francs de marchandises apportées d'Europe ont de leur côté donné lieu à des frais, et doivent produire à la vente des bénéfices qui en surhaussent considérablement le prix; en estimant ces frais et ces bénéfices à 60 pour 100, nous pourrons conclure une évaluation grossièrement approximative, mais très-commode, de la monnaie yéboûe, puisque l'équivalent de 16 000 cauris aura une valeur vénale de 160 francs, ce qui nous permet de dresser la table de réduction suivante :

			F. C.
Un cauris..........	vaut	....	0.01
Un ogóji..........	—	......	0.40
Un ogwaó..........	—	......	2.00
Un egwegwá........	—	......	20.00
Un oké............	—	......	200.00

Le transport des denrées et marchandises se fait, suivant les distances à parcourir et les quantités à transporter, à dos d'âne ou de chameau quand on ne peut suivre que la voie de terre, en bateau quand on peut mettre à profit les communications par eau.

Les embarcations employées en pareil cas sont de petites dimensions; on les conduit quelquefois à la voile, mais plus souvent à l'aviron ou à la pagaie, et à la gaffe.

§ V. — ACTES DE LA VIE INTELLECTUELLE.

1°. Calendrier.

Le calendrier des Yéboûs mérite une attention particulière.

Leur manière de compter le temps a pour base, non la semaine, mais bien, comme chez les Malais et les Mexicains, une petite période, appelée *oyóse,* composée de cinq jours seulement, dont les noms se succèdent dans l'ordre suivant :

1er *jour*................	ení.
2e —	olá.
3e —	ótounla.
4e —	iyère.
5e —	oyóse.

Six *oyóse* forment un mois de trente jours, *okbon ;* et une série de douze mois constitue l'année, *oddoû,* distribuée au surplus, ainsi que dans l'ancienne Égypte, et il faut le dire aussi, chez la plupart des peuples africains, en trois saisons corrélatives aux grandes vicissitudes de l'atmosphère, savoir : celle des pluies, *oyyó ;* celle des récoltes, *ougbè ;* celle de la sécheresse, *èrounou.*

A chacune de ces trois saisons sont invariablement attribués quatre mois déterminés, suivant un ordre fixe dont voici le tableau, accompagné de quelques indications sur le caractère météorologique de chaque mois.

1re *saison.* — OYYÓ.

1er *mois.*	ochoû ogoû.....	*orages, ondées.*
2e	—	ochoû ósoro.....	*grands orages, grandes ondées.*
3e	—	ochoû koûdou...	*orages, pluies intermittentes.*
4e	—	ochoû gheghé...	*grandes pluies continues.*

2e *saison.* — OUGBÈ.

5e	—	ochoû ibé......	*refroidissement, grands brouillards.*
6e	—	ochoû	*temps des récoltes; grande fête.*
7e	—	ochoû eréno....	*beau temps.*
8e	—	ochoû abíbi.....	*quelques orages vers la fin.*

3e *saison.* — ÉROUNOU.

9e	—	ochoû oyóko....	*orages; temps des labours.*
10e	—	ochoû ogmè.....	*chaleurs; temps des semailles.*
11e	—	ochoû róko......	*temps des sarclages.*
12e	—	ochoû kádi......	*éclairs fréquents.*

On sait que la saison des pluies intertropicales commence, pour l'hémisphère septentrional, au point précis du solstice d'été : tel est donc le commencement fixe de l'année yéboùe; et il en faut conclure que c'est une année solaire, quoique le nom de chaque mois reproduise uniformément le mot *ochoû*, qui signifie lunaison; mais cette dernière circonstance n'a sans doute qu'un simple intérêt étymologique, ainsi qu'il en est chez nous à l'égard du mot *mois*.

Quoi qu'il en soit, les mois étant tous uniformément de trente jours, ou de six *oyóse* complets, les douze mois réunis ne produiraient qu'un total de trois cent soixante jours, si l'addition ou l'intercalation d'un *oyóse* épagomène ne venait compléter au moins l'année vague de trois cent soixante-cinq jours. Mais comment a lieu cette intercalation, c'est ce que je n'ai pu apprendre de mon informateur, qui avoue naïvement son ignorance absolue sur ce point, et je m'abstiendrai dès lors moi-même de chercher une solution qui ne pourrait être que conjecturale entre les divers modes d'intercalation qui se laissent soupçonner, comme la simple addition, en fin d'année, d'un *oyóse* complémentaire entier, ou bien l'insertion, à différentes reprises, aux deux solstices par exemple, de certains jours hors de compte entre l'*oyóse* qui précède et l'*oyóse* qui suit.

L'année commence par une solennité de trois jours, pendant laquelle on ne parle à personne et l'on s'abstient de tout commerce avec ses femmes ; ces trois jours se nomment *oyó ogoû*, *oyó wárou*, et *oyó orifó* (1). Chaque mois a d'ailleurs sa fête spéciale qui lui donne son nom, et qui tombe généralement sur le dernier *oyóse* du mois ; cependant la plus grande de ces fêtes mensuelles, qui est celle de la lune, est mobile, et se célèbre dans le cours du mois appelé simplement *ochoû*, au moment où la lune est dans son plein.

Ces fêtes sont solennisées par des réjouissances publiques et privées, des danses, des festins.

(1) Cette fête répond à celle dont parle ISERT (*Voyages en Guinée*, p. 190).

2°. Religion, culte.

Une étude approfondie de ce qu'on appelle le fétichisme (1) des nègres nous ramènerait sans doute à un moindre dédain des principes religieux de ces peuples auxquels nous dénions, trop aisément peut-être, quelques idées dignes d'attention et d'intérêt.

Mes conversations avec Ochí-Fêkoué, en effleurant cette matière, m'ont révélé, dans le paganisme de ses souvenirs, des croyances qui semblent moins opposées qu'on ne le pense d'ordinaire à l'adoption des dogmes d'une religion plus pure.

Ils ont la connaissance d'un Dieu unique, supérieur à tout autre, et le nomment *Obba ol-óroun*, ou roi du ciel (2); ils ne lui élèvent point de statues ni de temples; c'est l'être immatériel, invisible, éternel, la volonté suprême qui a créé et qui gouverne toutes choses (3).

(1) Divers voyageurs ont exprimé un grand embarras à définir ce que c'est qu'un fétiche : ils avaient oublié que c'est un mot importé d'Europe, le mot portugais *feitiço*, c'est-à-dire, charme, sortilége, filtre; et la superstition de beaucoup de nos bonnes femmes eût pu leur donner la clef de celle des nègres à cet égard. Cette petite observation suffit pour expliquer comment les fétiches coexistent en Afrique avec une religion qui semblerait devoir les exclure.

(2) On dit aussi, simplement, *olôroun*, c'est-à-dire *oloû-óroun* ou maître du ciel.

(3) Il en est de même dans le Yourriba, au rapport de CLAPPERTON (*Second expedition*, p. 82). — Comparez BOSMAN (*Voyage de Guinée*, p. 147), David de NYENDAAL (*ibidem*, p. 482), le père LOYER (*Relation du voyage du royaume d'Issiny*, Paris 1714, in-12; pp. 242 et suiv.), DES MARCHAIS (*Voyage en Guinée*, Paris 1730, in-12; t. II, pp. 160, 269),

Des dieux secondaires, en grand nombre, appelés du nom commun de *órisa*, sont des espèces de génies particuliers, mâles ou femelles, qu'ils représentent par des images de bois placées dans des maisons consacrées, où les fidèles sont appelés à la prière par des cloches, et à chacune desquelles est attaché un *alasè*, ou prêtre. A Ekpè, chef-lieu du district où mon informateur a pris naissance, il existe deux de ces *oulè-órisa*, ou temples; l'un à la déesse *Aláro* (1) dans l'intérieur de la ville, l'autre au dieu *Ogoû-moudè*, en dehors. Dans la capitale il y a de même deux temples, l'un dédié à *Batalá*, l'autre à *Ayè* (2).

Chaque ville a ainsi ses patrons, mais partout domine la grande pensée de Obba ol-óroun, et le sacerdoce qui dessert un si nombreux cortége de dieux inférieurs ne forme lui-même qu'une seule corporation, soumise à un chef unique, dont le titre est *okbó alasè*.

La croyance à un mauvais génie coexiste avec l'adoration des dieux : *Elegwá* (3) n'a ni prêtres, ni temples;

Isert (*Voyages en Guinée*, pp. 187 et suiv.), Monrad (dans Walckenaer, *Histoire générale des voyages en Afrique*, t. XII, pp. 272 et suiv.), etc., etc.

(1) C'est la déesse des pluies; peut-être est-ce la même à qui Adams (*Remarks*, etc., p. 98) vit sacrifier à Lagos une jeune négresse. Les relations sont très-fréquentes entre Ekpè et Lagos.

(2) On prononce *a'yè*, en donnant au 'y l'articulation spéciale que nous avons signalée dans l'essai grammatical placé à la suite de cette notice, à peu près comme si l'on écrivait *adjiè* ou *adyhiè* : c'est par la même articulation que commence le nom de '*yéboû*.

(3) Ce nom a beaucoup de ressemblance avec celui de *Lolocou*, donné par Landolphe (*Mémoires*, t. 1er, p. 118) comme celui du diable dans le Bénin; de même que celui de '*orisa* paraît être le même que Dapper (p. 313), en parlant du Bénin, écrit *orifa*.

mais en certains endroits maudits, signalés par un magot de bois, ou par quelque autre signe connu, le passant jette un petit pain qu'il arrose d'huile de palme, et qu'il promène deux fois autour de sa tête en détournant les yeux : c'est une sorte d'offrande expiatoire, qui devient la pâture des chiens d'alentour.

Les offrandes aux *órisa* consistent, suivant les fortunes, en une volaille, un mouton, un bœuf, et sont partagées, après le sacrifice, entre le prêtre et les assistants. Les sacrifices humains, si fréquents et si horribles au Dahomè et au Bénin, sont inconnus chez les Yéboûs.

Les solennités religieuses qui donnent lieu à ces offrandes se renouvellent assez fréquemment : il y en a habituellement deux chaque mois, l'une au commencement, l'autre vers le milieu du mois. Elles sont accompagnées de chants. J'ai recueilli, comme échantillon de ceux-ci, une espèce d'hymne à la louange de *Batalá*, l'un des patrons de la capitale du pays ; malheureusement je n'ai pas eu le loisir d'en noter la musique, que le soin d'écrire les paroles m'a fait négliger d'abord, et que je n'ai point eu l'occasion de me faire répéter plus tard : le mouvement en était lent et doux, et les modulations avaient une grande analogie avec celles de nos chants d'église : j'en rapporterai seulement le premier verset, resté dans ma mémoire :

Quant aux paroles de l'hymne tout entier, les voici

dans l'état brut où je les ai recueillies, coupées en versets d'après la mesure du chant, ce qui peut-être n'est pas toujours conforme à la disposition indiquée par le sens des phrases : je n'ai pu acquérir de l'ensemble qu'une explication trop imparfaite pour essayer une restitution de ce texte.

Nisí olilé ribé órisa
Onrólilè
I Batalá onrólilè
Ribé órisa eu'yírikbo
Onrólilè
Nisí olilè ribé órisa
Eu'yírikbo
Ouon Batalá onrólilè
Ribé órisa onrólilè.

Le sens général de ces paroles est que le dieu Batalá est le maître ou le patron du lieu, et que nul autre que lui n'y peut prétendre aucun droit. Elles sont chantées par les assistants, qui se tiennent debout devant la case où se voit la statue du dieu.

Il est, indépendamment des hymnes de ce genre, des prières qui se récitent la face prosternée contre terre; mais, autant du moins que j'ai pu le comprendre, c'est exclusivement au grand Obba ol-óroun qu'elles sont adressées. J'en ai recueilli une, qui paraît la plus usuelle, et la manière dont je l'ai obtenue me donne à penser qu'elle est pour les Yéboûs ce que le *Pater* est pour les chrétiens. Mon informateur connaissait très-bien celui-ci en langue portugaise, et je me le suis fait réciter pour m'en assurer, ayant le désir d'en obtenir une version yéboûe. Quand je crus mon obtus interlocuteur bien au fait de ce que j'attendais de lui, j'écrivis avec soin les paroles qu'il me dicta, non sans quelque surprise de la facilité avec laquelle il semblait faire sa traduction ; puis revenant, selon mon habitude, sur cette première transcription brute, afin de l'épurer sous le double rapport de la séparation mutuelle des mots et de la fixation de leur orthographe, je cherchai vainement la corrélation des phrases yéboûes avec celles du texte portugais qu'elles devaient traduire, et je reconnus enfin que Ochí-Fêkoué m'avait dicté un texte yéboû qui lui était familier, et non une version du *Pater*, qu'il n'a jamais pu parvenir à me rendre en sa langue. Ses explications m'apprirent alors que c'était une formule de prière que tous ses compatriotes savaient et répétaient journellement, en se prosternant comme il le fit lui-même devant moi, en la récitant de nouveau. La voici :

Obbá ol-órun ebbá hóno
Ko ma 'yi mi kú
Ko ma 'yi mi nú
Orisa ! ko fu ogó ri mi.
Oriwó mi ko chú oriré.

On peut traduire librement ainsi cette prière : « O Dieu, qui êtes au ciel, préservez-moi des maladies et de la mort. Dieu, donnez-moi la fortune et la sagesse. »

En réfléchissant sur les croyances de ce peuple, sur les formes de son culte, sur l'organisation de son clergé, même sur la formule de prière que nous venons de rapporter, n'est-on pas tenté de supposer que le christianisme des Européens s'est, par des voies aujourd'hui oubliées, infiltré jadis chez les Yéboûs, qui lui devraient, à leur insu, toutes ces institutions dont l'analogie a droit de nous frapper, aussi bien que les cloches de leurs temples (1)?

3°. Musique.

On sait que la musique instrumentale des nègres n'est en général, pour des oreilles européennes, qu'un bruit assourdissant où l'on essayerait en vain de découvrir quelque semblant de mélodie ou d'harmonie : cette musique n'est, pour les nègres eux-mêmes, que l'accompagnement de leurs chants, et c'est de leurs chansons qu'il faut se préoccuper chaque fois qu'on veut se faire une idée de leurs dispositions musicales.

Chez les Yéboûs, comme chez tous leurs voisins, il y a des chants pour toutes les circonstances de la vie, pour tous les actes de la journée : c'est en chantant qu'on manifeste sa joie, en chantant qu'on exprime sa douleur; on chante pour s'exciter au travail, et l'on chante de même pour donner plus de charme au repos; des chants se mêlent aux cérémonies religieuses, aux solennités publiques ; c'est l'expansion continuelle

(1) LANDOLPHE (*Mémoires*, t. II, p. 38), ADAMS (*Remarks*, p. 125) et KING (*Journal des Voyages*, t. XIII, p. 318) ont trouvé à Owhère ou Waree, limitrophe du Yéboû, des traces incontestables de certaines cérémonies du culte catholique, introduites par des missionnaires portugais ou brasiliens.

d'une âme vive et insouciante, qui hait le silence et l'isolement.

Je n'ai recueilli qu'un bien petit nombre de chants yéboûs : ils ne se présentaient dans mes conversations avec Ochí-Fêkouè que comme les accessoires d'un récit, d'une description ; et si je les saisissais au milieu des autres détails où ils se trouvaient encadrés, c'était grâce à leur brièveté habituelle. Un chant nègre, en effet, c'est à peine une phrase, se répétant toujours la même pendant des heures entières.

Je rapporterai ici, pour exemple, deux de ces chants tels qu'ils se sont présentés, avec leur caractère officiel, dans le tableau d'une promenade solennelle qu'à certaines époques le roi vient faire sur la grande place de sa capitale.

En de telles occasions, les serviteurs du prince s'empressent de couvrir de peaux de bœuf tannées le sol qu'il doit fouler, et ses *ofonkpwé*, ou trompettes, embouchant leurs *oukpwé*, ou grands cornets d'ivoire formés d'une défense d'éléphant creusée, y font résonner, comme dans un puissant porte-voix, ce chant cent fois répété :

Ces paroles signifient : « Nous sommes tous les esclaves dù roi, notre souverain. » C'est un appel entendu jusqu'aux extrémités de la ville ; les grands, les chefs de tout rang, le peuple entier, se précipitent vers la place pour faire acte d'hommage envers leur prince et se presser à sa suite. Quant au monarque, sa tête est coiffée de la haute couronne de corail, sur ses épaules flotte un manteau de brocard d'or, sur sa poitrine s'étagent de nombreux colliers, ses reins sont couverts d'une tunique de soie ; au lieu du choucatoù large et court de ses sujets, il porte une culotte étroite de velours rouge, appelée *schaká*, descendant au-dessous du genou, où elle retient les knémides ou ocrées de corail qui couvrent les jambes ; il est chaussé de ses lourdes galoches d'or massif, et tient d'une main un chasse-mouche (*iyâ*) fait d'une queue de cheval attachée à un manche doré ; de l'autre un éventail circulaire (*ejoûjou*) de peau de chevreau, monté pareillement sur un manche doré. Il marche d'un pas extrêmement lent et cadencé, pendant que le corps de musique (*oukbèdou*), l'un des attributs essentiels de la souveraine puissance, exécute un morceau où l'on entend les *ofonkpwé* chanter des paroles que les autres musiciens accompagnent à la fois, sur un grand et unique tambour, en exécutant chacun une batterie spéciale, de manière à former un concert d'une durée indéfinie en répétant sans cesse la même phrase. Nous avons tenté d'en écrire la partition (1) pour l'édification de nos lecteurs.

(1) Pour ne point écrire toutes les parties en n'employant uniformément qu'une seule et même note, je leur ai attribué la série des notes de l'accord parfait, bien que la différence d'intonation ne puisse être consi-

Le sens des paroles est : « Voici le brave des braves ; » prenez exemple sur lui. »

Il est nécessaire d'expliquer comment s'exécute cette

dérée comme représentant la différence d'intensité de son, la seule qui soit réellement saisissable entre ces diverses parties.

partition que je viens d'écrire : le tambour, formé d'un cylindre défoncé, couvert d'une peau solide, a environ trois pieds de diamètre sur deux pieds de haut : il est suspendu par une double bretelle au cou de l'un des musiciens, de manière à ce que, sans toucher à terre, il n'élève pas sa face supérieure au-dessus des mamelles du porteur, dont les mains viennent frapper en cadence vers le bord du disque sonore, la partie désignée ci-dessus par le mot *ayá ;* un second musicien, armé de deux courtes baguettes, est chargé de la partie à laquelle appartient le nom de *aféré ;* un troisième, avec deux baguettes de longueur moyenne, fait la partie indiquée par le nom de *agwakó ;* deux autres, tenant de longues et fortes baguettes, ont pour leur tâche la basse, appelée *ogwó*. Enfin tout l'ensemble est dirigé par un chef de musique, dont le titre est *omonó*, qui exécute lui-même la partie d'*agwakó*, conjointement avec le virtuose à qui elle est spécialement attribuée.

On voit que le matériel instrumental de la musique royale est d'une remarquable simplicité (1). Pour accompagner les chants qui n'ont pas le caractère officiel de ceux que je viens de rapporter, les Yéboûs ont divers autres instruments, sur lesquels je n'ai de renseignements qu'à l'égard de quelques-uns, tels que le *ágogo*, tambour formé d'un cône renversé très-long

(1) On peut juger, par le récit de David de NYENDAAL (dans BOSMAN, p. 481) que la musique royale du Bénin est à peu près aussi simple. Cependant LANDOLPHE (*Mémoires*, t. Ier, p. 115) y fait jouer aux cornets un rôle plus bruyant.

et légèrement tronqué, couvert d'une peau sur laquelle le musicien frappe avec une seule baguette courte et forte; les *akása*, petites courges sèches, vidées, dans lesquelles sont ballottés en cadence quelques fragments de métal sonore, et qui se jouent par paires comme les castagnettes de l'Europe méridionale.

Il est encore une autre espèce de tambour, appelé *oûji*, qui est le tambour de guerre; il est cylindrique, de forme écrasée, plein en dessous. Il sert à exécuter les batteries militaires, et il accompagne au besoin les chansons de guerre. Celles-ci n'ont point, il le faut avouer, cette puissance enivrante qui fait de notre *Marseillaise* à elle seule une arme redoutable et redoutée : mais elles ont leur mérite local, et l'on ne me saura pas mauvais gré, je l'espère, d'en insérer ici une, la seule que j'aie recueillie :

Ces paroles signifient : « Le lâche seul reste chez lui, » retenu qu'il est par les conseils de ses femmes. »

§ VI. — ORGANISATION POLITIQUE.

1°. Royauté; pouvoir législatif.

L'organisation politique offre chez les Yéboûs, comme dans plusieurs des états voisins (1), une sorte de monarchie tempérée, dont le chef porte le titre de *obbá*, commun à tous les souverains de cette région. Ces divers obbá sont distingués entre eux, tantôt par leur nom propre, comme *obbá Odé-yokó*, roi régnant de Yéboû au moment où Ochí-Fêkouè fut pris et fait esclave; *obbá Ouvé*, roi régnant alors à Ekboumoû, et frère de *obbá Adé-yokó; obba Avon'ya oloûdou Ogherèya*, roi régnant à la même époque sur Eyo, etc.; tantôt, et c'est le cas le plus fréquent, par l'indication immédiate de leur royaume, comme *obbá Yéboû*, *obbá Inongó*, *obbá Ibiní*, *obbá Ichekrí*, tantôt enfin par un titre spécial consacré par l'étiquette internationale, et qui, pour le roi de Yéboû, est *obbá Obrogólouda*, pour le roi d'Inongó *obbá Oyó*, pour le roi d'Ichekrí *obbá Iwère*. Quelque chose d'analogue a lieu dans notre Europe quand nous disons *sa Majesté très-chrétienne*, *sa Majesté catholique*, *sa Majesté très-fidèle*, et autres qualifications semblables.

(1) Comparez Bowdich (*Voyage dans le pays d'Aschanti*, pp. 356 et suiv.) en ce qui concerne l'Aschanty; Norris (*Voyage au pays de Dahomé*, Paris 1790, in-8°, pp. 97, 98) pour le Dahomé; David de Nyendaal (dans Bosman, pp. 464, 465, 477) et Landolphe (*Mémoires*, t. Ier, p. 112; t. II, pp. 60, 95) pour le Bénin et Owhere.

Le pouvoir législatif est-il distingué du pouvoir exécutif? Sans avoir sur ce point des lumières précises, on peut conjecturer que la distinction existe par le fait, à l'insu peut-être de ceux-là mêmes qui obéissent à des usages résultant de la force des choses : du moins paraît-il certain que nulle mesure importante n'est résolue sans avoir été soumise à l'examen, sinon à la délibération régulière, d'un sénat ou conseil des anciens, dont les membres sont appelés *akámore*, et le lieu de réunion *nechirougá*; c'est une assemblée de docteurs, la plupart anciens magistrats provinciaux, dont le roi et ses ministres viennent prendre les avis, et dans la conversation desquels se débattent les intérêts politiques, soit intérieurs, soit extérieurs : ils ont la tradition des lois et de l'histoire nationale, et c'est près d'eux que viennent chercher des lumières les gens avides d'instruction. A défaut d'écriture et de livres, il fallait une telle institution pour conserver la mémoire du passé.

Au milieu d'une société où la civilisation n'est que rudimentaire, on ne peut s'attendre à trouver, dans la constitution et les habitudes d'un tel corps, des attributions parfaitement définies. Le public paraît admis au *nechirougá;* se mêle-t-il à la discussion des affaires publiques, y a-t-il une distinction tranchée entre les réunions de simple passe-temps et les séances officielles? ce sont des points que les conversations d'Ochí-Fêkouè n'ont pas éclaircis : mais du moins la présence du roi donne-t-elle plus de solennité à l'assemblée; les akámore y sont plus nombreux, jusqu'au chiffre complet de cent; et le public sans doute alors est écarté du conseil, ou n'y assiste que comme simple spectateur (1).

2°. Pouvoir exécutif.

Le pouvoir exécutif n'est point l'attribution exclusive du monarque : il ne lui est déféré qu'à la condition de l'exercer collectivement avec quatre princes ou ministres, dont le titre commun est *ó'di*, sauf les distinctions spéciales qui désignent leur rang hiérarchique, dans cet ordre :

ódi,
oukbakè'yi ódi,
oukbakèta ódi,
okbenoûdi.

Les nombres deux, trois, quatre, en yéboû *é yi*, *éta*, *éne*, se reconnaissent dans la composition de ces titres, et peut-être aussi le mot *ekbaéka*, ou bras; en sorte que ce seraient un premier, un second, un troisième et un quatrième bras du gouvernement à la tête duquel est *obbá*. Celui-ci ne peut rien faire que de leur consentement et par leur ministère : c'est véritablement chez les Yéboûs que, suivant la maxime de certains utopistes constitutionnels, le roi règne et ne gouverne pas.

(1) A en juger par analogie avec ce qui se passe au Bénin en pareil cas, au rapport de LANDOLPHE (*Mémoires*, t. Ier, p. 113, et t. II, p. 95), ces conseils se tiennent avec beaucoup de dignité.

Toute la famille royale est logée dans un même palais, sauf les jeunes princes, qui sont emmenés secrètement au loin pour y être élevés hors de l'influence des courtisans et de l'atteinte des ambitieux (1), jusqu'à ce que la déposition ou la mort du roi régnant ouvre à l'un de ces princes l'accès du trône; il est alors rappelé, reconnu, et proclamé par les ódi, et ses frères pourvus de gouvernements provinciaux.

On voit que la disposition même de la couronne est entre les mains des quatre grands dignitaires, puisqu'ils peuvent déposer leur souverain, et qu'ils désignent son successeur : celui-ci doit être, au dire d'Ochí-Fêkouè, le fils aîné du précédent obbá; mais la série des monarques dont il a conservé la mémoire offre la preuve que cet ordre de succession n'est pas toujours rigoureusement observé. *Adè-Yokó*, obbâ en 1820, était le frère et non le fils de son prédécesseur *Beléboua*, qui avait succédé lui-même à *Ochí-Gáde* (grand-oncle maternel de mon informateur), quoiqu'il ne fût point son fils, mais bien celui de *Ladegáy*, prédécesseur d'Ochí-Gáde. Les souvenirs d'Ochí-Fêkouè ne remontent pas plus haut. Les akámore seuls peuvent réciter la longue liste des obbá qui ont régné à Yéboû depuis l'origine de la monarchie.

On ne peut manquer d'être frappé de l'immense pouvoir dont les quatre ódi se trouvent dépositaires, et l'on doit être envieux d'en découvrir la source.

(1) Quelque chose d'analogue se passe au Bénin, au rapport de Landolphe (*Mémoires*, t. II, pp. 57 et suiv.). — Ceci rappelle involontairement l'Amba Geshen de l'Abyssinie.

Est-ce une usurpation aristocratique? est-ce au contraire une délégation populaire? Je ne sais si Ochí-Fêkoué eût été en mesure de m'éclairer à cet égard; toujours est-il que, pressé de constater des faits plus prochains, je remettais à un temps ultérieur des questions aussi ardues, et il a quitté Paris avant que j'eusse tenté de lui poser celle-ci.

Après les quatre *ódi*, le premier personnage de l'État est le *ladekè*, ou intendant général des finances, entre les mains duquel se versent tous les revenus, toutes les amendes judiciaires, et qui est lui-même le payeur de toutes les dépenses, le dispensateur de toutes les récompenses accordées par le souverain. Il a pour attribution spéciale de pourvoir à l'exécution des mesures résolues par les ódi, et il partage avec eux le privilége de siéger, dans les occasions solennelles, sur un fauteuil d'Europe; distinction réservée, comme la chaise curule des Romains, aux plus hautes dignités. C'est de la grande charge de *ladekè* que se trouvait revêtu Ochí-Wó, grand-père de mon informateur.

3°. Justice civile et criminelle.

L'administration de la justice est intimement liée au gouvernement politique; elle est dévolue en dernier ressort au tribunal suprême des ódi, en première instance aux *oloyá*, ou chefs des villes et districts, sans distinction des causes civiles ou criminelles.

La sentence du premier juge est exécutée sans autre procédure s'il n'y a réclamation de la partie condamnée ; s'il y a appel, la cause est portée au tribunal suprême des ódi, qui entend les parties, confirme ou infirme le jugement, et fait directement exécuter son arrêt, contre lequel il n'existe aucun recours (1).

L'exécution des mandements de justice est confiée, dans les ressorts inférieurs, aux *omodogwá*, milice urbaine permanente, comparable à notre gendarmerie. Le tribunal suprême emploie au même service les *ágoune*, espèce de milice palatine, de garde royale, ou de maison militaire, composée des esclaves de la couronne. Les uns et les autres recherchent, arrêtent et exécutent les criminels.

Nous n'avons guère de données sur le droit civil ni le droit criminel qui servent de règle aux tribunaux. L'égalité devant la loi paraît certaine entre tous les Yéboûs, même les femmes, dont la capacité pour hériter, posséder, et disposer de leurs biens, n'éprouve point de contradiction. Le partage des successions se fait par portions égales entre tous les enfants, quel que soit leur sexe.

La justice répressive fait, dans l'application des peines, deux parts distinctes, comme dans nos anciennes législations barbares, savoir : celle de l'État, et celle de la partie civile ; la première consiste en une amende envers le fisc ; la seconde se résout en une composition. La composition n'est point une indem-

(1) Comparez David de Nyendaal (dans Bosman, pp. 477 à 481) pour ce qui se passe au Bénin.

nité fixe directement prononcée par le juge et graduée selon la nature du crime; mais bien un droit indéterminé alloué à la partie civile de transiger avec le coupable pour la remise de la punition corporelle encourue par celui-ci; et le prix de cette transaction, débattu et réglé à l'amiable, est toujours proportionné à la puissance de l'offensé en même temps qu'à la fortune du coupable.

L'histoire de la famille d'Ochí-Fêkoué nous offre, pour l'éclaircissement de ces usages, deux exemples qu'il m'a naïvement contés, et que je rapporterai à mon tour dans toute leur simplicité.

Addô Sounloû, son père, un des guerriers les plus braves et les plus renommés de son temps, paraît avoir eu la tête vive et la main prompte : dans une querelle qu'il eut à Ekpè avec Otoû-Noyó, autre guerrier d'un haut rang, il s'emporta jusqu'à le tuer. Otoû-Noyó avait pour frère Oloû-Yánjou, personnage riche et puissant, qui mit à la poursuite du meurtrier une chaleur et une opiniâtreté dont le supplice du coupable semblait devoir être le résultat inévitable. Addè-Sounloû fut forcé de s'éloigner : il se réfugia à la frontière, chez les Idokó, dans la ville d'Oumakoú, où il séjourna quatre ans entiers; c'est pendant son exil en ce lieu que sa femme Egghi-Adê donna le jour à Ochí-Fêkoué. Enfin, au bout de ce temps il put rentrer à Ekpè : son père Ochí-Wó était parvenu à apaiser Oloû-Yánjou en lui payant une composition de plus de 200 *okò*, c'est-à-dire plus de 4 000 000 de cauris, représentant une valeur de 40 000 francs.

Six à huit ans après, Addê-Sounloû eut encore le malheur de tuer, dans un accès d'emportement, un personnage nommé Ourékoû; il fut obligé de se réfugier alors à Edá, capitale de Beni, jusqu'à ce que cette seconde affaire fût apaisée par les mêmes moyens que la précédente.

Ainsi, tous les crimes peuvent se racheter à prix d'argent, mais il en coûte très-cher; l'admission à composition n'est d'ailleurs pas toujours chose facile à obtenir, et le coupable est obligé de pourvoir, en attendant, à sa sûreté personnelle en cherchant un asile où il ne puisse être atteint. De telles coutumes devaient nécessairement amener la consécration de certaines villes comme lieu de refuge : nous venons de voir qu'Oumakoû jouissait de ce privilége; il en était de même d'Omâhé, et de quelques autres places sans doute.

4°. Organisation militaire.

Une triste nécessité de l'existence politique des nations, c'est la guerre; et dans tous les états du monde, quelque forme qu'elle affecte, une organisation militaire enlace le pays, de manière à y trouver des armées lorsque arrive le jour des combats.

A Yéboû, toute la population valide du royaume se trouve répartie entre des *olorogoû*, ou capitaines, dont la famille, les esclaves et les clients forment à chacun une compagnie plus ou moins nombreuse, depuis cinquante jusqu'à deux cents hommes : voilà les éléments d'une armée temporaire, dont le service n'est point obligatoire, mais qui se lève spontanément sous l'impulsion des chants de guerre exaltant le courage et flétrissant les lâches, fomentant l'émulation par la promesse des récompenses réservées aux braves.

Nous avons déjà constaté en outre l'existence d'une double milice permanente (1) : celle des *'agounè*, constituant la maison militaire du roi, et ne marchant qu'avec lui, et celle des *omodogwá*, espèce de gendarmerie établie dans chaque ville ou canton pour la sûreté locale et la police judiciaire. Dans la capitale, le corps des omodogwá compte mille guerriers. Voilà le noyau et la force réelle des armées.

Trois commandants généraux, dont le rang est immédiatement inférieur à celui du ladekè, résident à la cour, ainsi que la plupart des olorogoû. Le titre hiérarchique de ces grands chefs est, pour le premier, *oloukongbón;* pour le second, *adè-chegoû;* pour le troisième, *adè-kolá*. Un cas de guerre survenant, ils se mettent immédiatement en campagne, à la tête des mille *omodogwá*, toujours prêts à marcher, qui se trouvent réunis autour d'eux; et les olorogoû se rendent dans leurs cantons respectifs pour y rassembler leur compagnie. Là un omodogwá, saisissant un *oûji*, ou tambour, parcourt la ville et la campagne en exécutant une batterie à laquelle est attaché un sens analogue à celui-ci : *Quiconque veut marcher, vienne!* cha-

(1) Il existe pareillement, au Dahomé, suivant le rapport de PRUNEAU DE POMMEGORGE (*Description de la Nigritie*, pp. 164, 165), une petite armée permanente.

cun saisit ses armes, les compagnies sont formées en un clin d'œil (1), et les capitaines vont se ranger sous les ordres des trois généraux, entre lesquels l'armée est partagée en trois corps subordonnés entre eux dans l'ordre de dignité de leurs chefs.

Les armes indigènes sont l'arc et la flèche (*agheyá*, *óva*), le javelot (*echí*), la lance (*afolokó*), et le coutelas (*odá*); la civilisation européenne leur a porté nos sabres (*odá éinbo*), nos fusils (*ibón*) avec la poudre à tirer (*ètou ibón*), des pistolets (*olèwo*), et même des canons (*akbá*), c'est-à-dire quelques pierriers, qu'ils braquent derrière les palissades de leurs villes fortes.

La cavalerie est peu considérable, faute de chevaux, qui ne sont nombreux que dans la province d'*Idokó*; le harnachement en est très-simple : une sorte de bât en guise de selle (*ogogó*), des étriers en bois (*okásiko*), un mors de fer (*orokbó*) garni d'une corde qui tient lieu de bride (*okoû èroun èchi*), enfin un fouet (*ochou-choû*), tel est l'équipement complet du cavalier et de sa monture.

Dans un pays coupé de rivières, de lacs, et de marigots, les expéditions navales ont une importance majeure : les chantiers de Boûghiyè fournissent de nombreux canots de guerre, dont je n'ai pas besoin de faire une description spéciale : il me suffit de renvoyer à la figure donnée par les frères Lander, de ceux qu'ils

(1) Au Bénin, où une organisation analogue paraît exister, le roi peut, au rapport de DAPPER (*Description de l'Afrique*, p. 311), lever en un seul jour vingt mille soldats, et former en peu de temps une armée de quatre-vingt ou cent mille hommes.

ont vus sur le Kouârah : à peine l'eus-je montrée à Ochí-Fêkouè, qu'il reconnut avec une joie bruyante les *okó* de sa terre natale, avec leurs avirons (*áyè, áyè okoáko*). Il me parla aussi de gaffe (*ècho*), de cordages (*okoû*), de voiles (*bokoû*) ; mais je ne sais s'il appliquait tout cela aux embarcations yéboues ou aux navires européens qui fréquentent les comptoirs de ces contrées.

Terminons là ces pages décousues, assemblage hâtif de données incomplètes puisées à une source inattendue, et trop tôt tarie pour moi. C'est en les coordonnant que j'ai surtout reconnu combien de lacunes importantes me restaient à remplir; mais je n'ai plus Ochí-Fêkouè pour répondre à mes interpellations, et je ne puis offrir que les résultats de nos longues et plus d'une fois stériles conversations. J'aime à espérer que la forme sous laquelle je les ai présentés trouvera son excuse dans l'intérêt du fond, et surtout dans l'indulgence de mes lecteurs.

FIN DE LA NOTICE.

APPENDICE.

ESQUISSE GRAMMATICALE

DE LA LANGUE YÉBOUE.

§ Ier. — DE L'ALPHABET.

Un prélude indispensable à toute étude grammaticale sur une langue étrangère, c'est la connaissance de son alphabet et des prononciations attachées aux lettres qui le composent; et quand il s'agit d'une langue non écrite, il en faut d'abord passer en revue les sons et les articulations usuelles, et attacher à chaque prononciation le caractère graphique qui lui sera désormais affecté. Si l'on s'en tenait à l'étymologie du mot grammaire, on pourrait croire qu'elle ne fut dans l'origine que l'art de représenter par des grammes ou lettres les éléments phonétiques de la langue parlée.

L'alphabet romain, commun à la plupart des nations européennes, est naturellement employé par les voyageurs et par les linguistes d'Europe pour l'expression écrite des langues barbares dont ils recueillent des vocabulaires, des textes, ou dont ils essaient de former des grammaires. Malheureusement les lettres de cet alphabet si répandu ont une valeur bien différente suivant les nations qui en font usage, et il n'y a dès lors aucune fixité dans les applications qui en sont faites aux idiomes des peuples non civilisés. Le Français, l'Anglais, l'Espagnol, le Danois, écriront très-diversement un même mot africain : et il n'est personne qui n'ait été frappé des incertitudes de prononciation qui résultent d'une telle anarchie grammaticale. Aussi beaucoup de bons esprits s'appliquent-ils à donner aux lettres de notre alphabet, dans les transcriptions de cette nature, une valeur fixe et constante, aussi indépendante que possible des routines nationales : cette sage résolution était surtout indispensable de la part des Anglais, dans la langue desquels les voyelles et les consonnes éprouvent de si capricieuses variétés de prononciation, qu'eux-mêmes s'en trouvent embarrassés.

On s'accorde généralement sur la valeur fixe des voyelles telle qu'elle est déterminée par la prononciation des peuples néo-latins de l'Europe méridionale ; et quant aux consonnes, on tombe aussi d'accord sur la valeur de la plupart d'entre elles, en ayant égard à leur prononciation la plus générale et la mieux déterminée : en sorte que nous possédons, sinon l'intégralité, au moins le noyau fondamental d'un alphabet conventionel qui acquerra sans doute chaque jour plus d'étendue et de fixité.

Me restreignant ici aux besoins graphiques de la langue yéboûe, je me bornerai à adopter les éléments déjà admis, sauf à proposer l'adjonction, à ce noyau alphabétique, des caractères destinés à exprimer des sons et des articulations à la représentation desquels cet alphabet normal n'a point encore pourvu.

Quant aux voyelles, il ne nous fournit que les cinq lettres

A, E, I, O, U,

prononcées comme en italien ou en espagnol, c'est-à-dire avec un son clair, tel qu'on l'entend dans les mots français

Anagramme,
Hébété,
Divisibilité,
Onomatopée,
Tourlourou.

Il est nécessaire d'y joindre leurs analogues nasales, dont nous ne possédons en français que celles qui correspondent aux deux premières et à la quatrième, comme dans les mots

An,
Bain,
.....
Bon,
.....

Nous écrirons ces nasales en affectant leurs analogues simples d'un signe particulier (la double apostrophe) de cette manière :

A", E", I", O", U".

Nous avons à tenir compte, en outre, de certaines nuances qui ont une importance réelle dans la prononciation, puisqu'elles servent à différencier des mots d'acceptions très-diverses. Ces nuances sont probablement plus nombreuses qu'il ne m'a été donné de les percevoir ; mais j'ai constaté du moins qu'il en est deux très-essentielles à exprimer. L'une est celle que nous désignons vulgairement en français sous le nom de *è* ouvert, et que nous écrivons tantôt par un seul *e* surmonté d'un accent grave ou circonflexe, tantôt par *ai* ou *ei*, sans parler des circonstances où la même valeur résulte de la position de l'*e* sans accent, comme dans *père*, *bête*, *paire*, *reine*, *renne*, etc. Je consacrerai, avec les Allemands, la double lettre *Æ* à la représentation de cette prononciation, dans tous les cas où elle m'a frappé.

L'autre est le son que Volney appelle *o* profond, tel qu'il se présente dans les mots français *dos*, *enclos*, *apôtre ;* je le désignerai, dans les mots yéboûs où il a particulièrement frappé mon oreille, en le marquant d'un double point en dessous.

En somme, nous emploierons donc douze signes pour les voyelles, savoir :

A, Æ, E, I, O, Ọ, U, A", E", I", O", U".

Plusieurs de ces voyelles se réunissent assez fréquemment deux à deux pour former des diphthongues véritables, où une seule émission de voix accuse à la fois les deux sons générateurs. Mais nous n'avons pas remarqué de triphthongues.

Quant aux consonnes, il en est huit qui conservent, à peu près dans toutes les langues de l'Europe, la valeur qu'elles ont en français ; ce sont :

B, D, F, K, L, M, N, P.

Il en est trois autres, *j*, *v*, *z*, que les étrangers prononcent souvent autrement que nous, mais qu'on ne pourrait détourner de leur emploi phonétique dans l'alphabet français sans se créer de graves embarras pour l'expression des articulations simples qu'elles représentent.

Les lettres *c*, *s*, *t*, *g*, ont chez nous, aussi bien que chez la plupart des nations européennes, une valeur équivoque dont il était essentiel d'écarter les inconvénients. En effet, *c* est tantôt dur comme *k*, tantôt sifflant comme *s*, faisant ainsi double emploi avec l'un et avec l'autre : il devait dès lors être éliminé. *S*, outre l'articulation sifflante qui en est le caractère le plus essentiel, contracte en certains cas, dans beaucoup de langues, un son radouci comme *z*, et faisant double emploi avec celui-ci : il était donc naturel de ne tenir compte désormais de *s* qu'en lui conservant dans toutes les positions la valeur constamment sifflante que lui donnent les Espagnols. *T* reçoit aussi en quelques circonstances, dans plusieurs langues, une prononciation sifflante qui fait double emploi avec *s*; il fallait donc proscrire cette aberration, pour n'employer invariablement *t* qu'avec la valeur qui lui est exclusivement propre. Enfin *g*, prononcé tantôt dur devant *a*, *o*, *u*, tantôt doux devant *e*, *i*, fait double emploi, dans ce dernier cas, avec *j*, et il convenait dès lors de rejeter cette deuxième fonction, pour ne lui laisser que la première, dans laquelle il ne peut être suppléé, et qu'il conservera devant toute voyelle indistinctement.

La consonne *r* n'existe point en yébоû avec la rudesse que lui imprime le grasseyement parisien ou provençal, ni même avec le degré de force que les Espagnols ou les Italiens lui donnent au commencement des mots; mais seulement avec cette nuance radoucie qu'offre normalement le *r* simple au milieu des mots, comme dans *père*, *arène*, *caractère; imperio*, *moreno*, *forastero ; irato*, *nero*, *mirare :* telle est la valeur que nous attacherons invariablement à la lettre *r* dans l'alphabet yébоû, sauf ce que nous dirons tout à l'heure d'une articulation du même organe que nous aurons à exprimer aussi.

La lettre *h*, tantôt muette, tantôt aspirée en français, n'est réellement sensible chez nous, en ce dernier cas, que dans les provinces méridionales; mais les Anglais, les Allemands, les Espagnols, lui donnent dans la prononciation une valeur effective, pour laquelle nous l'inscrivons aussi dans l'alphabet yébоû.

L'articulation exprimée en français et en italien par *gn*, en portugais par *nh*, en espagnol par *ñ*, et moins bien en anglais par *ng*, se présente quelquefois en yébоû. L'orthographe espagnole a ici l'avantage de n'employer, pour une articulation simple, qu'une lettre unique; il faut donc la préférer, autant que le permettent les ressources habituelles de la typographie.

Nous avons ainsi dix-sept consonnes simples bien déterminées, auxquelles il nous reste à ajouter encore les signes de quelques articulations moins aisées à représenter avec les ressources communes de nos alphabets.

Cependant il en est quelques-unes à l'égard desquelles la difficulté est moins de les écrire que d'en déterminer rigoureusement la nature et l'emploi : tels sont le *w* et le *y* des Anglais, dont le rapport est si intime avec les voyelles *u* et *i*, qu'on pourrait, au premier abord, être disposé à les considérer comme une superfétation. Cependant, si l'on se pénètre bien de la valeur que les Anglais donnent à ces deux consonnes quand elles sont initiales, comme dans *war*, *web*, *worm*, *yard*, *yet*, *yoke*, *youth*, on comprendra leur utilité spéciale, et l'on aura une juste idée de leur valeur dans des mots yéboûs tels que : ówu, *coton;* awó, *fil;* iwú, *laine;* owowó, *soleil couchant;* æyæ', *le monde;* yeyé, *mère;* iyó, *la mariée;* iyæ', *des plumes;* æyæ', *oiseau*, etc.

Très-voisine du *y* est une autre consonne yéboûe dont l'articulation est un peu plus sensible, et qui tient du *j* français ou plutôt du *j* anglais ou du ج arabe; c'est une prononciation mignarde, très-fréquente dans les langues africaines, et il est à observer qu'elle est employée par les nègres mahométans pour l'énonciation de la lettre ج, de même que les Arabes écrivent par ج les mots soudaniens où figure cette articulation, pour laquelle les Anglais ont, à leur exemple, employé avec juste raison leur lettre *j*. Quelques voyageurs français ont cherché à l'exprimer par *ghi* ou par *dhi*, comme dans *Ghiolof*, *Dhioliba*. C'est cette même articulation qui commence le nom de *Yéboû*, écrit jadis par les découvreurs portugais *Jubum*, par les Hollandais *Jaboe*, par les Anglais *Jaboo*, et par M. d'Andrada au Brésil, *Ghebuh* et *Dhiabuh*. Le missionnaire Raban a consacré le *j* anglais à cette prononciation, mais il n'a pas tenu compte de celle du *j* français qui coexiste dans la langue yéboue. Pour moi, frappé surtout de ce que j'appelle la mignardise de cette articulation palato-linguale, qui dégénère quelquefois en un simple *y*, j'ai cru devoir employer à la représenter cette même lettre *y* affectée d'un signe particulier (l'esprit rude des Grecs); et dans la rigueur orthographique, j'écrirai ʽYEBU' le nom du pays, du peuple et du langage, ce qui se rapproche le plus possible de la transcription française *Yéboû*, la moins éloignée elle-même, dans sa lecture vulgaire, de la prononciation réelle des indigènes.

Intermédiaire entre le N et le R doux que nous avons défini plus haut, se présente en yéboû une consonne semi-nasale, difficilement saisissable, que Bowdich exprime une fois par *rn*, une autre fois par *r;* Clapperton, une fois par *ll*, mais généralement par *n;* Hannah Kilham, tantôt par *r*, tantôt par *rr*, tantôt par *n;* enfin John Raban, tantôt par *n*, tantôt par *nn*, tantôt par *r*, tantôt par *hr*, tantôt par *l*. Il est en effet malaisé de la distinguer de la prononciation vague et rapide de l'une ou l'autre de ces lettres, et je n'oserais affirmer que je ne l'aie moi-même jamais confondue avec quelqu'une d'elles : des vérifications répétées eussent pu seules me préserver de cet écueil (1). Je l'écrirai par un R' accompagné d'un esprit doux.

Quant à la consonne pour laquelle les Portugais, les Russes et les Turks ont seuls en Europe une lettre simple, et que les autres nations expriment par l'assemblage de deux ou plusieurs lettres, comme *ch* en français, *sh* en anglais, *sch* en allemand, *sz* en polonais, *sc* ou *sci* en italien, il y aurait peut-être avantage à la représenter en yéboû par le *x* des Portugais, mais il en résulterait pour les autres nations une sorte d'équivoque ou d'étrangeté qui doit nous faire chercher un autre signe. En procédant par analogie, on peut remarquer que le ش des Turks (2), qui représente cette prononciation, n'est autre chose que le س surmonté de trois points, et personne n'ignore que le س correspond exactement à notre *s;* une connexité analogue à celle du س et du ش est d'autant plus importante à conserver en yéboû, que la prononciation *chuchotante*, comme l'appelle Volney, y est moins pleine que chez nous, et offre une sorte de mignardise qui la rapproche beaucoup du son de *s*, à tel point qu'il a pu m'arriver de les confondre dans quelques cas. Raban a donc eu raison d'opter pour un *s* surmonté d'un point, et nous imiterons son exemple, sauf à employer, au lieu du point, l'esprit doux ou l'apostrophe.

(1) Ceci s'applique également à la distinction de Y et 'Y.

(2) L'alphabet turk est, comme chacun sait, emprunté aux Arabes, aussi bien que ceux des Persans et de certaines populations indiennes et malaises.

Raban a consacré la lettre *c* à la représentation d'une articulation voisine de la précédente, le ج des Turks, le Ч des Russes, le *c* ou *ci* des Italiens, *ch* des Espagnols et des Anglais, *cz* des Polonais. Pour moi, je n'ai eu que dans quelques cas très-rares, parmi les mots recueillis de la bouche d'Ochi-Fêkouè, une perception, douteuse même, d'une telle prononciation, les mots où j'avais cru l'entendre m'étant ensuite répétés avec l'articulation de s' (1). On peut, au surplus, pour exprimer au besoin cette consonne plus forte, adopter comme Raban la lettre *c*, mais en ayant soin de signaler cette déviation de sa valeur usuelle au moyen de l'apostrophe (c'), comme nous l'avons fait pour s'.

Mais de toutes les articulations yéboûes, la plus difficile à saisir est une consonne vague, qu'une oreille inattentive prend aisément d'abord pour un *b*, mais qui, mieux écoutée, semble avoir plus d'analogie avec *gw* ou *gv* : c'est ainsi que Clapperton a écrit tantôt *Leobadda* et tantôt *Leoguadda* le nom d'un même village, où cette consonne indécise se trouve à la deuxième syllabe; mais ni l'une ni l'autre de ces transcriptions n'est suffisamment approximative. Dans son embarras pour en trouver une plus satisfaisante, Raban met à la fois dans son vocabulaire, AGBWO et APKWO, *basket;* OKPMA, OKPWA et OPKWO, *bowl.* Et la question se complique de l'existence simultanée d'une forte et d'une faible du même organe, l'une ayant quelque analogie avec le *w* flamand précédé d'une sorte d'hésitation gutturale, et réunissant ainsi en une seule articulation la triple valeur des consonnes *gbv;* l'autre assez analogue au *pf* des Allemands (2) précédé d'une hésitation plus forte, comme si l'on prononçait à la fois *kpf :* les noms géographiques écrits *Leobadda* et *Tappa* dans la

(1) Pareille chose est sans doute arrivée à Raban, qui écrit de deux manières ACO et AS'O, *clothing*; ICIU et IS'IU, *good;* CIKA et S'IKA, *key;* OCUPA et OS'UPA, *moon;* etc.

(2) En laissant dominer le son du *p*, comme dans *pflanzen*, *pfund*, etc.

relation de Clapperton offrent des exemples de l'une et de l'autre, et doivent s'épeler à peu près comme *Leogbvadda* et *Takpfa*. Mais une autre difficulté encore qui vient s'ajouter à toutes les autres, c'est que, à côté de ces deux consonnes équivoques, la langue yéboûe offre en même temps les consonnes doubles GB, GW, KB, KW, mieux déterminées, mais dont les précédentes ne sont pas suffisamment distinctes dans une énonciation rapide, pour que mon oreille n'ait pu y être trompée. Ce n'est donc qu'avec une extrême défiance et beaucoup d'hésitation que je pourrais me déterminer dès à présent à quelque innovation alphabétique pour représenter distinctivement, par une lettre unique affectée d'un signe particulier, chacune des prononciations que je viens d'indiquer : c'est un perfectionnement que l'étude attentive des différentes nuances d'articulation pourra seule autoriser. Je me bornerai donc maintenant, sans négliger d'écrire le *g* ou le *k* inhérents à tout cet ordre de consonnes, à marquer d'un esprit le *b* et le *p* affectés sans incertitude de la prononciation spéciale que j'ai comparée à *bv* et *pf*.

En résumé, nous avons reconnu dans la langue yéboûe une série de vingt-quatre ou vingt-cinq consonnes distinctes, savoir :

B B' C' D F G H J́ K L M N Ñ P P' R R' S S' T V W Y 'Y Z.

Il ne suffit pas de s'être rendu compte des nuances caractéristiques de chaque voyelle et de chaque consonne : il faut donner une attention toute particulière à la prosodie et à l'intonation. Un mot, toujours écrit avec les mêmes lettres, peut offrir de nombreuses significations sans aucune analogie entre elles, suivant l'accent prosodique et l'intonation affectés à telle ou telle acception. — L'accent est aisément saisissable quand on est formé aux habitudes des langues accentuées de l'Europe méridionale : il est indispensable de l'écrire, et il est facile d'y pourvoir à la manière des Espagnols. Cependant, il paraît exister, dans les effets de l'accent yéboû, certaines nuances dont on remarque l'indication dans Raban, et qui m'ont échappé.

Quant à l'intonation, on ne pourrait chercher à l'exprimer graphiquement qu'après l'avoir profondément étudiée; et je n'ai eu ni le temps ni la perspicacité nécessaires pour acquérir moi-même, sur ce sujet délicat, des notions même imparfaites. La seule observation que j'aie pu faire à cet égard, c'est que l'élévation de la voix est plus remarquable sur la pénultième de certains mots dissyllabes, et qu'elle est accompagnée d'un effet prosodique analogue à celui que produirait la réduplication de la consonne qui suit; l'accent coïncide quelquefois avec l'intonation sur la même syllabe, mais il se trouve plus souvent à la syllabe suivante.

Au surplus, l'intonation aussi bien que l'accent paraissent variables dans un même mot, suivant des règles de syntaxe ou d'euphonie qu'il n'appartiendrait de préciser qu'après une étude approfondie de la langue, au milieu des populations qui la parlent; et l'on ne peut attendre une pareille étude que du zèle, de l'aptitude et des loisirs des missionnaires que l'Europe leur enverra.

---

§ II. — DES PARTIES DU DISCOURS.

Dans l'étude des langues barbares, la synthèse grammaticale des mots que l'on parvient à recueillir doit se borner d'abord au classement le plus simple, sauf à s'élever graduellement à des distinctions plus parfaites à mesure que l'on en reconnaît la possibilité et l'opportunité. Sous ce point de vue, il nous suffisait, dans les interrogatoires adressés à

Ochi-Fékouè, de tenir un compte séparé des noms, des verbes, et des particules.

I. — DES NOMS.

Les substantifs ont naturellement occupé la plus grande place dans le vocabulaire que je cherchais à former; les adjectifs ne sont venus qu'au second rang, et je n'en ai fait qu'une maigre récolte; les pronoms m'ont présenté des difficultés telles, que mon butin a été presque nul de ce côté. Quant à l'article, son existence dans la langue yéboûe n'est point hors de contestation, et nous aurons à nous occuper d'en chercher la trace et d'en constater la valeur.

1° Des Substantifs.

Aucune distinction de genre ne paraît existter en yéboû. Quand une désignation précise est nécessaire à raison du sexe, on ajoute le mot mâle ou femelle :

Un esclave en général....	ERÚ.
Un esclave mâle.........	ERÚ-M-ÓKUR'Æ.
Une esclave femelle......	ERÚ-BIR'Ǽ.
Un frère aîné............	EKBÓ".
Une sœur aînée..........	EKBO"-BIR'Ǽ.
Un taureau.............	ÆRELÁ.
Une vache..............	ÆRELÁ-BIR'Ǽ.

On voit que toute la différence provient de l'addition des deux mots

Un homme, un mâle......	ÓKUR'Æ.
Une femme, une femelle...	OBIR'Ǽ.

Quelques mots seulement emportent avec eux l'idée du sexe, comme

Père.................... BABÁ.
Mère.................... YEYÉ.
Roi..................... OBBÁ.
Reine................... ONURÍ.
Mari.................... ÓKO.
Femme................... ÁYA.

Et il en est de même de toute qualité dévolue par la nature à l'un des sexes exclusivement; mais on peut dire, même à l'égard de tous ces mots, que si l'idée qu'ils représentent se produit dans nos langues néo-latines avec la circonstance inévitable du genre, les mots yéboûs n'ont en réalité aucun genre grammatical.

Le nombre ne paraît guère plus facile à saisir grammaticalement dans les substantifs; la réunion d'une quantité déterminée d'unités de la même espèce est exprimée par l'adjonction du chiffre précis de cette quantité :

Jeune homme ou *jeune femme*... OMODǼ.
Deux jeunes gens.............. OMODÆMÉY'I.
Dix jeunes gens............... OMODÆMǼGWA.

Si la quantité numérique est indéterminée, le mot à ajouter sera indéterminé lui-même :

Personne, individu........................ ONÍ.
Une personne, quelqu'un................... ONIÓKO.
Des personnes, plusieurs personnes, du monde ONIOYEYÉ.

Ces formes, aux différences de dialecte près, ont aussi été reconnues dans la langue èyo par le missionnaire Raban; mais soit que là se bornent sous ce rapport les ressources de la langue èyo, soit plutôt que certaines indications aient échappé à l'ingénieux compilateur, il n'a point constaté une autre forme de pluriel qui me semble correspondre plus directement à ce que nos grammairiens appellent de ce nom; elle consiste en l'addition du préfixe owo" au substantif singulier (1).

Personne, individu..........	oní.
Des personnes..............	owo''ní.
Jeune homme ou *jeune femme*.	omodǽ.
Des jeunes gens............	owo''modǽ.
Mâle.....................	ókur'æ.
Des mâles.................	owó''kur'æ.
Femelle...................	obirǽ.
Des femelles...............	owo''birǽ.
Enfant	omodedó.
Des enfants...............	owo''modedó.
Garçon	os'orǽ.
Des garçons...............	owo''s'oræ.
Esclave..................	erú.
Des esclaves..............	owe''rú.
Vieillard	aribó.
Des vieillards.............	owa''ribó.

Après les genres et les nombres, nous avons à considérer dans les substantifs ce que nos études grecques et latines nous ont appris à appeler des cas. Sans nous arrêter au plus ou moins d'appropriation de ce terme à des langues sans déclinaisons effectives, nous ne ferons nulle difficulté de l'employer ici dans l'acception vulgaire de modifications du nom eu égard à la variété des rapports à exprimer, bien que ces modifications consistent uniquement dans l'adjonction de prépositions, comme en français : c'est le sens des locutions plus que leur forme que nous désignons ainsi par la dénomination de cas.

(1) La voyelle finale de cet augment et la voyelle initiale du substantif se confondent en une seule, qui est la corrélative nasale de la seconde.

Les paradigmes scholastiques nous ont en effet enseigné six cas, et nous appelons de même les locutions françaises par lesquelles nous les traduisons, bien que ces locutions soient identiques pour plusieurs de ces cas. Chez nous le nominatif, l'accusatif et le vocatif d'une part, d'autre part le génitif et l'ablatif, sont parfaitement semblables entre eux, en sorte qu'il n'y aurait, sous le rapport de la forme, que trois cas distincts.

Il n'en est point tout à fait ainsi dans la langue yéboûe. Sans doute le nominatif, l'accusatif et le vocatif n'offrent mutuellement aucune différence; mais le génitif et l'ablatif y sont distincts, et le datif français est représenté par deux locutions diverses, l'une à laquelle on peut laisser le nom de datif, l'autre qu'il faudrait plutôt appeler approximatif.

Exemples :

Génitif : *Le manche du marteau :* URÚ OL-OKO"S'O.
La porte de la chambre à coucher : Æ'KU OL-ORUPỌ́.

Ablatif : *Je reviens de Yéboû :* MO TI-'YEBÚ BỌ.
Je retire le mouchoir du bonnet : MO"-MÚ IDǼKU T-AKODÉ.

Datif : *Tu donnes cette pagne à ta mère :* AS'O-WǼ WO-FÚ RI-YÉRE.
Je donne ceci au soldat : MO-FÚ EU"REKO R-OMODOGWÁ.

Approximatif : *Je vais à Bénin :* MO-LÓ SI-BINÍ.
Je reviens à la maison : MO-BO S-ULǼ.

Nous ne nous engagerons pas plus avant dans cette voie; sinon il nous faudrait admettre presque autant de cas que de prépositions, et nous serions entraînés bien loin des routines du collége, auxquelles nous avons seulement voulu faire une concession.

2° Adjectifs.

Les adjectifs employés comme tels n'ont ni genre, ni nombre, ni cas; ce sont des mots invariables, qui se placent immédiatement après le substantif auquel ils s'appliquent :

Une belle femme...............	OMODǼ-BIR'Ǽ OSU"KWÁ.
Cette personne riche.............	ONAYǼ ÓLA.
Une grande ville..............	ULÚ ILÁ.
Un gros arbre..................	ÓGÍ OKBONÍ.
Une personne noire (*un nègre*)....	ONIÓ DIDÚ.
Un Européen noir (*un Portugais*).	I"BO DIDÚ.

Le comparatif s'exprime en faisant suivre l'adjectif simple des mots 'YÉ LÓ, entre lesquels on intercale le terme de comparaison; par exemple :

Cette femme-là est plus belle que celle-ci.

O -BIRǼ-WǼ ERRGWÁ 'YÉ - I" - LỌ́.
Cette femme -là belle plus..... que celle-ci.

N'ayant point d'autre exemple de cette espèce dans le petit nombre de phrases que j'ai pu recueillir de la bouche d'Ochi-Fêkouè, j'en puiserai un second dans les courtes phrases et dialogues êyo du missionnaire Raban, en rétablissant les mots qui me sont connus dans leur forme yéboûe.

Ce garçon-ci grandit plus vite que celui-là.

Êyo de Raban :

O-MO-KŐ-HRI I DAǴ-BWA KAKA JÚ-Ĕ WŪN-LỌ.

Ou, sans séparer les syllabes,

OMOKŐHRI I DAǴBWA KAKA JÚĔ WŪNLỌ.

Ce qui me paraît devoir être rétabli ainsi en yéboû :

OMÓ-ÓKURÆ-ÆI" DÆ OKBO [KÁKA] 'YÉ – EU" – LÓ.
Le fils-mâle-ci devient gros vite plus......que celui-là

Le superlatif relatif n'est à proprement parler qu'un comparatif dont le terme a plus d'étendue et de généralité; j'en emprunterai de même un exemple au petit vocabulaire êyo de Raban :

Ce garçon-là est le plus grand de la ville.

AMOK'KORI ONG ÓGU JO BÓBO EN'IA LỌ NÍLU.

Ce que je rétablis ainsi en yébou̇ :

O-MÓ-ÓKURÆ-EU" O GU' 'YÉ-OKBO-OKBO(1)-ONÍ -LÓ NI-ULU'.
Le fils-mâle-là haut plus................ que
tout le monde dans la ville.

Cependant, une autre tournure permet de supprimer le signe du comparatif; nous en avons un exemple, en dialecte êyo, dans le petit livre de Raban :

C'est le meilleur garçon de la ville.

ONG OK'KA OMOK'KORI RÆ NILU.

Ce que je rétablis en yébou̇ ainsi :

EU"-ÓKO	O-MÓ-ÓKUR'Æ	RÆ NI -ULU'.
Là un (*celui-là*)	*le fils-mâle* (*le garçon*)	*bon dans la ville.*

Quant au superlatif absolu, il s'exprime quelquefois par la réduplication du positif, plus souvent par l'addition des mots KWATA'-KWATA'. Raban n'en donne point d'exemple en langue êyo, mais Ochi-Fèkouè m'en avait fourni plusieurs :

Une femme très-laide........ OBIR'Æ' EBUREGWA' KWATA'KWATA'.
Une étoffe très-belle.......... AS'Ó DARA' KWATA'KWATA'.
Cette personne est très-riche.. ONAYÆ' OLO'LA (OLA-OLA).

(1) C'est ainsi que je rétablis conjecturalement une locution qui se présente chez Raban sous des formes très diverses, telles que *bóbŏ*, *bobó*, *boáboá*, *búabúa*, *bogbo*, *bōgboe*, *bōg'boĕ*, *'gbó'gbo*, etc., etc.

3° Noms de Nombre.

Les noms de nombre se comportent, dans la langue yéboûe, à la manière des adjectifs, et se placent comme eux immédiatement après le substantif auquel ils s'appliquent.

Voici la table de ceux qu'on appelle cardinaux :

Un	INNǼ.—ÓKO.	*Dix-huit*	E'YIDINUGU.
Deux	É'YI.	*Dix-neuf*	OKODINUGÚ.
Trois	ÉTA.	*Vingt*	OGÚ.
Quatre	ER'É.	*Vingt-un*	OKO"LUGÚ.
Cinq	ÁR'O.	*Vingt-cinq*	AR'OLOGU.
Six	ǼVA.	*Trente*	OKBO".
Sept	É'YÆ.	*Trente-un*	OKO"LOKBO".
Huit	É'YO.	*Trente-cinq*	AR'OLOKBO".
Neuf	ÉSO.	*Quarante*	Ó'YI.
Dix	ÉGWA.	*Cinquante*	ÓTTA.
Onze	OKO"LEGWÁ.	*Soixante*	EGWADÓRE.
Douze	ME'YILEGWÁ.	*Soixante-dix*	ÓRE.
Treize	ETALEGWÁ.	*Quatre-vingts*	EGWALÓRE.
Quatorze	ER'ELEGWÁ.	*Quatre-vingt-dix*.	ÓRU".
Quinze	ANDUGÚ.	*Cent*	UGBÁ.
Seize	ER'EDUGÚ.	*Mille*	AGWAGWÁ.
Dix-sept	ETADINUGÚ.		

On voit que les nombres procèdent en une seule série depuis *un* jusqu'à *dix;* de *onze* à *quatorze*, on ajoute le nombre *dix* aux nombres *un* à *quatre;* mais de *quinze* à *dix–neuf*, on prend le nombre *vingt* à l'ablatif, en le faisant précéder en série décroissante du nombre d'unités nécessaires pour compléter vingt. Ainsi l'on dit littéralement, de *onze* à *dix–neuf :*

Un en sus de dix.	*Cinq ôtés de vingt.*
Deux en sus de dix.	*Quatre ôtés de vingt.*
Trois en sus de dix.	*Trois ôtés de vingt.*
Quatre en sus de dix.	*Deux ôtés de vingt.*
	Un ôté de vingt.

Les dizaines offrent quelque chose d'analogue pour *soixante* et pour *quatre-vingts*, dont les noms répondent à

Dix ôtés de septante. *Dix en sus de septante.*

Mais de *soixante-un* à *soixante-neuf*, au lieu de compter en série décroissante *neuf ôtés de septante, huit, sept*, etc., *ôtés de septante*, on dit : *un en sus de dix-ôtés-de-septante, deux, trois*, etc., *en sus de dix-ôtés-de-septante*. Puis, de *soixante-onze* à *quatre-vingt-neuf*, on reprend la série de *un* à *dix-neuf* devant le mot ÓRE ; ainsi *quatre-vingt-cinq* se dit ANDUGULÓRE, c'est-à-dire littéralement

Quinze en sus de septante (1).

Il est à remarquer que les nombres de deux à neuf, et leurs composés, placés après un substantif, prennent un M euphonique initial, que l'on prononce même quelquefois lorsque le nombre est énoncé isolément.

Les adjectifs ordinaux se forment des cardinaux par l'addition du mot ÓDI préfixe; ainsi l'on dit :

ODÓKO	*Premier.*
ODIMÉ'YI	*Deuxième.*
ODIMÉTA...........	*Troisième.*
ODIMÉR'E..........	*Quatrième*, etc.

De même, les multiplicatifs, adverbes plutôt qu'adjectifs, ont leur racine dans les nombres cardinaux, en ajou-

(1) Cependant, nous trouvons dans un petit vocabulaire recueilli en 1833 au Brésil par Douville, ces mêmes nombres exprimés par des mots plus simples, chaque dizaine jusqu'à 200 ayant un nom propre, ainsi qu'il suit :

10.	eoua.	60.	ogota.	110.	adofa.	160.	ogoguio.
20.	ogou.	70.	adoui.	120.	ogofa.	170.	adoça.
30.	oban.	80.	ogoui.	130.	adougué.	180.	ogoça.
40.	ogoudgi.	90.	adou.	140.	ogogué.	190.	nouba.
50.	adota.	100.	ogon.	150.	logouguié.	200.	ouba.

tant le préfixe NIKBA (1) pour le premier et GWA pour les autres :

NIKBÓKO..........	*Une fois,*
GWA MÉ'YI........	*Deux fois,*
GWA MÉTA........	*Trois fois,*
GWA MÉR'E........	*Quatre fois,* etc.

Quant aux noms de nombre partitifs, je n'ai pas eu le temps de m'en informer; j'ai seulement eu l'occasion de recueillir :

ǼKO''............	*Moitié.*

4° Article.

Ainsi que je l'ai déjà annoncé, l'article est difficilement, douteusement saisissable dans la langue yéboûe. Une voyelle initiale, servile et variable, disparaissant fréquemment dans la composition des mots, a fait naître dans ma pensée le soupçon que c'était là une sorte d'article; mais peut-être n'est-ce en réalité qu'un augment euphonique, dont le retranchement résulterait des convenances de l'euphonie elle-même, plutôt que de règles de construction grammaticale. C'est, je l'avoue humblement, un point que je suis hors d'état de décider.

J'exposerai du moins les exemples où il m'a semblé découvrir quelques traces de l'existence de cet augment fonctionnant comme un article.

O'YÓ signifie *le jour,*
OLÁ — *le lendemain.*

Leur réunion forme le mot O'YÓLA, ayant la signification précise de *demain,* c'est-à-dire littéralement, *le jour* (qui est)

(1) NIKBA paraît être simplement une contraction de ENE-GWA.

lendemain (pour nous qui parlons actuellement). Ne semble-t-il pas en résulter qu'il faut ainsi analyser ces locutions :

O–'YÓ ; O–LÁ ;
Le jour ; le lendemain.
O–'YÓ..... LÁ ;
Le jour lendemain.

Ainsi que nous aurons occasion de le constater plus loin, le mot TO" représente en yéboû, dans son acception propre, notre mot *fini* (employé si singulièrement, comme on sait, dans les locutions créoles de nos colonies à esclaves). Ce mot TO" vient en composition avec OLÁ, de manière à former OTO"LÁ, qui signifient appellativement *le surlendemain*, c'est-à-dire

O - TO" - LÁ,
L' après demain ;

Et pour obtenir une locution correspondante à notre adverbe *après-demain*, les Yéboûs diront :

O – 'YÓ – TO" – LÁ,
Le jour après demain.

On voit chacun des mots qui entrent dans la composition du mot complexe perdre la voyelle initiale qu'il conserve dans l'énonciation isolée, à la manière d'un article défini qui disparaît en pareil cas.

Le mot O'YÓ lui-même, qui a conservé l'o initial dans les exemples ci-dessus, le perdra dans tel autre cas donné. En voici un exemple emprunté à Raban :

Nous ne portons pas des souliers tous les jours.
ÁWA KI WÖ BÁTA NI JÖ G'BOG'BO.

Ce que je rétablirai en yéboû ainsi qu'il suit :

AWÁ K- Æ — WỌ BÁTA NI 'YÓ KBOKBO.
Nous falloir point porter souliers en jour tout.

Ni 'yó kbokbo signifie ici, d'une manière indéterminée, *tout jour*, c'est-à-dire *tous les jours*. Si au contraire il s'agit d'exprimer *tout le jour*, c'est-à dire la totalité d'un jour déterminé, l'article, si c'en est un, devra reparaître; et c'est ce qui a lieu en effet dans cet autre exemple fourni par Raban, qui ne s'en est pas rendu un compte exact :

Son œil (l'œil de Dieu) *est sur vous tout le jour.*
ÓJIU RE 'MBE LA'RA RE LÖ'JÓ BÓBO.

Ou, en rétablissant cette phrase en yéboû :

O-'YU' R'-É ''BE L - ARA' R-E''WE N-O'YÓ KBÓKBO
L'œil à lui être vers le corps à vous dans le jour entier.

Raban, dans une note, dit que LÓJÓ BÓBO signifie strictement *chaque jour;* c'est une erreur. Après avoir montré en plus d'un endroit qu'il sait fort bien que la particule L représente NI, *dans*, il eût pu remarquer la différence que nous venons de signaler nous-même entre

NI 'YÓ KBÓKBO....... *tout jour, tous les jours;*

et

NI O-'YÓ KBÓKBO..... *tout le jour, le jour entier.*

Nous n'avons indiqué jusqu'ici que les cas les plus frappants et les plus faciles à analyser; mais la voyelle initiale n'est pas toujours O, comme dans les exemples précédents. Toute autre voyelle est-elle de même simplement un article (1), ou bien est-elle radicale, renfermant et dissimulant l'article? Et si nous supposons que la réponse à cette dernière question doive être affirmative (au moins pour certains cas), ne serat-elle point applicable aussi à l'o initial quand il est marqué

(1) Je pense que I se présente souvent comme une sorte d'article pluriel devant les noms de peuples : I-BINÍ, I-NO''GÓ, I-S'EKRÍ, I-GU', I-KOLOBA', I-SOBÓ, I-DOKÓ, I-BÓMNO, I-'YEBU'.

de l'accent prosodique? Toujours est-il qu'une différence marquée existe dans la manière dont l'ó accentué et l'o simple se comportent respectivement dans des cas semblables de construction ou de composition. Il suffit, à cet égard, de se rappeler un exemple que nous avons déjà donné : dans OBIR'Ǽ, *femelle*, l'accent est sur la dernière syllabe; dans ÓKUR'Æ, *mâle*, l'accent est sur la première. Aussi faut-il dire :

ERÚ-BIR'Ǽ, *l'esclave femelle*,

mais

ERÚ-ÓKUR'Æ, *l'esclave mâle;*

et pour sauvor, dans ce dernier cas, un hiatus désagréable, on intercale, dans la prononciation, une articulation semi-labiale, très-légère, qui n'est point franchement un M, mais qui en approche beaucoup.

Je n'ai point découvert, dans les locutions yéboûes que j'ai pu analyser, d'autres traces d'un article défini. Quant à la représentation de notre prétendu article indéfini, les Yéboûs emploient comme nous l'adjectif numéral *un*, ÓKO, qui se met après le substantif.

5° Pronoms.

Les pronoms personnels affectent diverses formes, les unes emphatiques, les autres contractes, suivant les convenances du discours, sans que je sois aucunement en état de rendre raison des règles de leur emploi.

Je, moi, me.............	EMÍ, MÍ, MO.
Tu, toi, te.............	WOWÍ, OWÓ, WO.
Il, lui, le, elle, la........	WORǼ, IRǼ, O.
Nous.................	DEDEWǼ, AWÁ, A.
Vous.................	DEDENÍ, ENÍ, E''WÆ, E''.
Ils, eux, elles, les.......	DEDEWÓ'', EWÓ'', O''.

Quelques nuances me semblent cependant conjecturalement saisissables ; EMÍ, MI, emportent, si je ne me trompe, une idée d'être, quelque chose de passif, comme dans

EMI RÆ............	*Je suis,*
MI NU.............	*Je suis malade,*
MI KU.............	*Je meurs.*

Et c'est la même forme qui doit conséquemment se représenter dans ce qu'on appelle scholastiquement les cas obliques :

Cette femme me plaît....	OMODÆ-BIRÆ-I" OWO" IMI.
Le roi me donne.........	OBBA FU' RI MI.

IRÆ' paraît être, quant à la troisième personne, dans des conditions toutes semblables, et peut-être en est-il de même de owó (seconde personne).

DEDEWÆ', DEDENÍ, DEDEWO" semblent mettre surtout en relief l'idée de pluralité, dans le sens de *nous tous, vous tous, eux tous.*

Mo, WO, O offriraient spécialement la valeur active de nos pronoms *je, tu, il;* c'est avec ces formes que se conjuguent les verbes auxquels est attachée une idée d'action :

MO KWA'...........	*Je tue,*
WO FU.............	*Tu donnes,*
O MERÆ............	*Il marche.*

AWA', E"WÆ, EWO", et leurs corrélatifs contractes A, E", O", sont pareillement employés pour les conjugaisons, mais sans qu'il paraisse y avoir lieu à aucune distinction de fonction active ou passive; on dit aussi bien :

AWA' RÆ...........	*Nous sommes,*
AWA' S'Æ..........	*Nous faisons,*
KO FU R-AWA'......	*Donnez-nous,* etc.

Les Yéboûs n'ont pas de pronoms possessifs proprement dits; le *possessif* est simplement un des cas de leurs pronoms personnels. Ils affectent ceux-ci de prépositions qui leur procurent une signification génitive ou ablative, suivant les circonstances; ou bien cette signification résulte naturellement de la position suffixe du pronom personnel.

BABÁ EMÍ	*Mon père,*
'YE'YÉ MÍ	*Ma mère,*
BABÁ R'-AWÁ.........	*Notre père,*
EBIR'Æ RÆ.......... ...	*Son frère cadet,*
BATÁ E"	*Vos souliers,*
OMÓ T'-EWO"	*Leur fils,*
ONÓ TI-RÆ	*Son chemin.*

Le pronom relatif paraît être exprimé généralement par le mot TI. En voici des exemples qui me sont, la plupart, fournis par les phrases et dialogues de Raban :

Quand je suis venu le soleil était chaud.
NIG'BWA TI MODE ORUNG MU.

Ce qui se traduit littéralement ainsi :

NI EKBWA TI MO DÆ, ÓRU" MU,
(*Dans le temps que moi venir, le soleil chaud*).

Que dis-tu? WO TI WI?
(*Toi quoi dire?*)

Ceux qui bâtissent : ÁWÖNG TÍWA KÖ;

c'est-à-dire :

EWO" TI WA KỌ,
(*Ceux qui viennent bâtir*).

L'oiseau qui vole.........	ǼYÆ TI OFO;
L'homme qui vient ici......	OMODÆ TI LO I";
L'homme qui est ivre.......	OMÓ TI OTIKWÁ.

Cependant le *qui* interrogatif s'exprime d'une autre manière, dont je trouve quelques exemples dans les notes recueillies de la bouche d'Ochi-Fêkouè :

Qui est là..............	NEZÍ ÑE ?
Qui a fait cela.........	NEZÍ S'Æ WÆ ?
Qu'est cela.............	NE KÓ RI ?

Ce qu'on appelle vulgairement pronom démonstratif paraît se rendre en yéboû par le pronom personnel même, lorsqu'il s'agit réellement d'un pronom, comme dans cet exemple déjà cité :

Ceux qui bâtissent.......	EWO" TI WA KO ;

mais si c'est un adjectif démonstratif qu'il s'agit d'exprimer, comme dans *cet homme, ce petit enfant*, on emploiera en yéboû le mot WÆ, qui fonctionne aussi à la manière des adjectifs, et l'on dira ÓKUR'Æ-WÆ, OMÓ–KEKERǼ-WÆ. Souvent le démonstratif de cette espèce est accompagné des adverbes *ici* et *là;* dans ce cas, on remplace WÆ par I" s'il y a proximité, ou par U" s'il y a éloignement :

Cette femme-ci..........	OMODǼ-BIR'Ǽ-I".
Cet homme-là...........	OMODǼ-ÓKUR'Æ-U".

II. — DES VERBES.

J'ai eu l'occasion tout à l'heure de remarquer certaines différences dans l'emploi des pronoms pour la conjugaison des verbes, suivant que ces verbes expriment un mode d'être ou une action.

Dans le premier cas on dit

EMÍ RÆ..............	*Je suis,*
OWO RÆ..............	*Tu es,*
IRÆ RÆ..............	*Il est.*

EMI NU	*Je tombe malade,*
OWO NU	*Tu tombes malade,*
IRÆ NU	*Il tombe malade.*

Dans le second :

MO S'Æ	*Je fais,*
WO S'Æ	*Tu fais,*
O S'Æ	*Il fait.*
MO GWA	*Je brise,*
WO GWA	*Tu brises,*
O GWA	*Il brise.*

Quant aux verbes de la première espèce, ils s'expriment quelquefois en yébou d'une manière indirecte, par l'énonciation de l'état, du mode d'être, ou de sa cause, avec le pronom suffixe :

J'ai faim	EBIKWÁ MI.
J'ai soif	ORU"GWǼ MI.
J'aime la viande	URÚ OWO" IMI.
Je me repose	URǼ MI.
J'ai chaud	ARÁTA MI.
Je suis triste	INUBBÉ IMI.
J'ai peur	ERUBÁ MI.
Je suis ivre	OTIKWÁ MI.

C'est-à-dire, *faim à moi, soif à moi, la viande plait à moi, repos, chaleur, tristesse, peur, ivresse à moi.*

J'ai longtemps fait de vains efforts pour saisir, dans la bouche d'Ochí Fêkouè, quelque différence dans les formes d'un même verbe employé à traduire une série de phrases où le verbe français se présentait tour à tour à divers modes et à divers temps. Enfin, après des peines infinies et l'attention la plus opiniâtre, j'ai cru découvrir dans le verbe LO, *aller*, que j'avais pris pour thème, quelques nuances d'abord fugitives, mais qui n'ont plus été douteuses dès que mon oreille suffisamment avertie s'est appliquée à les déterminer avec plus de précision.

Quant à la distinction des modes, je n'ai démêlé aucun indice de ce que nous appelons subjonctif et conditionnel; mais j'ai pu constater au moins l'existence, à l'indicatif, des trois temps simples, le présent, le passé et le futur, et je me hâte d'en insérer ici le paradigme complet.

INDICATIF.

PRÉSENT.

MO''LÓ.........	*Je vais.*	MO'' S'Æ........	*Je fais.*
WO''LO........	*Tu vas.*	WO'' S'Æ.......	*Tu fais.*
O''LO..........	*Il va.*	O'' S'Æ....... ..	*Il fait.*
AWA''LO.......	*Nous allons.*	AWA'' S'Æ......	*Nous faisons.*
E''WE''LO......	*Vous allez.*	E''WE'' S'Æ.....	*Vous faites.*
EWO''LO......	*Ils vont.*	EWO'' S'Æ......	*Ils font.*

PASSÉ.

MOLLO.........	*J'allai.*	MO S'Æ........	*Je fis.*
WOLLÓ.........	*Tu allas.*	WO S'Æ........	*Tu fis.*
OLLO..........	*Il alla.*	O S'Æ..	*Il fit.*
AWALLÓ........	*Nous allâmes.*	AWA S'Æ.......	*Nous fîmes.*
E''WELLÓ.......	*Vous allâtes.*	E''WE S'Æ......	*Vous fîtes.*
EWO''LLÓ.......	*Ils allèrent.*	EWO'' S'Æ......	*Ils firent.*

FUTUR.

M'ALLO........	*J'irai.*	M' AS'Æ........	*Je ferai.*
W'ALLO........	*Tu iras.*	W' AS'Æ.......	*Tu feras.*
'ALLO..........	*Il ira.*	' AS'Æ.........	*Il fera.*
AWA ALLO......	*Nous irons.*	AWA AS'Æ......	*Nous ferons.*
E''WE ALLO.....	*Vous irez.*	E''WE AS'Æ.....	*Vous ferez.*
EWO'' ALLO.....	*Ils iront.*	EWO'' AS'Æ	*Ils feront.*

Bien que les paradigmes compris dans les petits cahiers de Raban n'offrent point les mêmes nuances de prononciation comme caractères distinctifs des temps, on doit néanmoins reconnaître qu'elles ne lui ont point échappé. Ainsi, tout en conjuguant le verbe au présent, comme nous le faisons au passé, il donne ailleurs des exemples où le présent est caractérisé par le son nasal préfixe, et il a même fait la remarque spéciale que cette addition semble dénoter le présent emphatique (*je suis allant* pour *je vais*).

Quant au futur, il indique, comme en étant le signe, un O préfixe, lequel correspond évidemment à l'A préfixe d'Ochi-Fêkouè.

Enfin, pour le passé, il déclare que si, dans quelques cas, il se manifeste par un suffixe, plus généralement il n'est désigné que par quelque circonstance de la phrase, sans modification aucune à la forme radicale du verbe. Dans ses paradigmes, il lui attribue le suffixe *na;* mais je crois que c'est une méprise, et que *na* est tout simplement l'adverbe ANA de Raban, ANÓ d'Ochi-Fêkouè, signifiant *hier*, ce qui ramène à l'observation précédente.

Cependant il est un mot employé réellement par les Yéboûs comme déterminatif du passé; c'est le mot TO'', *fini*, qu'on adjoint surtout au participe passif :

YO''KBORO, *élargir*........	OKBORÓTO'', *élargi*.
OMAKOLÉ, *bâtir*..........	OMAKOLÉTO'', *bâti*.
O'YÓ, *faire brûler*........	O'YÓTO'', *brûlé*.

Si le verbe a un régime, le mot TO'' ne se place qu'après ce régime :

Je suis allé hier à la grande ville : ANÓ MOLLÓ S'ULU-ILÁ TO''.

On peut considérer l'adjonction de ce mot comme constituant un passé emphatique, tandis que le radical simple, tel qu'il est conjugué dans le paradigme ci-dessus, n'a qu'une valeur indéterminée, dont on comprendra mieux tout le vague si nous traduisons littéralement :

MOLLÓ	*Moi aller.*
WOLLÓ	*Toi aller.*
OLLÓ	*Lui* ou *elle aller*, etc.

Il serait donc peut-être plus juste de présenter la conjugaison yébоûe comme ayant d'abord un temps indéterminé susceptible de s'allier indifféremment, dans le discours, à des adverbes emportant l'idée du présent, ou du passé, ou même du futur; tandis qu'elle offre aussi des temps emphatiques ainsi caractérisés : le présent par O'' préfixe, le futur par A préfixe, et le passé par TO'' suffixe.

Il existe, au surplus, d'autres formes, dont je ne saurais rendre raison : au lieu de MO''LÓ et de MALLÓ, on dit très-bien MOMILÓ; au lieu de MO''ʻYǼRU'', *je mange*, et de MAʻYǼRU'', *je mangerai*, on dit également bien MOMAʻYǼRU''.

L'impératif, dans les verbes yébоûs, paraît, dans sa forme la plus simple, offrir la racine même, dépouillée de tout affixe :

WA	*Viens.*	BÆ	*Déchire.*
WE	*Dis.*	BI	*Produis.*
WO.	*Entre.*	BO.	*Reviens.*
WU.	*Arrache.*	YÁ	*Reste tranquille.*
LA.	*Fends.*	YÓ.	*Brûle.*
LO.	*Va.*	ʻYÆ.	*Mange.*
LU.	*Bats.*	ʻYI	*Permets.*
TA.	*Vends.*	ʻYU.	*Lâche.*
RA.	*Achète.*	MU	*Prends.*
RÆ	*Ouvre.*	FU.	*Donne.*
R'E	*Marche.*	S'Æ.	*Fais.*
RI.	*Vois.*	SÓ	*Agite.*
''RI.	*Ris.*	DA.	*Verse.*
RO.	*Emplis.*	DÆ	*Ferme.*
RU	*Réveille.*	DI.	*Attache*, etc.

Un impératif emphatique est formé par l'addition du préfixe KO, *il aut.*

L'infinitif semble n'être autre chose que la racine précédée de l'article :

EWWÁ	*Venir.*	OBBÆ	*Déchirer.*
OLLÁ	*Fendre.*	OYÓ.	*Brûler.*

OTÁ......	*Vendre.*	O'YÆ......	*Manger.*
ORÁ......	*Acheter.*	OMU......	*Prendre.*
OR'É......	*Marcher.*	OFÚ......	*Donner.*
ORÍ.......	*Voir.*	OS'Æ......	*Faire.*
E''R'Ì......	*Rire.*	ODA......	*Verser*, etc.

Le participe passif ne diffère de l'infinitif que par des nuances qu'il ne m'a été que bien rarement donné de saisir; voici l'exemple qui m'a le plus frappé :

Mourir...............	OKU
Le roi mort...........	OBBÁ IKÚ.

Existe-t-il un participe présent? Je n'oserais répondre avec quelque assurance, soit affirmativement, soit négativement; mais voici les rapprochements que je puis faire :

Travailler..............	OKU'
Travailleur, actif........	ONNÚKU.
Cette personne est active..	ONAYǼ INÚKU.
Faire..................	OS'Ǽ.
Faiseur, qui fait.......	O''S'A, OSA.

On pourrait établir, dans les paradigmes des verbes yéboûs, une voix négative; elle se forme par l'addition de la négative Ǽ préfixe :

M' ǼLLO............	*Je ne vais pas.*
W' ǼLLO............	*Tu ne vas pas.*
' ǼLLO............	*Il ne va pas.*
AWA ǼLLO.........	*Nous n'allons pas.*
E''WE ǼLLO..........	*Vous n'allez pas.*
EWO'' ǼLLO..........	*Ils ne vont pas.*
EM' Ǽ-WA...........	*Je ne viens pas.*
OW'Ǽ-WA............	*Tu ne viens pas.*
OKBÆNI Ǽ-WA.........	*Le maître ne vient pas.*

Il semblerait que l'impératif simple dût se produire ici sous la forme Æ'LLO; mais soit que M constitue (ainsi que plusieurs raisons pourraient le faire penser) une articulation purement euphonique, soit qu'elle fasse partie intégrante d'une autre forme de négation (MA), toujours est-il qu'on dit à l'impératif négatif simple :

MǼLLO.............	*Ne va pas.*
MǼLLU.............	*Ne frappe pas.*
MA WÁ BÉ...........	*Ne viens pas ici.*

Et à l'impératif négatif emphatique :

KO MA LLO.............	*Il faut ne point aller.*
KO MA LLU.............	*Il faut ne point battre.*
KO MA WÁ.............	*Il faut ne point venir.*

Il est essentiel de ne pas confondre KO, *il faut*, avec KỌ, autre négation dont voici un exemple :

La bonne n'est pas à la maison; elle y sera demain.

OMODÆ BÍRǼI" O-KỌ N-ULǼ; O'YOLA KO RRWA ÚLÆ.
La jeune fille là, elle point dans la maison; demain falloir elle venir maison.

Je ne sais si une étude moins imparfaite des verbes yébous permettrait d'y distinguer les voix active et passive; j'ai été porté à conjecturer qu'ils offrent au moins quelques exemples d'une voix factitive, en voyant le verbe neutre OKU, *mourir*, devenir le verbe actif OKWÁ, *tuer;* mais peut-être cela n'a-t-il pas plus d'importance que l'exemple qui nous est fourni en latin par les verbes *fugere* et *fugare*.

III. — DES PARTICULES.

La plupart des particules que j'ai recueillies sont des adverbes, qui cependant peuvent être employés, le cas échéant, pour les prépositions corrélatives, comme *dessus* pour *sur*, *dessous* pour *sous*, *dedans* pour *dans;* c'est une confusion fréquente chez nous dans la bouche des gens qui parlent incorrectement. Quant aux conjonctions, je n'en ai saisi que de faibles traces; et pour les interjections je n'en pourrai dire que fort peu de chose.

1° Prépositions.

En parlant des substantifs, et des rapports que les langues classiques expriment par des déclinaisons ou modifications terminatives, j'ai déjà eu lieu de faire connaître les prépositions les plus usuelles qui servent en yébou à exprimer ces rapports, et de montrer leur emploi réellement prépositif.

Ainsi

Le *de* génitif s'exprime par OL,
Et le *de* ablatif......... par TI, TE OU DI,
L'*à* datif.............. par RI OU RE,
Et l'*à* approximatif..... par SI OU SE,

toujours mis devant le substantif; il en est de même des particules suivantes :

Sur................	NÓ''KE.
Sous...............	NELǼ.
Dans...........	NÉ, NINNÚ.
Hors de...........	NA'BA.
Devant...........	NOGWA'YÚ.
Derrière..........	Æ'Í''.
Avec.............	KOS'Ú.
Sans.............	HN.
Vers.............	IDE, SI, SE.
Pour.............	RI, RE.

Exemples :

Le maître de la terre......	BABA' OL-ILÆ.
Un mouchoir de coton.....	IDÉKU OL-ÓWU.
Un mouchoir de fil........	IDÉKU OL-AWÓ.

(On dit cependant :

Un mouchoir de soie.......	IDÉKU ISÉDA.
Un marteau de fer........	OKO"S'Ó ELÉ.
Une massue de bois........	OLULÚ IGÍ.)

Je viens de la grand'ville.....	MO TI-ULÚ-ILÁ BO.
Je vais à Lagos..............	MO"LO SE KORÁME.
Donne-moi la richesse.........	KO FO'GO RI-MI.
Sur l'arbre..................	NÓ"KE IGÍ.
Sous la table................	NELǼ APALUKÓ.
Dans la maison..............	NINN'ULǼ.
Hors de la boîte..............	NÁBA EKPÚTI.
Devant la fenêtre............	NOGW'AYÚ E"RUFÚ.
Derrière la porte............	ǼI" ǼKU.
Je m'en vais avec mon chapeau.	MOLLÓ KO'SÚ AKORÓ
Un arbre sans feuilles........	IGÍ EN EWÉ.
J'irai de Bénin à Yébou.......	MALLÓ SI-BINI, MA TI-BINI IDÉ YEBÚ.
Un (pilon) *pour le mortier*....	OMÓ R-ODÓ.

2° Adverbes.

Ainsi que je l'ai dit tout à l'heure, les adverbes *dessus*, *dessous*, *dedans*, *dehors*, *avant*, *après*, ne diffèrent point en yéboû des prépositions corrélatives *sur*, *sous*, *dans*, *hors*, *devant*, *derrière*. En voici quelques autres que j'ai recueillies de la bouche d'Ochi-Fêkoué.

Ici....................	INIBÉ, IBÉ, IBÉWÆ.
Là....................	NÓO".
Partout...............	DEDDAYǼWÆ.
Nulle part.............	NU"BÓKUBO.
Ensemble..............	GWÁ'YO.
Toujours..............	O'YO'YÓKNI.
Jamais................	MEYǼTITI.
Plus, beaucoup.........	O'YE'YÉ.
Moins, peu............	ÆTINO.
Trop..................	OYEYE'YU.
Assez.................	OTÓ.

Oui....................	MO'YÆ', MOGWA'.
Non....................	MÆ YÆ.
Où est son père?.........	BOZÍ BA'RÆ NI (1)?
Comment fait-on cela?....	BAZÍ WÉTE MAS'EWÆ'?

Au surplus, il m'a paru que tous les adjectifs peuvent s'employer adverbialement, sans que j'aie pu saisir aucun caractère distinctif de cette fonction spéciale; ainsi ÓSU''KWA signifie également *bien* et *beau;* EBUREGWA, *mal* et *laid.*

3° Conjonctions.

Raban a cru pouvoir constater dans la langue êyo l'existence de la copulative; quant à moi, j'ai tenté de vains efforts pour la retrouver dans le yébou; les questions que j'ai pu faire à cet égard à mon informateur n'ont eu qu'un résultat négatif.

En vérifiant tout ce que j'ai recueilli de notes, je n'y trouve pas un seul exemple de conjonction, et le départ furtif d'Ochi-Fêkoué au moment où je venais de recevoir les petits cahiers du missionnaire Raban, s'est opposé à ce que je pusse donner suite à la vérification, à peine commencée, des mots et des phrases de cet estimable travail. Je n'ai donc aucune certitude à l'égard des exemples que j'y pourrais puiser, lorsque la majorité au moins des mots d'une phrase ne me sont point assez connus déjà pour m'autoriser à leur restituer la physionomie spéciale qu'ils avaient pour moi dans la bouche d'Ochi-Fêkoué; mais je suis porté à admettre comme légitime tel mot qui m'était précédemment inconnu, lorsqu'il figure au milieu d'un ensemble dont je suis à portée de me rendre compte, et que sa forme est assez simple pour rendre peu probable quelque doute sur sa valeur phonétique.

Ainsi, je ne fais aucune difficulté d'admettre la conjonction

(1) On dit aussi : BOZÍ BA'RÆ BE NI? et BOZÍ BA'RÆ AGBÉ NI? (BE, *être;* AGBÉ, *se trouver??*)

dubitative BI, *si*, que je rencontre dans les exemples suivants :

1. BI MO LO, if I go......... *Si je vais.*
2. BING KÖ LO, if I do not go... *Si je ne vais pas.*

Dans ce deuxième exemple, il faut d'abord remarquer que le son nasal exprimé par Raban au moyen de NG, est, par lui-même, indiqué ailleurs comme une prononciation rapide (et peut-être incorrecte) de MI ou MO ; il y a donc lieu de rétablir BING KÖ LO, en

BI MO KỌ LO.
Si je ne vais.

3. ÖLÖ́HRO O RI Ö BI WÖ CE INGKA.
God will see you if you do thing.

Je restitue aisément en yéboû.

OLÓRU" ARI WỌ BI WỌ S'Æ EUREKÓ
Dieu verra vous si vous faites une chose.

4. BO ORI OMMO TI 'NCE BUBURU MA CE CE BÉ́E.
If you see child who is doing bad not do do so.

Je restitue :

BI WÖ RI OMÓ TI S'Æ IBRUKÚ, MA S'ÆS'Æ BǼE.
Si tu vois un enfant qui fait mal, ne travaille ainsi.

5. BO O CE BU BÚRU, BI ENYÁ KO RI Ö, BÉ́E OLÖHRO RI Ö.
If you do that which bad, if person not see you, yet God sees you.

Je restitue :

BI WỌ S'Æ IBRUKÚ, BI ONIO KỌ RI WỌ, BÆE OLÓRU" RI WỌ.
Si tu fais mal, si quelqu'un ne voit toi, cependant Dieu voit toi.

Dans cette dernière phrase figure une seconde conjonction, savoir, BǼE, dans le sens de *toutefois, cependant, néanmoins, pourtant.* Nous la retrouvons, avec quelques légères nuances, dans les deux variantes ci-après d'un même exemple.

O Ö LE RI ÖLÖ'HRÓ, BÉ'ENI ÖLÖ'HRO RI Ö.
WO KO LE RI ÖLÖ'HRÓ, BE ÖLÖ'HRÓ RI Ö.
You not can see God, but God sees you.

Ce mot BÆ'E, BÆ'ENI, ou BE semblerait pouvoir se décomposer en BA-I'', BÆ-INI, ou B'-I'' et pouvoir signifier littéralement *avec cela* ou *malgré cela*, locution qui, dans plusieurs langues européennes, a la même valeur que *toutefois*, *nonobstant*, etc. Dans cette hypothèse, je transcrirais en yébou :

WỌ KỌ LE RI OLÓRU'', BÆ-I'' OLÓRU'' RI WỌ.
Tu ne peux voir Dieu, malgré cela Dieu voit toi.

Dans un autre endroit, Raban emploie la conjonction BATIWU ou BÒTIWU, qu'il traduit par *however*, c'est-à-dire, *quoi qu'il en soit*, *quelque... que*, etc. Voici l'exemple qu'il donne :

BOTIWU KO KWE LAYE TO O O LE MA'YE RA.
However you stay in world the, you not can hold world ever.

Pour se l'expliquer, il est nécessaire de lire deux phrases qui précèdent :

(1) O TI WA NI LE I Ö'KWE.
You have lived in country this long-time?

(2) MO WA NIHI LÖ'DÖ ME'JE.
I live here to year seven.

Je crois nécessaire de les rétablir ainsi :

(1) WO TI WA NI ILÆ'-I'' OKWE.
Toi quel vécu en pays-ci longtemps?

(2) MO WA NIHI LI ÓDU MÆ''YÆ.
Moi vécu ici pour années sept.

Et maintenant, dans BO TI WU ou BA TI WU de l'exemple

cité, ne semble-t-il pas qu'on reprenne le WO TI A ci-dessus, en le combinant avec le monosyllabe BA, dont la valeur ne nous est point directement révélée, mais peut se conjecturer; en sorte que l'on ait littéralement :

BA TI WA KI Ọ́KWE NI AYǼ OTO", O Æ-LE MU AYǼ ERA.
Comme quoi vécu que longtemps dans le monde il ait, il ne peut garder le monde toujours.

ou plutôt :

BA WỌ TI WA KI Ọ́KWE NI AYǼ TO", WÖ Æ-LE MU AYǼ ERA.
Comme (toi) quoi vécu que longtemps dans le monde tu aies, tu ne peux garder le monde toujours.

On prononce avec les élisions euphoniques :

B-Ọ TI WA K-Ọ́KWE N-AYǼ TO", W-ÆLE M-AYǼ -RA.

Dans l'exemple dont nous venons de nous occuper, est employé un mot que nous avons écrit sans élision KI, et traduit par *que* comme une sorte de conjonction. Nous le retrouvons dans plusieurs autres phrases de Raban avec une explication toute autre.

1. *a.* E JEK AWA GMI KO.
   b. E JE AWA OGMI KO.
   Let us plant farm.

2. *a.* JEKI EMI JOKO.
   b. JEKIM JOKO.
   Let me sit down.

3. *a.* MO JEKI WO O LO.
   b. MO JE O LO.
   I let you to go.

4. *a.* EWÖ KI AWA O LO SODO.
   b. KA LO SODO.
   c. KA LO DO.
   Come let us to go to brook.

Raban suppose que le verbe *permettre* se rend par JEKI ;

mais que tantôt on élide la seconde syllabe, comme dans la variante *b* de l'exemple 1 et dans la variante *b* de l'exemple 3; et tantôt la première syllabe, comme dans l'exemple 4. Mais il me semble plus naturel de rétablir et de traduire ces phrases ainsi qu'il suit :

1. *a.* E''ʻYÉ AWÁ OGWǼ ÓKO.
Laissez nous planter la ferme.

b. E''ʻYÉ KI AWA GWÆ ÓKO.
Laissez que nous plantions la ferme.

2. *a. b.* ʻYÉ KI EMI ʻYOKO.
Laisse que je me asseoie.

3. *b.* MO ʻYÉ WO OLLO.
Je laisse toi aller.

a. MO ʻYÉ KI WO ALLO.
Je laisse que tu ailles.

4. *a.* E''WÁ KI AWÁ ALLÓ SI UTÓ.
Venez que nous allions au ruisseau.

b. KO Á OLLÓ SI UTÓ.
Falloir nous aller au ruisseau.

c. KO Á OLLÓ UTÓ.
Falloir nous aller ruisseau.

Autre exemple :

a. BI WÖ KÖ'BA RÖ'JU KI WÖ OFI ÉRI SI WO KI'YÖ MÖNGKA.

b. BÖ BÁ RÖ'JU KO FERI SI Ö YÖ MÖNGKA.
If you not try hard to your put head to you never know one thing.

je rétablis :

a. BI WỌ KỌ BA R'O ʻYÆ KO OFI ER'I SI WỌ KI W'ÆMO'' EUREKO.

b. BI W'Æ BA R'O ʻYÆ KO OFI ER'I SI WỌ KI W'ÆMO'' EUREKO.
Si tu ne veux réfléchir beaucoup, il faut mettre pensée à toi que tu ne connaîtras rien,

Nous citerons encore, pour une autre conjonction, les deux exemples suivants :

1. BÍOCEBÍ ÖLÖ'HRÓ KÖ LE AWONG TIWA KÖ CÍCE LAS'SU.
Unless God build house they that build work nothing.

2. BÍOCEBÍ ÖLÖHRÓ CÓ ILU' COLUCOLU JI LA'SSU'.
Unless God keep town watchman wakes for nothing.

Mais dans un cahier subséquent, parmi les mots donnés par Raban comme correction de ceux qu'il avait précédemment employés, je trouve BI' OJE KWE, qui paraît destiné à remplacer BI'OCEBI' ; peut-être dois-je transcrire dès lors BI WỌ 'YE KBÆ, et traduire *si tu laisses de côté*, ou plutôt BI Oᵉ'YE KBÆ, *si on laisse de côté ;* mais ce n'est qu'une simple conjecture. Je restitue ainsi, dans cette hypothèse, les deux versets ci-dessus :

1. BI-O'YÉ-KBÆ OLÓRU" KO ULÆ' EWO" TI WA KO S'ES'E LI ASSU.
A moins que Dieu bâtisse maison, ceux qui viennent bâtir travaillent pour rien.

2. BI-O'YÉ-KBÆ OLÓRU" S'O ULU' S'OLUS'OLU 'YE LI A'SSU.
A moins que Dieu garde la ville, le garde veille pour rien.

4° Interjections.

A considérer exclusivement l'interjection comme particule exclamative, nous n'en avons aucune à noter ici de spécialement yéboûe; les seules que j'aie occasionnellement recueillies de la bouche d'Ochi-Fêkoué sont le HÉ ! vocatif, le OH ! et le AH ! de surprise, d'admiration, ou de joie.

Il est quelques autres locutions exclamatives qu'on peut, sans beaucoup d'inconvénient, classer avec les interjections : tel est le mot EKU', *salut !* si fréquent dans la bouche des nègres de cette race, qu'à Sierra-Léone on a choisi ce mot pour leur désignation nationale (comme en Espagne, il y a trente ans, on appelait *liron* tout soldat des armées impériales françaises, à cause des mots *dis-donc* que nos militaires répétaient à tout propos). Aussi la langue êyo est-elle nommée *Aku* dans les *Specimens of African languages* de mistress Hannah Kilham, aussi bien que sur le premier titre des petits cahiers de Raban. Au surplus, EKU' est accompagné de quelque autre mot significatif, suivant que la personne à laquelle on s'adresse est debout, assise, marchant, chevauchant, ou s'arrêtant; ainsi l'on dit :

A une personne debout........................ EKU' DIRÓ!
A une personne assise........................ EKU' KALÆ'!
A celle qui marche........................ EKU' "RÆ'!
A celle qui chevauche........................ EKU' GES'I!
A celle qui s'arrête, ou plutôt à celle qu'on invite à s'arrêter ou à rester tranquille............. EKU' YA'!

---

§ III. VOCABULAIRE.

J'ai réuni dans ce vocabulaire tous les mots yébous que m'a fournis le dépouillement des notes recueillies pendant mes conversations avec Ochi-Fékoué. J'y ai compris aussi, mais dans une colonne séparée, tous les mots êyos qui se trouvent dans les vocabulaires imprimés de Clapperton, de mistress Hannah Kilham, et du révérend John Raban; les lettres C, K, R, signalent respectivement les emprunts faits à chacun d'eux; la lettre B, qui figure aussi un petit nombre de fois dans la même colonne, désigne Bowdich; enfin la lettre D se rapporte à un vocabulaire nogo ou inongo, de cinq pages d'écriture (dont deux pour les noms de nombre), recueilli à Bahia au mois de juillet 1833, par le voyageur Douville : j'en dois la communication à l'obligeance de M. le capitaine de corvette Sander Rang, possesseur d'une partie des papiers de cet homme, dont le zèle très-réel et la fin déplorable doivent désarmer la rigueur des juges qu'il avait trompés sur ses voyages au Congo (1).

J'avais à choisir, pour la disposition de ce vocabulaire, entre le classement méthodique et l'ordre simplement alphabétique. Sans me dissimuler les avantages du premier pour une étude grammaticale, à raison du rapprochement des mots qu'il peut y avoir intérêt de comparer, j'y ai renoncé cependant, à cause de la difficulté de ranger tous les mots par séries raisonnées, et de classer les séries entre elles de telle manière que la recherche d'un mot donné ne présentât point trop d'embarras. J'ai donc opté pour l'ordre aphabétique, qui a du moins l'avantage de la simplicité et de la commodité pour les recherches.

L'examen comparatif des mots sous le point de vue de leur signification précise, de leurs synonymies ou de leurs antinomies mutuelles, et de leur composition étymologique, pourrait nous fournir ici des considérations curieuses à développer ; mais une part trop large peut-être serait à faire à l'esprit de conjecture, dans une étude où les éléments de vérification nous manquent aujourd'hui. C'est surtout après avoir attentivement lu les cahiers de Raban, que, par leur combinaison avec mes propres résultats, je me trouvais en mesure de tirer une bien plus grande utilité de mes rapports avec Ochi-Fêkouè ; mais c'est précisément alors qu'il ne s'est plus trouvé à ma portée, et que mes élucubrations sont restées dépourvues de cet indispensable contrôle.

(1) En tête des cinq pages consacrées à cet objet, Douville a écrit l'annotation que voici : Langue nogo. — Pendant huit jours, j'ai fait venir » chez moi un assez grand nombre de nègres nogo, pour faire le voca- » bulaire suivant. Ces nègres habitent à l'est et au nord-est des Achan- » tis, usqu'à l'embouchure du Niger. »

Au surplus, la crainte d'étendre outre-mesure ce travail m'interdit l'exposition de toutes les remarques auxquelles a donné naissance la rédaction de ce vocabulaire en sa forme actuelle ; je me bornerai à quelques brèves observations sur un petit nombre de points, pour mettre sur la voie des vérifications les voyageurs et les linguistes qui en auraient les éléments à leur disposition.

I.

1° Quant à la signification précise des mots, il est à remarquer d'abord que le même nom yéboû, ou êyo (car ce sont des dialectes très-voisins d'une seule et même langue), peut se trouver expliqué de diverses manières par Clapperton, par Raban et Hannah Kilham, et par moi-même ; les caractères communs aux divers sujets représentés par nos traductions européennes peuvent dès lors être considérés comme déterminatifs génériques du sujet réellement indiqué par le mot yéboû, et l'investigation ne doit se porter que sur les caractères spécificatifs qui différencient les diverses traductions.

En voici un exemple, auquel ces expressions de genre et d'espèce s'appliquent sans métaphore. Parmi les animaux féroces de ces contrées, il en est un dont le nom indigène est écrit par Clapperton EK'KA, par Raban ÉKU, par Hannah Kilham AKUN, et par moi-même Æ'KO" : j'ai cru, d'après les descriptions d'Ochi-Fêkouè, qu'il s'agissait de la *panthère;* Raban et Hannah Kilham y ont vu un *léopard*, et Clapperton un *tigre*. Ainsi, il n'y a pas de doute quant au genre, et même quant au sous-genre auquel appartient ce terrible animal : il est certainement de ceux que le vulgaire confond sous le nom de tigres ; mais ce ne peut être le tigre proprement dit, qui ne se trouve qu'en Asie, et l'explication de Clapperton est ainsi écartée de prime-abord : il reste uniquement à décider, et les traitants le peuvent au comptoir de Lagos par l'examen des peaux de cet animal, si c'est le léopard ou la panthère.

2° Quelquefois le même mot se trouvera traduit de deux ou plusieurs manières complétement différentes : il y aura, en pareil cas, à vérifier, en premier lieu si la divergence de traduction ne provient pas d'une méprise ; en second lieu, si, la double traduction étant légitime, il n'y a pas dans la prononciation du mot des différences d'accent ou d'intonation spéciales à chaque acception : il est, à la vérité, des cas où les diverses acceptions d'un même mot ne sont point distinguées par la prononciation ; mais ces cas sont, je crois, assez rares, et il importe de les constater.

a. — Ainsi le verbe HRA ou RA est donné par Raban avec la signification de *semer ;* tandis que Hannah Kilham lui attribue celle de *coudre*, et indique d'autres mots éyos dans l'acception de *semer*. Il y a là probablement une méprise, et suivant toute apparence elle a été commise par Raban : elle est, au surplus, très-aisément explicable, car c'est à Sierra-Léone, et par l'intermédiaire de la langue anglaise, que le travail de l'un et de l'autre a été fait ; or, pour ceux qui connaissent la manière dont les nègres prononcent les langues étrangères, il ne peut être douteux que les mots anglais *to sow* (semer) et *to sew* (coudre), ne sauraient être distingués dans leur bouche. Hélas ! j'avais bien de la peine à découvrir quelquefois si Ochi-Fêkouè me voulait parler d'un *chat*, d'un *singe*, ou d'un *chien*, et sans le secours du portugais, où les mots *gato*, *bugio* et *perro* ne sauraient être confondus, je ne serais peut-être pas venu à bout d'éclaircir mes incertitudes.

b. — Oldfield, dans le journal de son voyage sur le Niger (1) à travers le pays d'*Eboe*, raconte qu'à son passage il fut salué, ainsi que ses compagnons, par les cris *oh ! Eboe!*

(1) LAIRD et OLDFIELD, *Narrative of an expedition into the interior of Africa*, t. Ier, p. 385.

c'est-à-dire : *Eh! hommes blancs!* Ce nom, ainsi appliqué tour à tour à des Européens et à des nègres, n'a point, dans ces deux acceptions, une prononciation identique, comme dans la bouche et dans l'orthographe des voyageurs anglais : s'agit-il de la nation nègre appelée aussi Ikolobé, il faut, avec l'alphabet spécial que j'ai adopté pour cet essai, écrire ÆKBÒ", en faisant sentir l'accent et la nasale sur la dernière syllabe; s'agit-il au contraire des Européens, il faut écrire Æ'I"BO et faire sentir l'accent et la nasale sur la première syllabe; sans parler de la différence d'articulation du KB fort et du B doux, ni de l'intonation, qui m'a paru sensiblement élevée sur la dernière syllabe de Æ'I"BO, *homme blanc.*

De même, Hannah Kilkam écrit OJU pour signifier *mois*, aussi bien que pour *œil*, tandis qu'une orthographe plus rigoureuse fera distinguer au premier aspect OS'U' *mois*, de Ò'YU *œil*. Il est une foule de cas semblables où les différences caractéristiques de prononciation échappent à une première étude, et ne deviennent sensibles que par des vérifications comparatives : mon vocabulaire laisse sans doute beaucoup à désirer et à corriger sous ce rapport.

c.— Cependant le mot AGWAGWA' se prononce d'une manière uniforme, soit qu'il désigne un *dogue* ou chien de garde, soit qu'il exprime le nombre *mille*, ainsi que je l'ai expressément vérifié avec Ochi-Fèkouè. Il en est de même du mot OKBÒ" désignant le nombre *trente*, ou représentant d'une manière absolue notre mot *mois* : il est vrai qu'ici le rapport entre les deux acceptions est intime, puisque le mois yébou est précisément de *trente* jours.

II.

Sous le point de vue des synonymies et des antinomies, la langue yébouè offre probablement, dans la valeur relative et dans le choix des mots qu'elle emploie, des nuances qu'il importe de découvrir.

Ainsi, chez nous, *voir* et *regarder* n'ont point une acception identique : il est à présumer que des différences analogues existent en yéboû, et la question est de les déterminer. Hannah Kilham paraît avoir reconnu que les verbes êyos WO et RI ont respectivement la spécialité d'acception de *regarder* et de *voir*, bien que cette distinction ait ensuite échappé à Raban. Des recherches semblables sont à faire pour les mots yéboûs corrélatifs à *écouter* et *entendre*, *dire* et *parler*, *faire* et *agir*, et une infinité d'autres.

Les antinomies entre certains autres mots, comme *entrer* et *sortir*, *monter* et *descendre*, *venir* et *s'en aller*, *blanc* et *noir*, *bon* et *mauvais*, *jour* et *nuit*, méritent aussi une attention particulière, en ce que l'opposition même de ceux-ci, comme l'affinité mutuelle des autres, sert à en mieux déterminer la valeur réelle.

III.

Enfin l'analyse étymologique des mots composés est d'une grande utilité pour faire connaître le mécanisme et les procédés du langage : elle sert d'ailleurs aussi à enrichir le vocabulaire de quelques mots de plus lorsqu'ils sont bien déterminés.

Tel est le mot ÆʹRO *animal*, qui ne se trouvait pas, dans son individualité distincte, parmi ceux que j'avais recueillis de la bouche d'Ochi-Fêkouè ; j'avais noté seulement ÆRÆLA *taureau* ou *vache*, ULÆʹRO *étable*, EKUÆʹRO *graisse ;* mais comme j'avais d'un autre côté les mots ILAʹ *grand*, et ULÆʹ *maison*, la séparation des éléments était facile, et il me restait le radical ÆʹRO pour signifier isolément *animal* ou *bétail*. En consultant le vocabulaire de Raban, j'y ai trouvé en effet, pour *une bête*, *un animal*, le mot ÉRAKO, dans lequel se trouve compris l'article indéfini ÒKO *un*. Raban donne en outre au *lait* le nom de OMMOʹERO ; or, pour moi, Òʺ MU, identique à OMMÒ de Raban, signifie *boire* ou *boisson*, tandis que le nom spécial du lait est ó''YO : ò''MU Æ'RO s'explique littéralement par *boisson animale*.

ÉTIMÌ est le mot que m'a donné Ochi-Fêkouè pour *rivage;* Raban écrit ATIÒDO avec le même sens. La décomposition de ces mots nous fournit une révélation très-précise de leur signification respective : ÉTI-MÌ est le *bord de l'eau;* ATI-ÒDO (que j'écrirais en yébou ETI-UTÒ) est *le bord de la rivière;* et cette analyse me procure le mot ETI à inscrire dans mon vocabulaire avec l'acception de *bord.* Ce même mot, avec le préfixe SI *vers*, devient la préposition SETI *près de*, indiquée par Raban.

Ces brèves explications suffisent pour montrer la voie dans laquelle il y aurait lieu de s'engager si l'on se trouvait à portée de profiter de quelque occasion pareille à celle que m'avait offerte la présence d'Ochi-Fêkouè à Paris. Je croirai mon travail suffisamment utile s'il provoque et facilite des investigations plus sûres et plus complètes destinées à le remplacer.

A.

Á (pour).	ri.	
À (dans).	»	R. lë — li.
Â (vers).	si — idé.	R. si — së — so.
Abattre, renverser.	odáno — ogwó.	
Abeille.	igó''.	
Aboyer.	ogbọ́.	R. bwo.
Abstinence (jours d')		
premier jour.	oyọ́ ogú.	
second jour.	oyọ́ wáru.	
troisième jour.	oyọ́ órifo.	
Accouchée.	ọbi.	

Accuser.	ommulé.	
Acheter.	orá.	K. ra.
Acier.	ésogo.	
Actif.	onnúku.	
Affamé.	ebikwá.	K. abí.
Agréable.	»	R. onu.
Aigle.	as'á.	R. gun'ugü.
Aigu.	»	R. mu.
Aiguille indigène.	abberé.	K. abere.
Aiguille d'Europe.	abberé í''bo.	
Aile.	æ'yæ.	R. íe.
Aimer, chérir.	omúyu — olukú.	R. ife — ins'e. — K. fĕ.
Aimer, trouver bon, j'aime.	owo''ími'.	K. affa.
Air.	otutú.	R. oférĕfe.
Aisé, facile.	»	K. jaja.
Aller.	olló.	R. lö — re. — K. loh.
Aller de l'avant, continuer.	»	R. in's'o.
Aller à cheval.	oghæ's'i.	
Aller (s'en).	»	R. sa.
Allonger.	ofasé''.	
Allumer.	oddanó.	
Alors.	»	K. jabi.
Altéré de soif (je suis).	oru''gwæ' mi.	K. ongbei.
Ambassadeur.	okbóko.	
Ame.	»	R. ākā — okkö' — okká — āiya.
Ami intime.	»	R. or're.
Amis.	ulukú.	
Ananas.	okwæ' i''bo.	
Ane.	æ'uræ.	R. ket'aket'a — ketĕketĕ.
Ange.	omodæ' óru''.	
Anglais.	gés.	

Animal.	[æ'ro].	R. e'rako.
Année.	ódu.	R. óddu — od'du. — K. odong.
Appartenir.	»	K. te.
Appeler.	»	R. kwe.
Apprendre.	omukó.	
Apporter.	»	R. mu — mulö' — múa.
Apprêter un mets.	»	R. sĕi. — K. sei.
Approcher.	amei ilúe.	R. de.
Après.	æ'i''.	R. ē'ngyí — ĕ'enyi — engyeyiūng — ēng'-yengyia — lēnyeyiu.
Après-demain.	óto''la.	R. ötön'la.
Après-midi.	»	R. òjóali.
Arbalète.	»	R. ākatapó.
Arbre.	igi — okbó oko.	R. ígi — ig'gi. — K. igi.
Arc.	agæ'yá.	R. ageja.
grand arc.	»	R. ö'rung.
Arc-en-ciel.	ibbári.	
Argent.	siniká.	R. óje. — C. patak'ka.
Argile.	æ'rupæ.	R. érūpkwe.
Arracher.	owú.	
Arrêter (s').	»	R. do—dŭró.—K. duru.
Arrêter, saisir.	omú.	
Arrière!	taguá!	
Arriver.	o''bó.	
Asseoir (s').	»	R. jókŏ — dókŏ. — K. joko.
Assembler.	otoyó.	
Assez.	otó.	R. otŏ.
Assiette.	áoku.	R. āwó. — C. áwo.
Attacher.	ŏ''di.	R. so.
Atteindre.	»	K. to.
Attendre.	odæ'.	
Aubarde, bât, selle.	ogogó.	

Au-dessous.	nelæ'.	R. nisále — sále. — K. ensala.
Au-dessus.	no''ké.	R. lóke — níőke — óke léri — lóri.
Augmenter.	os'é 'ye'yé.	
Aujourd'hui.	oy'ọ ení.	R. óni. — K. luni.
Auprès.	»	R. let'ti—set'ti—sö'd—lödö'.
Autruche.	ogómgo.	
Avaler.	o''wí.	
Avant, devant.	nogwa'yú.	R. iwáju — níwaju.
Avant, auparavant.	»	R. kioto — koto.
Avant-bras.	ekbawó.	
Avant-hier.	'yæ' æ'ta.	R. jétta.
Avec.	mo''s'æilúe—kos'ú.	
Avenue.	o'yoeræ'.	
Aveugle.	afo'yú.	
Aviron.	áyæ okoáko.	R. ájë — walámi — wáka. — K. aja.
Avoir, posséder.	»	R. ni.
Avoir chaud ; j'ai chaud.	aratá mi.	
Avoir faim ; j'ai faim.	ebikuá mi.	
Avoir peur ; j'ai peur.	erúba mi.	
Avoir soif; j'ai soif.	orụ''gwæ'mi.	

B.

Bague.	oruká.	R. ŏrúka — róka.
Bâiller.	»	R. monyö.
Balai.	»	R. al'le — öwö — ówá cáca.
Balayer.	okbále.	

Banane (grosse).	ibrói".	
Banane (petite).	ọgæ'de.	R. öged'ë — oggede. — C. ayid'dey. — D. oguédé.
Bananier du paradis.	okbó ibrói".	
Bananier des sages.	okbó ọgæ'de.	
Barbe.	»	C. eg'bee.
Barque.	okọ'.	R. ok'kö.
Basilic, plante.	orúru,	
Barriolé.	ekelekú.	
Bâti.	makolæ'to".	
Bâtir.	omakolæ'.	R. kö. — K. kor.
Battre.	ollú.	K. lu.
Beau.	osu"kuá—eregwá.	D. odara.
Beaucoup.	o'ye'yé.	R. hŭpwö — húkwö — pūpwö — ojá. — K. opojaja.
Bélier.	ákbo.	R. ábwo.
Beurre.	»	R. óri.
Bien.	»	R. dar. — K. dar.
Bien portant.	»	R. arałli. — D. arani.
Bientôt.	»	K. niseng.
Blanc (homme).	éi"bo.	R. ōibó — wébo.
Blanc (couleur).	oyáivu.	R. fúfu.
Blessure.	ekbæ'.	
Bleu.	kawasá.	
Bœuf.	æyá.	D. malou.
Boire.	ó"mu.	R. mö — mo. — K. moh.
donner à boire.	nomirímmo.	
Bois.	igi.	R. ígi — ig'gi. — K. igi. C. ig'gie.
Boîte.	ekputi.	R. akpwóti — āpwóti. — K. apoti.
grande boîte ou coffre.	ekuæ'ti.	

petite boîte.	ekputí kekeræ'	
Boiteux.	elæ'seko.	
Bon (de caractère).	onnaïriré.	K. ceri.
Bon (en bon état).	oñú.	R. dalá — dará — is'íu iciu — hosiya — ōdára ōdar'a. — K. dara.
Bonnet indigène.	akodé.	
bonnet rouge.	akodé akboró.	
(voir calotte).		
Bord.	[éti].	
Bottes.	»	C. Sálabattoo.
Bouche.	æ'r'u''.	R. éno — en'nŭ. — K. eno. — C. en'oo. D. eou.
Boucher.	olúso.	
Boue.	»	R. óror.
Bourgeois.	omóulú — aráulú.	
Bouteille.	ololó.	R. igo. —
Bowl, tasse.	»	R. okkuá — ok'pma — ok'bmma — ok'pwa. — K. apong.
Bras.	ekbáeka.	R. ak'kwa.—C. epk'wa. — D. apa.
Brave.	okára.	
Brebis.	agutó.	R. agúta — ag'uta — ag'utan. — K. aguta. C. agon'ta.
Bride.	okúæ'ru''és'i.	C. jánoo.
Briller.	kádi.	
Briser.	ogwó.	R. s'e — cĕ. — K. for.
Brouillard.	akoi	
Brûlé.	oyyóto''.	
Brûler.	oyyó.	
Bûcheron.	»	R. keg'ikeg'i — ceg'i-ceg'i.

Buisson.	»	B. egbë — gwó — igwó igbwö'.

C.

Caïman.	ọnæ'.	
Caisse de tambour.	ú'ỵi.	
grosse caisse.	ukbæ'du.	
Caisse, coffre.	ekputi.	R. akpwóti — āpwóti. — K. apoti.
grand coffre.	ekuæ'ti.	
Calebasse.	okbá oferé.	R. āgwi — īpkwö. — C. ébah.
Calotte.	botibóti.	
Campagne.	óko.	R. óko. — K. oko.
Canard.	kwakwa eyekæ'.	R. kuakwéya — pep-péya. — C. pap'ayeh.
Canne à sucre.	ireké.	R. irreké-ára.
Canon.	akbá.	
Canot.	okọ'.	R. okkwéri.
Capitaine.	olorogú.	R. balógo — ōlólogu.
Capitale.	odé.	
Cassave.	»	R. ögeg'ë — ōgeg'ë.
Cauris.	owwó.	R. ówo.
filière de 40 cauris.	ogóji.	
masse de 200.	ogwaó.	
paquet de 2000.	egwegwá.	
compte de 20000.	oké.	
Ceci, celui-ci.	i'' — wæ — inihé.	R. óyi — ni — i — ngyi. — K. eii.
Cela, celui-là.	u'' — wæ — eu'' — no''ú.	R. hun — hung — ni — na. — K. nini.
Célibataire.	os'oræ'.	
Cendres.	»	R. éhru.

Cent.	ukbá.	R. ogorru.—C. ogónoo. D. ogon.
Cerf-volant, escarbot.	os'ú.	
Certain (être).	òmu.	
Chaleur du jour.	»	R. osagúgú—osagúngú — os'sa.
Chaloupe.	»	R. fatel'le.
Chambre.	»	R. yára.
Chambre à coucher.	orupó.	R. yéwu.
Chameau.	ekbalása.	
Champ.	»	R. egbĕ — igwĕ — pwap'wa.
Chandelle.	otokwá.	
Changer, échanger.	oyerá.	
Changer de vêtements.	okwaradá.	
Chanter.	»	R. kó.
Chaque.	onokoko"—okbva.	
Chaque jour.	o'yo 'yuma".	
Chapeau de paille.	akoró.	
celui qui les fabrique.	o"sa akoró.	
Chapeau d'Europe.	étú.	C. atté ebo.
Charger.	»	R. inka.
Chasse-mouches.	iyá.	
Chat.	olobó.	R. ōlógwo — ologbo — ōlogení.
Châtaignier.	»	R. óro.
Châtaignier d'Europe.	»	R. oróyĕbo.
Chaud.	arámtam.	K. bona.
Chaudière, bouilloire.	»	R. odú.

Chaume.	eké".	
Chaussure royale.	saká.	
Chef.	»	R. ōlóri. — K. olori.
Chef civil, juge.	olo'yá.	
Chef de guerre, capitaine.	olorogú.	R. balógo — ōlólogu.
Chef de la musique royale.	omonó.	
Chemin.	onó.	R. on'na — on'nú — óna. — K. onno.
Chemise.		R. kukkum'a — ĕ'wu.
Chercher.	olémi.	
Cheval.	æ's'i.	R. es'sĭ — es'si — es'i. K. eci. — C. op'pee.
Chevaucher.	ogæ's'i.	
Cheveux.	i"rú.	R. iru. — C. olloo. — D. choûm.
Cheville, clou.	is'ó.	
Cheville du pied.	»	R. öróese. — C. kokósey.
Chèvre.	æúre.	R. ewure — āwérĕ — āwur'ĕ. — K. awera. — C. aooréy.
Chien.	â'yá.	R. ajá. — C. aj'ah. — — D. aia.
petit chien.	»	C. aloghin'ne.
chien de garde.	agwagwá.	
Chose.	eu"ræko.	R. kin'i.
Ciel.	óru".	R. öröng'wŭ — o'rŭng öröng. — K. orro.
Cigogne.	otó".	
Cinq.	ár'o.	R. ar'u. — K. erru. — C. mallóo. — B. aroon. — D. aroñ.
cinquième.	odimár'o.	
cinq fois.	gwamár'o.	

Cinquaine(de jours).	o̤'se.	R. ösee — ös'séé.
premier jour.	eni.	
second jour.	olá.	
troisième jour.	óto''la.	
quatrième jour.	i'yæ'rë.	
cinquième jour.	o'yo̤'se.	
Cinquante.	otta.	R. orta. — C. adetta. — D. adota.
cinquante-cinq.	mar'olotta.	R. errudilagorta.
cinquantième.	odiotta.	
Circoncision.	ufö''.	
Cire.	utæ'.	K. idar.
Ciseaux.	ániñu.	R. mag'aji.
Citadin.	omóulu — aráulú.	
Citron.	oroko''.	R. orombówewe.
Clef.	omorurú.	R. om'a — s'ika — cika. — K. séka.
Cloche.	agogó.	
Clôture, enceinte.	o̤di.	R. og'ba — ódi.
clôture de bois.	»	R. ogiri.
Clou.	is'ó.	
Cochon, pourceau.	ælæ'dæ.	R. aled'i — elled'dë. — — K. aledi. — C. alé-day. — D. eledi.
Cocotier.	okbwæ'.	
Cœur.	o''ú.	R. äiya — okkö' — okká — ökong — in'nú — ówung. — K. aia.
Coffre ou caisse.	ekputi.	R. akpwóti — āpwóti. — K. apoti.
grand coffre.	ekuæ'ti.	
Coin de bois.	akwáyra.	
Cola ou gourou.	ôbi.	
Collier.	wá.	
Colline.	o̤ké.	

Commencer.	»	R. beri. — K. caca.
Comment.	bazi.....	K. baú.
Compagnon.	»	K. egbi.
Compagnie.	»	R. iéka.
Compter.	oká.	
Conférence.	»	R. áju — ejor'la.
Connaître, savoir.	»	R. mö—möng.—K. mó.
Coq.	akekọ' æ'due.	R. akúka — ākuk'ö.
Cor d'ivoire.	ukpwé.	
Cor (musicien).	ofo''kué.	
Corail.	okú.	C. in'yoh.
Corbeille.	ákbwo''.	R. agbwö — āpkwö — ag'wa. — K. abong.
Corde, cordage.	okú.	R. ókung. — K. okan.
Corne.	owó.	R. íwo — ówo.
Corps.	arú.	R. āra — ar'ra. — C. agwid'demoógu.
Côte, rivage.	etími.	R. ātĭódo — ātĭólo.
Côtes, os des côtes.	eghá — êá.	
Coton.	ówu.	R. ówu — óu. — K. ouu. — C. ówoo.
Cotonnier.	»	R. ówu — ar'aba.
Cou.	ónu.	C. enaff'oo.
Coucher (se).	»	R. dubul'lĕ.
Coucher du soleil.	owowó.	R. ācálĕ.
Coude.	oroko''wó.	R. igmö — igmöwo — īpkwówo. — C. ebah'wa.
Coudre.	asás'o.	K. ra.
Couler.	»	R. cú.
Couper.	»	R. kĕ. — K. ka.
Cour du roi.	odé.	
Cour, enclos.	awovi.	
Cour, vestibule.	æí''re''di — æi''læ'.	
Courge, double calebasse.	»	R. égwa.

Courir.	osuræ'.	R. sáre.
Couronne.	ádæ.	
Court, petit.	kukurú.	R. kuk'uru. — K. koru.
Couteau.	obbæ'	R. óbĕ — ób'ĕ — ōpkwe. — C. óbeh.
Coutelas.	»	C. jom'ma.
Couverture.	as'ó ubóru''.	
Couvrir, former.	odæ'.	
Craindre; je crains.	erúbami.	R. béru. — K. baru.
Cramoisi.	didé''.	
Crapaud.	okwoló.	
Crawcraw, maladie.	»	R. i'fó — jen'ijen'i.
Crépuscule.	»	R. allélĕ — alĕle — al'lĕlĕ.
Creuser.	o''guádo.	K. war.
Creux de l'estomac.	oddó foroforó.	
Crier.	odigbæ'.	
Crin, poil.	iwú.	
Crinière.	ogógo.	
Croître, pousser.	»	R. dag'bwa — dágbaru.
Cru.	»	R. tútu.
Cruche.	»	R. ídĕ. — K. ago. — D. ladoubó.
Cueillir.	oká.	
Cuiller.	»	R. bwakkö — gwak'kö — kantwa — 'mbaka — kok'kö. — K. cibi.
Cuir.	ágho.	
Cuire.	oyenó.	
Cuisine.	áriro.	
Cuisinier.	osasæ'.	
Cuisse.	akbáluto''.	R. itáa. — C. étah. — D. iton.
Cuivre.	ébro.	R. bába.

Culotte étroite.	s'áka.	
Culotte large.	s'ukotú.	R. s'ókoto — sókoto — tsókoto. — C. shok-k'ootoo.

D.

Daim.	»	R. agbáni.
Damas.	»	C. alári.
Dame, épouse.	ayá.	
Dans.	ní — ninú.	R. në — ni. — K. noa.
Danser.	o'yi'yó.	
Dard, javelot.	æs'í.	
De (génitif).	ol.	R. ti.
De (ablatif).	ti.	R. ti — kúo.
Debout.	diró.	R. dúro.
Déchirer.	obbæ'.	
Dedans.	ninú — oní.	R. nínö — nínu — in'nú.
Défense d'éléphant.	ukwæ'é"ri.	
Dehors.	nába.	R. lóde — nióde — óde. — K. nihi.
Demain.	o'yóla.	R. lala — ö'la. — K. lala.
Demander, interroger.	o"bogwí.	R. béri — K. bi.
Demander, réclamer.	oro"s'é.	
Dents.	eñí.	R. éi. — C. élieé. — D. egui.
Depuis.	»	R. lára.
Derrière.	æ'í".	R. é'ngyi — éenyi.
Descendre.	o"rolæ'.	
Désirer; je désire.	óu"imi.	K. fe.
Dessous.	nelæ'.	R. nisále — sále.

Dessus.	no''ke.	R. lóke—óke.
Détourner (se).	okwái''da.	
Deux.	é'yi.	R. ejí. — K. edji. — C. májee.—B. eygee. — D. edgi.
Deux fois.	gwamé'yi.	
Deuxième.	odimé'yi.	
Devant.	nogwá'yu.	R. níwaju — iwă'ju.
Diable.	elegwá.	
Diarrhée.	»	R. ā'ri — omcúnu.
Dieu unique.	obbá olóru'' — olóru''.	R. ollóhru — ol'lórung — ollö'lu — allor'nu — ölö'hró — olodumaye. — C. alánoo.
Dieux secondaires.	órisa.	R. óis'a — óris'a — oca.
Difficile.	»	K. kuku.
Dindon.	»	C. fúlutúloo.
Dire.	owé.	R. wi. — K. wi.
Directement.	»	R. siisii.
Dix.	égwa.	R. éwŏ — éwo — éwă. K. eua. — C. maywah. — B. eywaw. — D. eoua.
Dix fois.	gwamégwa.	
Dixième.	odimégwa.	
Dogue, chien de garde.	agwagwá.	
Doigts.	omuká.	C. ama'wa.–D. omoono.
Domestique.	óge.	
Donner.	ofú.	R. fu — fũng. — K. fu.
Donner à boire.	nomirimmo.	
Dormir.	»	R. su — sung — sũng. K. sung.
Dos.	e''yi.	

Doucement.	»	R. jéé.
Douter.	æ'mu.	
Doux.	»	K. jéijéi.
Douze.	e'yilegwá.	R. edjil'la — edjillá. — D. medgileoua.
Douze fois.	gwamé'yilegwá.	
Douzième.	odimé'yilegwá.	
Drap ou *étoffe,*	as'ó.	
bleu,	as'ó kawasá.	C. issadódoh.
écarlate,	as'ó pekwá.	C. doh'do.
jaune,	as'ó aokó.	C. ewajass'kway (?).
vert.	as'ó waká.	C. alar'ooyágoo.
Dyssenterie.	oyánu.	R. omcúnu — ä'ri.

E.

Eau.	omí.	R. ómi. — K. omi. — C. om'mee.
Eau-de-vie.	oté i''bo.	
Écarlate.	peckwá.	
Échapper, s'échapper.	»	R. bö.
Écharpe des soldats.	o'yá ekboró.	
Éclair.	óru''kádi.	C. mannumanu.
éclair fourchu.		R. obakusu.
éclair onduleux.		R. amúnamúna — men'amen'a.
Éclairer.	otonó.	
Écouter, écoute!	»	R. obwó. — K. boh.
Écrire.	»	K. kor.
Efforcer (s').	»	R. egbê — dáwo — rö'ju. — K. döwo.
Effrayé, je suis effrayé.	erúba mi.	
Égarer (s').	»	R. Kúwo — kúrö.

Égayer.	enumeyó.	
Élargi.	okboróto".	
Élargir.	yo"kboró.	
Éléphant.	e"rí.	R. éri — éhri — ajínaku — ājan'aku. — C. ge-n'akoo. — D. èni.
Élever, hausser.	udiró.	R. bwézóké.
Elle, la, lui.	woræ' — iræ' — o.	R. o — ö — ōng. — K. ong.
Elles, les, leur.	ewó" — o".	R. āwong. — K. awong.
Eloigné,	oriri.	
très-éloigné.	ono'yæ'.	
Embellir.	ato"sé.	
Emporter.	»	R. mu sö'hu — mukúrö.
Emprunter.	»	K. we.
Enceinte, clôture.	ódi.	R. ódi.
Enceinte (femme).	óñu.	
En, dans.	ni — ninú.	R. ninö — nínu — in'nu — sínö — sinu. — K. noa.
En bas, vers le bas.	nelæ'.	R. sisále.
En haut.	no"ké.	R. óke. — K. oka.
Encore.	»	K. awe.
Enduire.	okwá.	
Enfant.	omó.	R. ommó — om'a — omádi — omáabwo. — K. om'ra.
petit enfant.	omó kekeræ'.	R. om'atut'u — om'akékeré.
Enfer.	óru" akwáidi — óru"área.	R. ö'rung ăpwáde.
Enfin.	»	K. ahi.
Enflé.	owú.	
Enfler.	año ará.	
Enseigner.	»	R. kó.

Ensemble.	gwá'yo — agwá-a'yó.	
Entendre, ouïr.	ogbó.	R. bó — bwö. — K. boh.
Entreprendre.	»	R. dáwo.
Entrer (dans la maison).	wollæ' (wó ulæ').	R. wó.
Envelopper.	owé.	
Envoyer.	oró.	K. re.
Épaules.	e'yiká.	R. ej'iká — ijika. — C. edgeookah.
Épousée.	ánno.	
Erreur.	»	R. móci — obag'be.
Esclave.	erú.	R. èhrú — ommami — om'a.
Esclave du roi.	águr'æ — erú obbá.	
Espérer.	aworé.	
Esprit.	»	K. eia.
Et.	»	R. ong — ö — wö.
Étable.	ulæ' æ'ro.	
Etoffe.	as'ó.	R. ās'ö — as'ö — ă'cö — ásö. — C. atchio.
Étoile.	irahó.	R. ráwo — iráwo — iráwă. — K. irawa. — C. eráwo. — D. ira'o.
Étranger.	æ''yuji.	
Etre.	ombæ' — ræ'.	R. 'mbë'.
Être couché.	»	R. dubul'lĕ. —
Être debout.	odiró.	R. dúro. — K. dru.
Être gai.	enuyó.	
Être ivre.	otikuá.	
Être malade.	nú.	
Être triste, je suis triste.	inubbé imí.	
Étriers.	okásiko.	
Eux, elles, les.	ewó" — o".	R. ngwa. — K. awong.

Éveiller.	orú.	
Éventail.	ejúju.	R. ábĕbĕ.—C. abab'bey.
Éviter.	»	R. sa.
Excepté.	»	R. bíojĕkwe.

F.

Fâché ; marri.	»	R. ar'nŏ. — K. arnŏ.
Fâché, irrité.	»	K. bino.
Faible.	»	R. kōlle — wūngle.
Faire.	os'é — o''s'æ'.	R. ce. — K. ce.
Faire tomber.	obbí s'ubó.	
Famille.	»	R. iéka.
Farine de maïs ou d'igname.	»	R. iyéfu.
Fatigué, ennuyé.	»	K. rei.
Fauteuil d'Europe.	ága.	
Femelle.	obiræ'.	
Femme.	obiræ'.	R. ōbir'i — óbihri — obri. — K. obiri. — C. obin'a. — D. obile.
Femme mariée.	ayolóko — ayá.	
Fendre.	ollá	R. la.
Fenêtre.	ær'ufú.	
Fennec.	ámo.	
Fer.	elé.	R. iri. — K. iri.
Fers, entraves.	»	R. cek'ĕcek'ĕ.
Ferme, campagne.	óko.	R. óko. — K. oko.
Ferme, solide.	»	R. lille — le.
Fermer.	odæ'.	R. se.
Feu.	unó.	R. en'nŏ — in'nŭ. — innŏ. — K. inna. — C. jun'ah.
Feuilles.	ewé.	

Fièvre.	elugó.	
Fil.	awó.	
Filer.	»	R. hrāng.
Filet.	obriké.	
Fils, fille, enfants.	omó.	R. om'a.
fils premier-né.	»	R. árĕmó.
Fille, vierge.	udó".	
Fille, enfant femelle.	omóbiræ.	R. om'abir'i. — D. abilè.
Finir.	otó".	K. hote.
Flammant.	áloko.	
Flanc.	egia.	
Flèche.	o'va	R. offöng'.
Fleur.	»	R. ododo.
Fluxion.	irekæ' owú.	
Foie.	odos'ú.	
Forêt.	eggó".	
Fouet.	os's'ú.	R. partía — pás'a.
Fouetter, fustiger.	»	R. na.
Fourmi commune,	érera.	
petite noire.	ekpæ'.	R. alad'di.
grosse noire.	yamyogó.	R. ehrūng.
grosse rouge.	egomgó".	
blanche, termite.	kwarekwá.	
Fraîcheur matinale.	»	R. il'lamong — óra — ōjúma.
Frais, humide.	»	R. tútu. — K. korbe.
Français.	áveræ.	
Frère aîné.	ekbó".	K. egbo. — D. ehon.
Frère puîné.	ebir'é.	K. aboru. — D. abrou.
Froid.	otutú.	«
Front.	otogwá.	R. iwáju.
Fruit.	æ'so.	R. es'so. — K. esso-igi.
Fumée.	egérego.	R. éfe — éuruö.
Fusil.	ibó".	R. iba — ibong.

G.

Gaffe.	æ's'o.	
Gagner.	o'yire.	
Garçon, enfant mâle.	omó''kur'æ.	R. om'akun'i.
Garde de ville.	»	R. cö'lucö'lu.
Garde champêtre.	»	R. cok'ocok'o.
Garde de police.	»	R. cun'icun'i.
Garder, veiller.	»	R. cö. — K. cor.
Garder, retenir.	omusi.	R. cö. — K. pamong.
Gai.	enuyó.	
Gazon, herbe.	ewé.	R. kóiko — kóŏko — kóriko. — K. koko. — C. kóko.
Gencives.	ogigi.	
Général en chef.	oluko''gbó''.	
second général,	adæs'egú.	
troisième général.	adækolá.	
Genou.	oluko''sæ.	R. e'kung — ókng — óruku — óhrukng — óhrung — ónukung — óukung. — C. ok-k'oo.
Gobelet.	oferé.	R. āgŏ — āgó.
Golfe.	ós'o.	
Gomme.	oddá.	K. oje.
Gommier.	oró ekuá.	
Gosier.	onóvo''.	
Goût.	omuda''ó.	
Goûter.	»	R. tö'wo.
Gouverneur, chef politique.	olo'yá.	
Grand,	ilá.	R. nila — ön'la — ōtóbi. — K. tobi.

homme grand de taille.	oniosesæ'.	R. téarë.
Grand prêtre.	okbó alasæ'.	
Grains de collier,	»	C. lékey.
ronds,	eseú.	
oblongs.	iñú.	
Graisse.	ekue"ro".	R. ija — ö'ra.
Grange.	oká.	R. íru.
Grelots.	akása.	
Grenouille.	ovvæ'.	
Griffe.	ekeko".	
Grimper.	»	R. guh.
Gros.	ogborí.	R. gubóni. — D. ouala.
Grosse, enceinte.	óñu.	
Grosse caisse.	ukbæ'du.	
Guenon noire.	okæ'.	
Guêpe.	ukbó".	
Guérir, soigner.	osó".	R. jinná.
Guerre.	ogú.	R. jor — jagung — ogung.
Guinée fine.	sekené.	
Guinée grossière.	olakú".	

H.

Habiller (s').	okwaradá.	
Habitation.	ogá.	
Hache.	eddú.	R. ā'kė — ākiké.
Haleine.	omiko"læ.	
Halle.	o'yá.	
Hameau.	okú.	
Hameçon.	ogigí.	
Hanche.	»	R. bagódi.
Hardes.	as'o.	R. ā'cö — ás'ö — ās'ö.
Haricots.	»	D. ereoni.

Harpon.	æ'ghọ.	R. iwö.
Haut, élevé.	»	K. gu. — D. gougou.
Haut, sommet.	oriwọ'ke.	
Herbe.	ewé.	R. kóiko — kóöko — kóriko. — K. koko. — C. kóko.
Hérisson.	æ'riræ.	
Heureux.	»	K. yor.
Hier.	anó''.	R. ā'na.
Hippopotame.	akakó.	C. en'emy.
Homme.	ókur'æ.	R. okkun'i — okko'ni — okkur'i — ókuri. — K. okori. — C. oko-n'a.
homme instruit.	onokbó''.	
homme libre.	omoluabi.	
Hors, dehors.	nába.	R. lóde — nlöde — óde. K. nihi.
Houe.	okọ'.	R. ohá — okkö'.
Huile de palme.	okbwæ'ú''.	R. ēkpo — ek'pwo — ekpwo — épwŏ — epo. — K. epo. — C. ep'eh.
Huile de noix.	»	R. ādi.
Huit.	æ''yo.	R. ej'ŏ. — K. edjoh. — C. májo. — B. eggo. — D. egnio.
huit fois.	gwamæ''yo.	
huitième.	ŏdimæ''yo.	
Huître.	okukó.	
Hydropysie.	olókur'u''—okur'ú.	
Hyène.	»	C. ekóko.

I.

Ici.	inibé — ibé — ibbéwæ.	R. níbĕ — níhi — ni. — K. nehe.
Igname.	us'ú.	R. et'su — is'ú. — C. ish'oo. — D. ichou.
Il, elle, lui.	woræ'—iré—yeré.	R. o — ö — ōng. — K. ong.
Ile.	ekus'ú.	
Implorer.	'obbí.	
Indigo.	ædú.	
Inexact, erroné.	»	K. kootto.
Interroger.	o''bogwí.	R. béri — K. bi.
Intendant du fisc.	ladekæ'.	
Ivoire.	i''rí.	R. éiéri — éiajínaku.
Ivre.	otikuá.	

J.

Jaillir, sourdre.	»	R. ru.
Jamais.	meyæ'titi.	
Jambe.	é''s'e.	R. ĭgö'. — C. ajoo'goo. — R. egon.
Jambières, ocrées.	s'abá.	
Jaquette.	»	C. kook'oomah.
Jardin.	okó efó.	R. og'ba — ogbwa.
Jaune.	aokó.	
Javelot.	æs'í.	
Je, moi.	emí — mi — mo.	R. em'mi.
Jeter.	o'yunú.	
Jeune.	omodæ'.	D. amodi.
Jeune femme.	omodæ'-biræ.	
Jeune homme.	omodædó.	

Jeune fille, jouvencelle.	udó''.	
Jeune garçon, jouvenceau.	os'oræ'.	
Joues.	irekæ'	
Jour.	o'yó.	
chaque jour,	o'yo''yuma''.	
point du jour.	»	R. illéma — ōjúma.
Jument.	es'i''biræ.	
Juste, exact, vrai.	»	R. otŏ — pkwe. — K. otto.

L.

Là.	ibbéwæ.	R. nibĕ.
Là-bas.	nóo'' — no''ú.	R. ōhú—lŏhun—ŏhun. — K. lahung.
Lac.	ósa.	
Lâcher, relâcher.	okbá.	
Laid.	æsu''kwá — æburegwá.	
Laine.	iwú.	
Laisser, abandonner.	fú.	R. ku.
Laisser faire, permettre.	o'yé — o'yi.	R. jéki.
Laisser tomber.	obó'yu silæ'.	
Lait.	ó''yo.	R. om'mö — ommö'erŏ — immó — ámo — ómo. — K. amo.
Laiton.	afŏ''odæ'.	R. i'dĕ.
Lampe.	»	R. áta — fitila — fitil'lu.
Lance,	afolokó.	
courte,	æs'i.	
longue, épieu.	»	R. ikö.

Langue.	ówo".	R. ang'wu — ángwu — āngwa — awu.
Larmes.	omesó".	R. emíje.
Lattes, roseaux.	ọkwá.	
Laver,	»	R. fö.
laver (se),	»	R. wĕ. — K. ueh.
laver des hardes.	»	R. fo — fóco — fö'cö.
Léger.	féri.	R. fer'i.
Léopard.	»	R. éku — āku — akūn. — K. akūn.
Leur.	ewó" — rewó" — tewó".	
Lever, élever.	udiró.	R. bwézóké — bwe.
Lever (se).	oddiró.	R. 'nde — dĭdé.
Lèvres.	okwo"æ'ru".	
Lier, attacher.	ó"di.	R. so.
Lion.	sænæú".	R. kiníu. — K. aíkar.
Liqueurs.	»	R. ot'ti.
Lire.	»	K. kar.
Lit.	orógwo.	R. aket'ĕ — ākit'ĕ — ebisó.
Livrer.	o"muso".	
Loin.	»	R. löhu — ohu. — K. oji.
Long.	»	R. gúgu. — K. go'un.
Lourd, pesant.	»	R. wúwo. — K. wowo.
Lui, il, elle, la.	woræ' — iræ' — o.	R. o — ö — ōng. — K. ong.
Luire.	kȧḍi.	
Luisant, brillant.	»	R. dīdda.
Lumière.	otokwá.	
Lune,	ós'u	R. ócupa — os'upa — ós'ukwa — ōsukwá. — K. ojupa. — C. ajoōpa. — D. ochoupa.
nouvelle,	ós'u læ'.	
pleine.	ó'su kwágumokó.	

M.

Main.	waá — owó.	R. ö'wŏ — ówö — ówa. — K. oua. — C. áwa. — D. oouo.
Maintenant.	»	R. nig'bŏcé. — nisi.
Maïs.	o'ka.	R. ö'ka — agbwad'u — arbad'u — abádu — āgbwádu. — C. ag-bad'doo. — D. oka.
maïs en pâte.	úri.	R. ö'ka.
maïs rouge.	»	R. babbá.
Maison et dépendances.	ogá.	
maison, édifice.	ulæ'.	R. il'lĕ—il'li. — K. ille. — C. ill'eh. — D. illé.
maison de campagne.	ulæ' oko.	
Maître, propriétaire.	oluá.	R. ōlúwa.
Maître, chef de famille.	okbæ'ni.	
Maître, seigneur, monsieur.	babá.	R. babbai. — K. baba.
Malade (je suis).	emi nú.	R. arāns'ími — kos'a.— K. arrong.
Malaguette.	etá.	R. at'ta—ā'ta.—K. ata.
Mâle.	ókur'æ.	R. ākuk'ö (?).
Mamelles.	ó''yo.	
Manche d'outil.	urú.	
Manger.	o'yæ'ru''.	R. jĕ — je'u. — K. je.
Manioc.	kokómodoko.	
Manteau.	»	C. fill'ah.
Marchand.	olos'owo.	
marchand d'or.	eddomóo.	

marchand de vin de palme.	olókwe.	
Marcher.	or'æ'.	R. hri — hrīng — ring. — K. erri.
Marée,		
descendante,	esá.	
montante.	iyó.	
Mari.	onúbir'æ' — óko.	R. ok'kor. — K. okor.
Mariage.	monóbir'æ.	
Marmite,	»	D. apé.
en fer,	awelé.	
en terre.	akwé usiru".	
Marteau.	oko"s'ó.	
Martinet en peau.	illagwé.	
Masse, massue.	olulú.	
Mât.	»	R. ōpkwo.
Matin.	'yimi'yi — kutú-kutú.	R. ōkutákutá — kúto.
Mauvais.	okó" — ororó.	
Méchant.	onnaïbrukú.	R. ebru — ibru.
Médecin.	olus'igú.	R. ōcóga.
Médicament.	ekbogi.	R. ógugu — egbúgi — ógo — óǒgu — ogung-gu. — K. oigu.
Mêler.	okwó.	
Mentir.	olókobo.	
Mensonge.	»	R. éke. — K. eka.
Menton.	eró"kbo".	C. ebbée.
Mer,	molukú.	R. ókng — odum'la. — K. okung.
le milieu de la mer.	»	R. abwámi.
Mère.	yé — yoyé.	R. íya — íyŭ. — K. iia.
	»	D. iéié.
Mesure pour l'or.	os'uó".	

Mettre, placer.	omú.	R. fi.
Midi.	oyọ' dusátari	R. ọsag'aga — ossö. — K. ossagaga.
Miel.	o"i".	R. óyi.
Mien, mienne.	imí — rimí — timí.	R. témi.
Mil, millet.	»	C. ok'kablebba.
Milieu.	»	R. láări.
Mille.	agwagwá.	C. eggbánoo.
Mince.	oniote"ræ'.	
Ministres,	ódi.	
premier,	ódi.	
second,	ukbaké'yi ódi.	
troisième,	ukbaketa ódi.	
quatrième.	okber'údi.	
Minuit.	ogheyó"-okué"'yi.	R. oru.
Miroir.	ewokbé.	R. áujíji.
Moi, je.	emi — mi — mo.	R. em'mi — mo.
Moins.	æ'tino.	
Mois,	okbó" — os'ú.	R. ocuka — ö'së — ós'u. — K. oju.
premier,	os'ú ogú.	
second,	os'ú ósoro.	
troisième,	os'ú kúdu.	
quatrième,	os'ú gegé.	
cinquième,	os'ú ibé.	
sixième,	os'ú.	
septième,	os'ú eræ'no,	
huitième,	os'ú abíbi.	
neuvième,	os'ú oyóko.	
dixième,	os'ú ogmæ'.	
onzième,	os'ú róko.	
douzième.	os'ú kádi.	
Moisson.	orú se aká.	
Moitié.	æ'ko".	
Mon, mien.	imì — rimí — timí.	R. mi.

Monde, univers.	ayæ'.	R. āiye.
Monde, gens.	onió 'ye'yé — owó''ni.	
Monnaie, richesses.	ogó.	
Montagne.	ọké–ila.	R. ōkēn'la — óke.
Monter.	ogọ'ke.	
Monticule.	ọké.	óki.
Moquer (se).	oño æ'r'u''.	
Mordre.	obu'yæ'.	
Mors de bride.	orokbó elé.	
Mort, trépassé.	ikú.	
Mortier à piler.	odő.	
Mot, parole.	»	R. ö'ra.
Mouche.	esisí.	R. ĕsísi — cíci — ecíci. K. ecici.
Mouchoir.	idæ'ku.	
Mourir.	okú.	
Moustique.	émur'e.	
Mouton.	ókuve.	D. agoutou.
Muet.	oddí.	
Mulet.	»	C. barak'ka.
Mur.	ọ'di.	R. ódi.
Mûrir.	»	R. ag'bwa.
Musique du roi,	ukbæ'du.	
premier musicien,	omonó.	
unisson,	agwakó.	
premier dessus,	aferé.	
second dessus,	a'yá.	
basses.	ogwó.	

N.

Nager.	omuggwæ'.	
Naître, sourdre.	»	R. ru.
Nation.	»	K, illú.

Natte, paillasson.	æ'ni.	R. en'ni—éni.—K.eni.
Navire.	okọ'.	R. okkö — okkön'la — okor.
Nègre.	onio didú.	
Nettoyer.	ouggwé.	
Neuf, nombre 9,	éso.	R. es'sŭ — es'sú. — K. essa. — C. maissu. — B. essun. — D. esan.
neuf fois,	gwaméso.	
neuvième.	odiméso.	
Neuf, nouveau.	»	R. titö.
Neveu, nièce.	o'yæ'gwi.	
Nez.	emó".	C. em'oo. — D. emon.
Noir.	didú.	
Noix de coco.	»	C. ay'ba.
Nom.	orúkọ.	R. or'ukö.
Nombril.	owá.	
Non.	mæ''yæ.	R. ūnūn.
Notre.	rawá — tawá — awá.	R. téwa.
Nourrice.	óño.	
Nourrir.	obbó.	
Nourriture.	urú — úru".	R. éhrö — er'ra — er'rong — on'je — ōnjĕ.
Nous.	awá — a — ded-dewæ'.	
Nouveau.	»	R. ṭitö
Nuage.	óru"s'u.	R. ö'rüng — öröng — ö'nu.
Nuit.	orú.	R. or'u — óru — órŭ. — K. ella.
nuit obscure.	»	R. ōkúku.
Nulle part.	nu"bókubo.	

O.

Odeur.	ő''runu.	
OEil.	ó'yu.	R. óju. — K. oju. — C. ojóo. — D. odiou.
les deux yeux.	o'yumé'yi.	
OEuf.	æ'ne.	R. āwa — ēng'yi — ēng'yĕ — ēn'yĕ — éng'we.
œuf de poule.	ænæ'due (æ'ne æ'due).	K. awa-edia.
Offense, péché.	»	R. é'cĕ.
Oignons.	»	C. allabous'sa.
Oiseau.	æ'yæ	R. eia. — K. eia.
Ombre.	o'yi'yi.	R. ōjiji.
Ongle.	ekekówo.	D. ecan.
Onze.	okonlegwá.	D. mocola — mocoleoua.
Or.	odæ'.	C. sik'ka.
Orage.	»	R. ĕfúfu.
Orang, chimpanzé.	inokí.	
Orange.	ruinbuígu.	R. orōm'bo.
Oreille.	etí.	R. et'ti. — K. eti. — C. effée.
Oreiller, coussin.	»	R. tim'tim.
Orner.	wæudæ'.	
Orteils.	omuká.	C. amalis'sa.
Os.	egugú.	R. egúgu — égu.
os de la jambe.	»	R. ōjugūn.
Où? où.	bozi.... ni.	K. nibo.
Oublier.	ogwá-akbæ'.	K. bugba.
Oui.	mo'yæ'—mogwæ'.	R. ŭm.
Ouvrier,	onusæ' — os'usœ'.	
en bois,	olugmegí—agwe''gí.	

en cuir,	alágho.	
en fer.	alakbwedé — alágwede.	
Ouvrir.	oræ'ku.	R. la. — K. cici.

P.

Pagaie.	á'yæ okoáko.	R. ájĕ — walámi. — K. aja.
Pagne.	as'ó.	
pagne des ambassadeurs.	ebbó.	
Paille.	oko''k'o''.	
Pain (de maïs),	eyóri.	R. éukwă — cókwa — okaibo. — K. akara.
double,	eyár'u''.	
quadruple.	arigós'u.	
Paix.	odderé.	K. ijorla.
Palabre, conférence.	»	R. áju — ejor'la.
Palais de la bouche.	okæ'r'u''.	
Palmier,	okbwæ'.	R. ig'iö'pwĕ — öpwĕ. — ok'pwe. — K. okpe.
son fruit (coco?).	»	R. ēnye.
l'amande ou noyau.	»	R. ėkurö'
Pangolin.	aö''ræó.	
Panier.	ákbo''.	R. agbwö — āp'kwö — ag'wa. — K. abong.
Pantalon.	s'ukotú.	R. s'ókoto — sókoto — tsókoto. — C. shok-k'ootoo.
Panthère.	æ'ko''.	
Papier, livre.	»	R. éwĕ — dak'ada — takáda — tak'aida — u'sa. — K. iwe.
Paraître.	»	R. le — yö — jad'de.

Parce que.	»	R.'ntórĕ—'ntōrí—'ntójë.
Pareil.	»	R. affa.
Parents.	ọmọræ'.	
Paresseux.	öllæ' — ollúreju.	
Parler.	osọ'ro.	R. sö'ra — föng — fóng sö — wi. — K. we — fong.
Parole.	»	K. ö'ra.
Partout.	dedda yæ'wæ.	
Pas, point.	æ — ma — kọ.	R. köba. — K. ko.
Passer.	obbo''ri.	
Patate.	ése.	R. undúku — kukduku.
Paume de la main.	atæ'wo.	
Paupières.	eo'yú.	
Pauvre.	onnúko''jú—ọtọsí.	
Payer.	osó''.	K. sur.
Pays.	ulú.	
Paysan.	aráuko.	
Peau.	ágho.	R. áwor. — K. awor. — C. all'ah.
Peau de mouton.	ágho akbó.	
Pendre, suspendre.	omukó.	
Pénible.	»	K. kejojo.
Penser.	o''ni.	R. ro.
Perdre.	ọnú — o'yú ọnú.	K. sonner.
Père.	ba — babá.	R. bab'ba. — K. baba. — D. baba.
Perroquet.	odidœ'.	
Personne, aucun.	nisí.	
personne, quelqu'un.	oní — onióko.	R. éiya — en'ia — ōniya — ēng'ya — en'iya — en'ika. — K. ennía.
Pesant, lourd.	»	R. wúwo. — K. wowo.
Pesanteur, poids.	owowó.	

Petit.	kekeré — kukúru.	R. kek'kere — kékeri — kekre — kuk'uru. — K. kekeri. — D. coucourou.
Petite-vérole.	ayáno paráko.	
Peu,	æ'tino.	
un peu.	»	R. dié.
Peur (j'ai).	erúbami.	R. béru. — K. baru.
Peut-être.	»	K. boia.
Pic.	»	C. kettékettéh.
Pied.	æ'sæ.	R. es'së. — K. essa. — C. atalis'sey. — D. ese.
Pierre.	ókuta.	R. ōkúta — ōkulá. — K. okuta.
Pigeon.	æ'ye.	R. éyéile — eyéle.
Piler.	mogú.	
Pilier.	ọkbó.	
Piller, voler.	»	K. baji.
Pilon.	omorodó.	
Piment rouge.	fimí.	
Pintade.	»	R. āpwáru.
Pisé.	æ'rupæ.	
Pistolet.	olæ'wo.	
Place du conseil.	nes'irugá.	
place du marché.	óbu.	
place royale.	orokwó.	
Plage.	ikbekú.	
Planche.	apáluko.	R. āpwak'u.
Planter.	ogwæ'.	R. gmi. — K. bing.
Plat creux.	áo.	R. āwó. — C. tankára.
Plein.	»	K. aka.
Pleurer.	sekú''.	
Plier.	okás'o.	
Pluie.	o'y'yó.	R. ojó — ójö — ōjórö. — C. odigoo. — D. egui.

Plumes.	iyæ'.	R. iyë'.
Plus.	'yé-ló.	R. julö.
Plusieurs.	»	R. hūpwö — hūkwö — pūpwö.
Poids, pesanteur.	owowó	
Poignet.	oro''wo'.	R. örórö.—C. onawáwa.
Poil.	iwú.	
Point du jour.	»	R. illéma — ŏjúma.
Poisson.	e'yá.	R. ejá. —K. eja.
Poitrine.	akayá	R. āya — om'mo — áia.
Poivre de Guinée.	etá.	R. at'ta — ā'ta.—K. ata. —C. att'ah.
poivre d'Europe.	etái''bo.	R. attaiībo.
Pont.	afrá.	R. af'fa.
Porc-épic.	agwágudu.	
Porte.	æ'ku.	R. ēku — léku — illéku. —K. leku.
Porter,	orerú.	R. bwelö. —K. ru.
à la main,	»	R. mo.
sur la tête.	»	R. ru.
Portugais.	i''bodidú.	
Posséder.	»	R. ni.
Pot, bouilloire.	yóro.	R. ikókŏ—kókŏ—ekóko okoko. — K. okoko. — C. kok'ko.
Pou.	inó''rowó.	
Pouce.	omokalúgo.	C. atang'pako.
Poudre à tirer.	æ'tu ibó''.	R. étu.
Poule.	æ'due.	R. ŏbi adié — ad'diyë — ab'bu. — K. edia. — C. adéa. — D. edié.
Prairie.	»	R. oddá.
Premier.	odóko.	
Prendre, saisir.	o''mú.	R. bwa. — K. mu.
Prendre soin.	»	R. máwŏ.

Près de.	»	R. let'ti—set'ti—sö'dö.
Presser, serrer.	ofú''.	
Prêter.	»	K. we.
Prêtre.	alasæ'.	
Prier, demander.	obbí.	
Prier Dieu; je prie.	momesúri.	
Prince.	omobbá.	
Promener (se).	aræa'yú.	
Prompt.	»	K. cakaka.
Promptement.	»	R. yára.
Propre, net.	ọdrá.	R. mūnma.
Protéger.	o''ó.	R. kan'aki.
Province.	ará.	
Prunelle.	»	R. om'al'oju.
Puce.	inó''a'yá.	
Puiser de l'eau.	okú omí.	
Puits.	»	R. of'fi.
Pulmonie.	ebá.	
Putois.	»	R. āsiri.
Python.	eré.	

Q.

Quand.	»	K. nibau.
Quantité, beaucoup.	'ye'yé.	
Quarante,	ó'yi.	R. oji. — C. ogojee. — D. ogoudgi.
quarante-cinq.	mar'oló'yi.	D. menguinadota.
Quatorze.	er'elegwa.	D. mènileoua.
Quatre,	ær'é.	R. erri — éri. — K. erri. — C. mene. — B. ernee. — D. eni.
quatre fois,	gwamær'é.	
quatrième.	odimær'é.	
Quatre-vingts.	megualóre.	R. ogorrin. — C. ogonee. — D. ogoni.

Quatre-vingt-dix.	óru".	R. addorru. — C. adónoō. — D. adon.
Quelque.	»	R. óka — ok'ka.
Quelqu'un.	onióko.	R. éiya — en'ia — ōniya — ēng'ya — en'iya — en'ika — óka — ok'ka.
Queue.	úru.	C. eff'eh.
Qui, que.	ti.	R. tiwa — ti. — K. tani — awo.
Qui? quoi?	ti — nezí — ne.	R. tiwa — ti. — K. kenni.
Quinze.	andugú.	D. medogu.

R.

Racine.	egbó.	
Ramasser.	omú.	
Rame.	áyæ okoáko.	R. ájĕ — walámi — wáka. — K. aja.
Rat.	ekutelæ'.	R. ekut'ĕ — akúte — ĕkuté. — K. akuta.
Rayons du soleil.	»	K. óurna.
Réfléchir, penser.	»	R. róno.
Regarder.	»	R. óri — öri — wo. — K. wowo.
Reine.	onurí.	
Reins.	akokó.	
Relâcher, laisser aller.	okbá.	
Remercier.	òdokwé.	R. s'éu. — K. adupe — jarama.
Remplir.	eró.	
Rencontrer.	okonóno	
Rendre.	osó".	
Renfermer.	»	K. hă.

Renverser.	odáno.	
Répondre.	o'yæ'.	K. dong.
Reposer (se) ; je me repose.	orémi.	
Requin.	a'yiko''ræ.	
Respirer.	»	R. ámi.
Rester, demeurer.	okallæ'.	R. jóko.
Retenir.	omusi.	
Réunir.	otoyó.	
Revenir.	obbó.	
Rhume.	ọkkó.	
Riche.	oóla — onayæ' olá — onayæ' ololá.	
Rideaux.	abó.	
Rire.	é''ri.	K. reri.
Rivage.	etimi.	R. ātĭódo — ātĭólo.
Rivière.	utó.	R. ódo.
Riz.	»	R. iraísi — singkof'a — sinkáfa — sin'ikofa. — K. sinkafa.
Robe.	æú.	
Robuste.	»	R. agbwára — lille — le.
Roi.	obbá.	R. oba. — C. ob'bah.
Rosée.	ororó.	
Rotule.	»	R. órukung.
Rôtir.	»	K. sor.
Rouge.	pekuá.	
Rouler.	»	R. la.
Route.	onó.	R. óna — on'na — on'nú. — K. onno.
Ruer.	otasæ'.	
Ruisseau.	utó.	R. odo.

S.

Sable.	ero''i.	R. ĭári.
Sabre indigène,	odá	R. ōbwóa.
européen.	odái''bo.	
Sac.	ákwo.	
Sacrificateur.	odógo.	
Sain, salubre.	»	R. dará — su'a.
Saison humide.	o'y'yó.	R. āwójo.
Saison des récoltes.	ugbæ'.	
Saison sèche.	æ'runu.	R. āer'u.
Sale.	eddrá.	
Salive.	etó.	
Salle de réception.	alilé.	
Sandales.	lagolágo.	R. bat'ta. — C. battoo. — D. obata.
Sang.	æ'ye.	R. ed'jë — éijé. — K. eja.
Sans.	en.	
Santé.	»	R. aráli — órö.
Sauce.	»	R. ob'bé.
Savoir, connaître.	»	R. mö — möng. — K. mö.
Savon.	os'æ'.	
Scie.	óñuñu.	R. ayo.
Scorpion.	akerekeré.	
Sec.	egbæ.	
Sécher.	»	K. sar.
Second.	odimé'yi.	
Secouer.	osó.	
Seize.	er'edugú.	D. menidilogou.
Sel.	o''ú — íyo.	R. iyŏ — íyö. — K. iīoh. — C. ee'yo.
Selle.	ogogó.	C. gar'ree.
Semaine de cinq jours.	o'se.	R. ös'séé — ö'see.

Semence, graine.	»	R. iru.
Semer.	»	R. hra. — bing — igbe.
Sénateur.	akámor'e.	
Sept.	è'yæ — mé'yæ.	R. ej'ë. — K. edje. — C. magee. — B. eggay. — D. éguié.
sept fois.	gwamé'yæ.	
septième.	odimé'yæ.	
Serpent.	e'yó.	R. éjo.
serpent noir, à gorge jaune.	agwa idú.	
Serrer, presser.	ofú".	
Serrure.	orurú.	R. gid'i - gódŏ — magid'i.
Servir quelqu'un.	ósé".	
Serviteur, domestique.	óge.	R. om'a.
serviteur du roi.	águr'æ.	
Si.	»	R. bi.
Siége.	akbelæ'.	R. āpotĕ.
Sien, sienne, son.	ræ — riræ' — tiræ'.	R. tir. — K. tie.
Singe commun.	é"du.	R. edu — ĕdó.
Six,	æ'va.	R. ef'fá. — K. effa. — C. mai'ffa. — B. effa. — D. èfá.
six fois,	gwamæ'va.	
sixième.	odimæ'va.	
Sœur aînée,	ekbó"-bir'æ.	K. egbo.
cadette.	ebir'é-bir'æ.	K. aboru.
Soie.	séda.	C. cédah.
Soif; j'ai soif.	oru"gwæ'mi.	
Soir.	allæ' — o'yo alæ'.	R. ále — illés'u — jále — jòale.
Soixante.	eguadóre.	R. agorta. — C. ogotta. — D. ogota.

Soixante-dix.	óre.	R. adorin. — C. adónee. — D. adoñi.
Soldat.	omodogwá — ogú.	
Soleil,	órunu — ó'yö.	R. órung — ojö — ŏrūng ārung — ówun. — K. orung. — C. ónoó. — D. aoûm.
levant,	ǒwó.	
couchant.	ówówó.	R. ācálë
Solive.	óture".	
Sommeil.	»	R. orú — órŭ.
Sommet.	oriwôké.	R. ŏrí.
Sorcier.	alaú.	
Sortir.	»	R. jad'de.
Souliers.	lagolágo.	R. bat'ta.
Soupe.	»	C. ob'eh
Source.	orúo-erí.	
Sourcils.	ikbejú.	
Sourd.	edití.	
Souris.	ekutelæ'.	R. ekut'ĕ — akúte — ĕkut'é. — K. akuta. — C. akoo'fu.
Sous, dessous.	nelæ'.	R. Nisále — sále.
Souvenir (se).	oniró".	K. arati.
Sterculia tomentosa.	ôbí.	
Suivre.	ottó æi".	
Sûr, certain (être).	ómû.	
Sur, dessus.	no"ke.	R. léri — lóri — lóke — óke.

T.

Tabac en feuilles,	evæ' etabá.	
en poudre.	etabá.	
Table.	apáluko.	R. āpwak'u.

Tabouret.	akbelæ'.	D. atapou.
Tact, toucher.	momaokwá.	
Taire (se); tais-toi.	»	R. dak'ke — dak'ĕ.
Talon.	kikeræ sæ.	
Tambour de guerre.	ú'yi — úji.	
Tambour de danse.	ágogo.	
Tapis.	a'só olonó.	
Tard.	o'yọ' allæ'.	R. ōjúale.
Tarder.	»	R. duro (?)
Tatouage.	ellá.	
Tatoueur.	alákila.	
Taureau.	æræla.	R. malú—málu.—elalá. K. malu.—C. mall'oo,
Témoigner en justice.	ellerí.	
Tempête.	»	R. ĕfúfu — ĕfúfunla. — C. ojúmári.
Temple.	ulæ' órisa.	
Tenir.	odimú.	
Termite.	kwarekwá.	
Terre, boue.	(*voyez* argile).	R. óror. —D. eroupé.
terre, sol.	illæ'.	R. illé.
terre, territoire.	»	K. ille.
Tête.	ọrúo — ọriwó.	R. érí — ōri — óri — ōrúwo. — K. ori. — C. or'ree. — D. arouo.
Tien, tienne.	wọ'—riwọ'—tiwọ'.	R. téwor.
Tigre.	»	C. ek'ka.
Tisserand.	awa"s'ó.	
Toi.	wowi—wó—owó.	R. wö — ö — ŭwá. — K. wa.
Toile fine.	sekené.	
toile grossière.	alakú".	
toile à voiles.	»	R. ăcö'ko.
Toit.	abó-ulæ'.	

Tomber,	s'ubó.	
faire tomber.	obbi s'ubó.	
Tonneau, futaille.	»	R. āp'kwa.
Tonnerre.	arerá.	R. ará. — C. ar'oo.
Tordre.	alló.	
Tortue de mer.	uké.	
Tortue de terre.	áo".	
Tôt.	o'yo'yæ'.	
Toucher.	omo okó".	
Toujours.	o'yo'yóeni.	R. nīgbagbógbo — nīgwa'gbó'gbo.
Tourbillon de vent.	»	R. ája.
Tous, tout.	deddæ' — kwéwe.	R. bóbŏ — bóabóa — búabúa — bōg'boë — bōg'boëbōgbo — 'gbó'gbo.
Traîner.	osó.	R. fa.
Travail.	»	R. cicë.
Travailler.	óku.	R. ce — cícë. — K. cici. — D. chuché.
Travers (à).	»	R. láări — láăhri.
Traverser.	»	R. kodjān'nu — la. — K. kojalo.
Treize.	etalegwa.	D. metaleoua.
Trente,	okbó".	R. ab'ba — ög'wa — öpwa. — C. agbong. — D. oban.
trente fois,	gwaokbó".	
trentième.	odiokbó".	
Triste; je suis triste.	inubbé imí.	
Trois,	éta.	R. et'tá. — K. etta. — C. mai'ta. — B. etta. — D. ēta.
trois fois,	gwaméta.	
troisième.	odiméta.	

Trompe d'éléphant.	ówere.	
Tromper, mentir.	olókobo.	K. raja.
Tromper (se).	oyúredo".	R. moci — obag'be.
Trop.	oyeye'yú.	
Trouble.	»	R. örabámi.—K. broki
Trouver, je trouve.	fumí.	
Tuer.	okwó.	R. pa. — K. par.
Tunique des ambassadeurs.	ebbó.	

U.

Un, unique.	innæ'.	R. en'ni. — K. enni. — B. ennee. — D. ené.
Un, quelqu'un.	óko.	C. ok'ka. — D. ekon — ekan.
Une fois.	odóko.	

V.

Vache.	ærælá biræ.	R. malú—málu—elalá. K. malu.—C. mall'oo.
Vain, vide.	»	R. assú.
Vautour.	»	C. awood'ee.
Veau.	omó ærælá.	D. guedebi malou — omamalou.
Veiller.	»	R. ji.
Veines.	i"ri.	
Vendre.	otá.	K. ta.
Venir.	ewwá.	R. wa — wó. — K. ua. — D. ooua.
Vent.	o'yí.	R. ĕfúfunla — aja — ĕfúfu. — K. efufu.— — C. avoo'voo.
Ventre.	ukú.	R. in'nu. — C. inn'oh.
Ver de terre.	evvæ.	R. ékolo. — K. kokora.

Vérité.	»	R. ótor.
Verser.	odá.	
Vert.	waká.	
Vestibule.	æí''re''di — æi''læ'.	
Veuf, veuve.	okuó.	
Viande.	urú — úru''.	R. ĕ'hrö — er'ra — er'rong — ĕ'ăra — erang.
Vide.	»	K. kosinka.
Vieux.	aribó.	R. ab'bwa.
Village.	eguré.	
Ville,	ulú.	R. ílu.
grande ville.	ulú-ilá.	
Vin de palme,	»	R. em'mu — siyetök'wö.
doux,	ommú.	
fort.	ọkkọ'''.	
Vingt.	ogú.	R. ógu. — C. ok'ko. — D. ogou (*nazal* ogoung).
Vipère.	oká.	
Visage.	ikbrejú.	
Visiteur.	»	R. eg'be.
Vite, vif.	»	K. cakaka.
Vivre, demeurer.	»	R. 'mbĕ'. — K. 'mbë.
Vivant.	eyéko.	
Voile de navire.	bokú.	R. ācö'ko — ébokung — igbúku.
Voir.	orí.	R. óri — öri — wo. — K. ri.
Voisinage.	»	R. ā'dubu.
Voisins.	aráutu.	
Voix.	mokbó	
Voler (avec des ailes).	»	R. fo — fa.
Voler, dérober.	ọllé.	R. óle. — K. jalli.

Vous.	e"wæ' — e".	R. éyi. — K. ei.
Votre.	e"wæ' — re"wæ' — te"wæ'.	R. éig.
Vrai (c'est).	ododó oró.	R. otö. — K. otor.

Y.

Yeux (les deux).	o'yumé'yi.	R. ojú-mëjéj — oj'u-mëjej'i.

VOCABULAIRE

DE LA

LANGUE PONGUA,

PARLÉE AU GABON, EN AFRIQUE,

Recueilli à bord de la corvette de guerre *la Malouine*, en 1840, de la bouche d'Oïno, neveu du roi de Gabon (1),

PAR M. PACIFIQUE-HENRI DELAPORTE,

ÉLÈVE-CONSUL.

Acheter.	Pela.	*Balai.*	Djambalo.
Achever.	Niandja.	*Balance.*	Ododo.
Adieu.	Niambi.	*Bâtiment.*	Ouatanga.
Aiguiser.	Poria.	*Bâton.*	Tongo.
Aimer.	Uam.	*Battu.*	Beschioua.
Amandes.	Uncua.	*Blanc.*	Tangul.
Ami.	Deuam.	*Bœuf.*	Niaré.
Ancre.	Nilo.	*Bois.*	Groum.
Année.	Vel.	*Boîte.*	Gara.
Arbre.	Agroundjo.	*Bonjour*	Bolo.
Argent.	Dolé.	*Bonsoir.*	Colombia.
Armoire.	Bedi.	*Bouche.*	Ouala.
Arranger.	Valdamina.	*Bouteille.*	Bouté.
Assiette.	Polo.	*Bras.*	Ogro.
Aujourd'hui.	Nelouino.	*Bruit.*	Cll cll.
Aveugle.	Ancho.		

(1) Ce vocabulaire, recueilli par M. Pacifique Delaporte, à la prière de M. D'Avezac, l'un des vice-présidents de la Société Ethnologique, est ici donné tel qu'il a été écrit sous la dictée même d'Oïno, neveu du fameux roi Denis, de Gabon.

Aucune orthographe spéciale n'a été adoptée pour écrire les mots ponguas compris dans ce vocabulaire. Il est à remarquer seulement que *gr* représente ici le غ arabe.

Café. Café.
Canon. Ouaron.
Canot. Elendé.
Ceinture. Tumba.
Cendre. Aminguila.
Chaise. Epucatanga.
Chaleur. Impiu.
Chambre. Empouloungou.
Chameau. Boa.
Chanter. Midjiamba.
Charbon. Amanguilla.
Chat. Pouché.
Chemin. Polo.
Chemise. Goai.
Cheval. Cavala.
Cheveux. Itoué.
Chien. Meboua.
Ciel. Djungucan.
Cire. Éguacha.
Clef. Enunguna.
Cœur. Urema.
Coq. Coga.
Corde. Ogoli.
Coudre. Touma.
Courir. Guénemango.
Couteau. Chuaca.
Couvert. Cazacu.
Crocher. Tan ouala.
Caisse. Grolou.

Dent. Anno.
Doigt. Ueno.
Dos. Niuma.
Doux. Onigué.
Drap. Goi.
Droite (la). Ogolumi.
Dur. Goulu.

Eau. Aningo.
Enfant. Uana.
Escalier. Pandino.
Étoile. Acoucou.

Faim. Jogo indjana.
Fatigue. Mindjoa.
Femme. Uento.
Fer. Nuango.
Feu. Grono.
Feuille. Iubi.
Fèves. Rere.
Figues. Empali.
Figure. Oudjou.
Filet. Grondji.
Fils. Elami.
Fleur. Mindo.
Fleuve. Olavi.
Fontaine. Ibero.
Fou. Erania.
Froid. Ioufé.
Front. Iguen.
Fumée. Toutou.
Fusil. Djulli.

Gauche (la). Ogonuantua.
Genoux. Bouba.
Gomme. Queba.
Gosier. Djalé.
Grand. Malompólo.
Gras. Ompalo.

Herbe. Agondjo.
Heure. Guera.
Hiver. Helach.
Homme. Ulume.
Huile. Duin.

Jambe. Grolo.
Jardin. Huerci.
Jour. Quendjo.

Langue.	Ulemé.	*OEil.*	Incho.
Larmes.	Coochencho.	*OEuf.*	Iché.
Lèvres.	Enumbo.	*Oiseau.*	Niol.
Lion.	Seon.	*Olives.*	Igna.
Livre.	Jango.	*Ongles.*	Ouera.
Long.	Ula.	*Or.*	Chica.
Lourd.	Iouna.	*Oreille.*	Rouillé.
Lune.	Uguali.	*Os.*	Pongo.
Maigre.	Gonga.	*Panier.*	Icoutou.
Main.	Chone.	*Papier.*	Ouabansango.
Maison.	Nao.	*Paresseux.*	Iameandji.
Malade.	Mindjogo.	*Parler.*	Mecamba.
Manger.	Minia.	*Pays.*	Inongo.
Marchand.	Chogo.	*Peau.*	Chouïou.
Marcher.	Oquenda.	*Personne.*	Ouma.
Marmite.	Gonga.	*Peur.*	Uendjame.
Marteau.	Choul.	*Pigeon.*	Bombo.
Matin.	Ibanga.	*Pipe.*	Odjo.
Mauvais.	Irembé.	*Plante.*	Erali.
Mer.	Bené.	*Plume.*	Ovoua.
Mère.	Goueïam.	*Poche.*	Pouca.
Miel.	Oulembé.	*Poil.*	Digo.
Miroir.	Eïeno.	*Poisson.*	Uelé.
Moi.	Mia.	*Pomme.*	Coula.
Moitié.	Vina.	*Porte.*	Igrougre.
Montagne.	Uanda.	*Pou.*	Bina.
Montre.	Cola.	*Poule.*	Jogol.
Morceau.	Oudjama.	*Pourri.*	Djabon.
Mont.	Adjoué.		
Mouche.	Chine.	*Queue.*	Ocongo.
Mouchoir.	Ebelech.		
Moustaches.	Moustané.	*Racine.*	Polo.
Mouton.	Dambó.	*Rat.*	Uemba.
		Revenir.	Iomïengui.
Nager.	Djaga.	*Riche.*	Élam.
Narines.	Empuambo.	*Rideau.*	Oulamba.
Négresse.	Olombé.	*Rire.*	Mindjola.
Nuage.	Ceno.	*Rivage.*	Edjené.
Nommer.	Inu.	*Rivière.*	Olovi.

Riz.	Oréchi.	*Sucre.*	Coco.
Rocher.	Ido.	*Sueur.*	Erogora.
Roi.	Ogra.		
Rond.	Igroma.	*Tabac.*	Taco.
Rouge.	Gruengrilla.	*Table.*	Tabourou.
Rue.	Polompoulo.	*Talon.*	Toumbou.
		Tasse.	Chenga.
Sable.	Chengu.	*Terre.*	Cala.
Sac.	Ocuara.	*Tête.*	Onandjou.
Sage.	Igamedo.	*Tigre.*	Bolda.
Salade.	Ebé.	*Tiroir.*	Bedi.
Salive.	Tunguala.	*Toile.*	Coucou.
Saluer.	Aqueva.	*Tombeau.*	Roongnino.
Sang.	China.	*Travailler.*	Midjondja.
Sauter.	Oundogrou.	*Tuer.*	Ruma migonga.
Savoir.	Meritosiguingue.		
Sécher.	Ianamingoi ounguaie.	*Urine.*	Agni.
		Vache.	Combi.
Semelle.	Inchoudjouiam.	*Vague.*	Belleberda.
Serrure.	Neileiam.	*Vendre.*	Bepo.
Singe.	Kema.	*Vent.*	Empounga.
Sœur.	Goueiam.	*Vêtu.*	Ebora.
Soif.	Eroubé.	*Vider à terre.*	Oula gunchi.
Soleil.	Ounuei.	*Visage.*	Oujou.
Soulier.	Nsoudjou iatonga.	*Voir.*	Mendjena.
		Voler.	Oufué.
Sourcil.	Igouné.	*Vouloir : je veux.*	Belajou.

NOMS DE NOMBRE.

Un.	Ueno.
Deux.	Ban.
Trois.	Char.
Quatre.	Nai.
Cinq.	Tan.
Six.	Rouba.
Sept.	Ragoulon.
Huit.	Enanal.
Neuf.	Nogoum.
Dix.	Igoum.
Onze.	Goume mori.
Douze.	Iban.
Treize.	Igoumincharou.
Quatorze.	Igoumen nai.
Quinze.	Igoumen tan.
Seize.	Igoumen rouba.
Dix-sept.	Igoumen roguolon.
Dix-huit.	Igoumen inanai.
Dix-neuf.	Igoumen nogoum.
Vingt.	Agonbianbon.
Vingt-un.	Agoubianbon nemori.
Vingt-deux.	Agoubianboni nimban.
Vingt-trois.	Agoubianboni nirarou.
Vingt-quatre.	Agoubianboni nai.
Vingt-cinq.	Agoubianboni tan.
Vingt-six.	Agoubianboni rouba.
Trente.	Agouniamboni rougouloun.
Trente-un.	Agouniamboni enanai.
Trente-deux.	Agouniamboni nogroum.
Trente-trois.	Agounia rarou.
Trente-quatre.	Agouniamboni nai.
Quarante.	Agoumia nai.
Cinquante.	Agoumia tan.
Soixante.	Agoumio rouba.
Soixante-dix.	Agourouagulon.
Quatre-vingts.	Agourni enanai.
Quatre-vingt-dix.	Agoumi nogroum.
Cent.	Necama.
Mille.	Toidjin.

PHRASES FAMILIÈRES.

Donnez-moi du pain.	Pamïa pemba.
Apportez-moi de l'eau.	Ougama ningo.
Je vous remercie.	Acqueoua.
J'ai faim.	Jogo nejal
Que voulez-vous manger?	Bouleni onde?
Donnez-moi quelque chose à manger.	Pame djadjigna.
Je suis rassasié.	Miaguiouri.
J'ai soif.	Iramaningou.
Où allez-vous?	Ouken dagroué?
Montez.	Banda.
Descendez mon mouchoir.	Noviame bellich.
Entrez.	Inguina.
Sortez.	Cogroua.
Attendez.	Venga.
Ne me touchez pas.	Ajouga jouga.
N'allez pas si vite.	Aguenda nïgoula.
Laissez cela.	Griga.
La porte est fermée.	Igrougre ianoondjou.
Venez ici.	Igroure beno.
Que cherchez-vous?	Bellonde?
Me comprenez-vous?	Oiogo?
Je vous comprends.	Iogo biambi.
Je vous comprends un peu.	Iogo biombi iongo-iongo.
Comment nommez-vous cela?	Grouriagire?
Je ne le sais pas.	Miami.
Je le sais.	Abourou.
Le connaissez-vous?	Bouroudjou?
Oui, c'est mon ami.	E, mononou ouliam.
Comment le nommez-vous?	Ninio monde?
J'ai oublié son nom.	Meado ouni.
Quel âge avez-vous?	Rempou mimia?
J'ai vingt-quatre ans.	Mic orogou jugou mimai.
Êtes-vous marié?	Ouaioumbi.

Oui.	Hec.
Avez-vous votre père?	Venaririo?
Non, il est mort.	Ni aouié aioué.
Combien avez-vous d'enfants?	Ouraou a valamia?
J'en ai deux.	Miancaoureaouan.
Combien avez-vous de frères?	Aourera mia?
Je n'en ai pas.	Paiana.
Il fait chaud.	Pia.
Il fait froid.	Oufé.
Il tonne.	Ouandja coongula.
Il éclaire.	Inanga.
Il fait beaucoup de vent.	Pico ougroula.
Comment vous portez-vous?	Ourecia?
Bien.	Noubiambi.
Comment se porte votre frère?	Ouarera reinbiambi?
Il a mal à la tête.	Mindjogo aoundjou,
Asseyez-vous un peu.	Nouduana diougou-diongou.
En vérité je ne le puis.	Pabelé duana.
Où avez-vous appris à parler (cette langue)?	Abelé combachi?
Donnez-moi à manger.	Amenia.
J'ai trouvé la France fort belle.	Maguiéné embia oufouala.
J'aime beaucoup les femmes.	Miara touaouinga.
Je voudrais rester en France.	Beltigala oufoula.
Les Espagnols sont méchants.	Espagnoles inchougou.
J'aime la musique.	Naqua niombi.

VOCABULAIRES

GUIOLOF, MANDINGUE, FOULE, SARACOLE, SÉRAIRE, BAGNON ET FLOUPE,

RECUEILLIS A LA COTE D'AFRIQUE

POUR LE SERVICE DE L'ANCIENNE COMPAGNIE ROYALE DU SÉNÉGAL,

ET PUBLIÉS POUR LA PREMIÈRE FOIS

D'après un manuscrit de la Bibliothèque Royale.

Parmi les manuscrits que la Bibliothèque Royale a recueillis, à l'époque de la révolution, des bibliothèques particulières des couvents supprimés, se trouve un volume sans date ni nom d'auteur, estampillé du chiffre de la *République française*, et provenant des Jacobins de la rue Saint-Honoré, avec ce titre : « *Dictionnaire des langues francaise et nègres dont on se* » *sert dans la concession de la Compagnie royale du Sénégal, sa-* » *voir : guiolof, foule, mandingue, saracolé, séraire, bagnon,* » *floupe, papel, bizagots, nalous et sapi.* » A la suite de ce titre, on trouve l'annotation que voici : « Outre les langues » nègres ci-dessus, les Balantes, qui sont voisins du Bissaux, » ont encore une langue particulière. Les Maures voisins du » Sénégal parlent l'arabe, et depuis Joal jusqu'à Séralionne, » on parle une langue créole, qui est la langue portugaise » corrompue. »

Ce volume, dont la reliure ne date que du règne de Charles X, ne comprend point toutes les langues annoncées sur le titre. Il renferme seulement : d'abord, un vocabulaire guiolof, mandingue et foule, puis un vocabulaire saracolé, ensuite un vocabulaire séraire, et enfin un vocabulaire bagnon et floupe.

Il y a lieu de penser que les langues papel, bizagots, nalous et sapi, occupaient deux ou plusieurs cahiers distincts, qui auront été séparés de la liasse commune et se seront perdus : chose fort regrettable.

Les vocabulaires contenus dans ce recueil, dont nous devons la communication spontanée à l'obligeance de M. Champollion-Figeac, sont reproduits ici en entier : seulement, au lieu d'être placés dans l'ordre successif de l'original, ils sont disposés simultanément sur huit colonnes parallèles, arrangement d'autant plus facile, qu'ils avaient tous été uniformément rédigés d'après une même liste de mots français s'élevant à un millier environ. Quelques interversions de l'ordre alphabétique, quelques étrangetés d'orthographe, ont dû être corrigées dans celle-ci. Certains mots étaient, sous ce dernier rapport, difficiles à reconnaître; d'autres, variant d'orthographe et par suite de signification d'un vocabulaire à l'autre, donnaient à résoudre de plus graves difficultés encore : nous en avons averti le lecteur par de brèves annotations au bas des pages. Certaines équivoques entre des homonymes ont été sauvées autant que nous l'avons pu par une simple indication entre parenthèses. Avons-nous toujours rencontré juste? Nous n'osons l'assurer : mais nous avons fait de notre mieux.

A l'égard de l'orthographe suivie pour les langues africaines comprises dans ce Vocabulaire, elle nous a paru incertaine, variable, et surchargée de lettres superflues qui allongent inutilement les mots et en rendent parfois la lecture pénible; mais il ne nous appartenait pas d'y rien changer. L'écriture elle-même est matériellement moins aisée à lire qu'il ne conviendrait, et laisse du doute sur l'épellation de beaucoup de mots.

Quant au domaine territorial de ces langues, il est concentré dans la Sénégambie, entre la rivière du Sénégal et celle de Cachéo. Le guiolof (plus exactement le wolof) appartient aux peuples qui sous ce nom habitent, entre le Sénégal et la Gambie, les états de Wâlo, Kayor, Baol, Syn, Saloum et

Ghiolof. Le mandingue, parlé sur les deux rives de la Gambie, s'en éloigne fort peu vers le sud ; il est principalement étendu au nord-est, et atteint, par le Bambouk, les limites du Bambara, auquel il est étroitement apparenté, et qui occupe un très grand espace sur les deux rives du haut Niger, ainsi que dans les montagnes du sud jusqu'au voisinage de l'Aschanty. Le foule, répandu dans le Toro, le Fouta, le Bondou, le Fouta-Ghialo et le Kasso, présente, comme on sait, les plus étroites affinités avec la langue des Fellâtas de l'Afrique centrale, qui paraissent former une traînée non interrompue jusqu'au Bornou.

A côté de ces trois langues principales, les quatre autres n'ont qu'une importance territoriale presque nulle : le saracolé est concentré dans le pays de Galam, le séraire dans quelques parties du Baol et du Syn, le bagnon dans le voisinage de Cachéo, et le floupe dans l'intervalle compris entre Cachéo et la Gambie.

* A.....

Paris, décembre 1844.

	Français.	*Guiolof.*	*Mandingue.*	*Foule.*
	A, au,	ki, kia,	mintoto,	do *et* da,
	Abri,	endou,	diben,	boubry,
	Absent,	defy *ou* dekia,	ateguan,	alahaisne,
	Accoucher,	guiguenne ouaffin,	oulou,	danquim,
5	Accoutumer,	tame,	daly,	baac,
	Acheter,	guendel,	affan,	fode,
	Achever,	guiekli,	aban,	oubi,
	Aider,	dimli,	macoué,	ouallam,
	Aïeul,	mam,	mama,	tané,
10	Aigle,	tanne,	sontin,	digué,
	Aigre,	mforok,	coumou,	lammy,
	Aiguille,	poursa,	bindan,	mesala,
	Aiguillette,	guaignon,	fatara,	douorguae,
	Aiguiser,	name,	adiandi,	laby,
15	Ail,	sabole,	ail,	saboulé,
	Aile,	laf,	dampan,	guerto,
	Ailleurs,	sanain,	doulacoto,	yato,
	Aimer,	sope,	cano,	anahindimir,
	Ainsi,	necuaco,	tenti,	honony,
20	Aise,	netoguienekatounan,	guousoularin,	huélindé,
	Aisselle,	boktan,	dabo,	nafquy,
	Allaiter,	nampel,	sousou,	hendou,
	Aller,	dem,	ta,	ya,
	Aller à cheval,	demac farse,	ta souocan,	ya é pokiou,
25	Aller à pied,	demac tang,	ta sinneto,	ya é cosgal,
	Allumer,	tal,	mala,	houpou,
	Amaigrir,	hom,	labar,	affoigny,
	Amasser,	for,	fefery,	houndendé lesdy,
	Ambre gris,	mbeuké,	mbeuké,	mbeuké,
30	Ambre jaune,	lambri,	lambri,	lambe,
	Ame,	noho,	quigua,	fofteré,
	Amener,	houat,	affanbanari,	nangam nabaton,
	Ami,	andalé,	dia,	andalé,
	Amour,	nomnan,	cano,	biteidé,
35	An, année,	het,	san,	lehorousapodidi,
	Ancêtres,	smamam,	mamacotolou,	tanam,
	Ancre,	dagniou,	doua,	ndau,
	Anneau,	guiaro,	codina,	bara,

Saracolé.	*Séraire.*	*Bagnon.*	*Floupe.*
liau,	na,	deconnanqua,	pampagnougnianfatou.
camenti damogonui,	dassa,	tauenalion,	balaniniaye.
anteré,	meretambin,	godonnanqua,	alettathé.
ahaysalé,	bassille,	caddim,	nahoualé.
dalacoudauqué,	meram,	gnaqué,	nipoulen.
nacobo,	guiky,	higuilacquem,	oroma.
aniamé-camberey,	fakdam,	adetty,	nobaye.
cadainpabo,	dammeta,	demahenté,	houremouol.
ankoko,	tanouf,	mamancoum,	mamayehoum.
»	»	touccan,	hesselly.
ahimenendara,	fodahe,	attomy,	beficque.
mecellé,	gafikhe,	bindan,	bindan.
ounam caqui,	goubak,	sinquindi,	cancan.
»	laky,	niquetty,	henan.
»	ailhe,	boubondouc,	heffit.
campé,	anamba,	goubonde,	caleyben.
nacanaindi,	hainoua,	minimba,	bobou.
alaindoda,	bougam,	ragnem,	hippagney.
lanté-keniaina,	nenkenay,	naac,	hahey.
compociré-maca,	afelaham,	hesamy,	nimahorey.
fequey,	nampan,	guifany,	cassupetty.
combé kelemen,	noumy,	haubinsy,	rafen.
dagoua lainquillen,	raity,	decquetty,	ouguiau.
seté siniayaye,	pembis,	decquetty guiboon,	ouguiau deplin.
dagoua laintanain,	niaguy inguiaf,	decquetty oublid,	nipataqua.
nehibou coumoune,	oudy,	aubidinty,	hoyalden.
acoumen,	ancra,	hagnecqui,	naguaney.
nohoutoua,	boufy,	tottoty,	noumourque.
»	lambre,	»	»
ambré,	lambre,	lambre,	alambre.
nayonquini,	goulaou,	atenté,	hialory.
alitifounouo,	gniaby.	tonnoutom,	oubiltoumom.
cananainkini,	sile,	haudinnouquoum,	hopalom.
alaingdan,	beher,	heraguin,	nippagny.
sinaybaney,	hide,	gouddigue,	himitte.
onkoko,	autanne,	abba,	papayoum.
doua,	irol,	ponam,	nonam
diakalaimé,	gohede,	guancounoum,	bassoupé.

	Français.	*Guiolof.*	*Mandingue.*	*Foule.*
	—	—	—	—
	Anse (1),	ac,	any,	hé,
	Appeler,	ool,	quily,	nodou,
	Apporter,	youey,	nafé,	adou, gadé,
	Apprendre,	guimentel,	caran,	ndouecquo,
5	Apprêter (s'),	defendil,	ouli,	féounou,
	Approcher,	guiayquesil,	cata,	ar,
	Appuyer (s'),	souke,	sember,	okioulesdi,
	Après,	guenaololou,	occola,	gada,
	Arbre,	grap,	iro,	legui,
10	Arc et flèches,	kala,	kalaninbegné,	lagnel,
	Argent,	calix,	codi,	calia,
	Arracher,	dagué,	aoutou,	hiettou,
	Arrête-toi,	takahoual,	lo,	padan,
	Assembler,	bolé,	gnouroumi,	rendindé,
15	Asseoir,	guiequi,	si,	guiodo,
	Assez,	doinan,	acagnenta,	yoni,
	Assurément,	ollahé,	ollasi,	ollahé,
	Attacher,	tacké,	affiti,	taka,
	Attendre,	negué,	batou,	mogne,
20	Attraper,	guiapé,	mouta,	nangon,
	Augmenter,	dolil,	alafa,	besdou,
	Aujourd'hui,	té,	by,	anki,
	Aune,	yarscaffam,	soumandan,	mirobeta,
	Auprès,	guiaigue,	mafan,	gniauy,
25	Autant,	nakalili,	tanty,	codounony,
	Autour, à l'entour,	ouramguep,	mourou,	acquil, rene,
	Autre,	canen,	docoto,	goddoun,
	Autrefois,	ouenenhioue,	folo,	soubaqua,
	Autre part,	saynen,	doulacoto,	ouahoudé,
30	Avaler (2),	houne,	fafincoulou,	fagnim,
	Avant-hier,	berque dimba,	counonco,	hecquianqui,
	Avant que,	bola,	nemena,	mbaleyata,

(1) Ce mot, écrit *ance* dans plusieurs des vocabulaires originaux, a été confondu avec le mot *an* dans le vocabulaire Saracolé.

(2) Ce mot, écrit assez clairement *auuller* une première fois dans l'original, est ensuite, par erreur

	Saracolé.	*Séraire.*	*Bagnon.*	*Floupe.*
	»	dumer,	guoulinque,	hasofouma,
	acraindan,	cohen,	couyautem,	houonque.
	aliti,	gnyabidy,	docquaty,	houroquen,
	ainguerongainì,	lalgandain,	liquinhenté,	liquenhor,
5	nidoudabari,	diogoloray,	detnaquatte,	houteinhen,
	aintaintaye,	matidy,	teiguac holou,	houreiquen,
	nassanbennaye,	hakendo *ou* gueguenno,	hiteiguagui,	hounaye.
	anamaindou,	guionky,	goulic quonom,	guattiguatte.
	ité,	dahar,	gouliquen,	founouc,
10	tougouradoboudan-gué,	tongar, gabiques *ou* gakasses,	goubainque, goudanes,	fonhaguen, catahan.
	godé,	galis,	goddy,	cody.
	ahoutou,	khréqui,	dolotty,	heroup.
	seguiheré,	guenohé,	licquatty,	houguioum.
	ecufomeyau,	ananda,	toguinti,	ouguianguen.
15	natagonne,	mofy,	nogotty,	houlacquo.
	quedabagua,	adouéa,	hagouddahey,	heffaf.
	netouyaconnaïnda,	gagny,	gouguen,	sette.
	ayetou,	commy,	faguenty,	hounac.
	dougouyeré,	guiongam,	toty,	houquop.
20	carada,	damy,	laquetty,	housof.
	foukafayé,	mahedam,	bocquinty,	houbennen.
	lainqui,	khanay,	goumbe,	guiatte.
	quainkiesolé,	golok,	neanto,	»
	antitomé,	hequienne,	haquotochonom,	tatau.
25	sounocondou,	ouatenenne,	henné guanenden,	guemenaffenem.
	inafanaye,	lacohé,	houliconhoto,	liquen.
	cohanequiheo,	mana,	horouc,	haquey.
	yerommay,	gala,	haquecquy,	nanim.
	idagananokotana,	gueken-mana,	goufaquihongoua,	helachoubaba.
30	litonné,	»	dequetty,	guaha.
	combanéfala,	fedenfake,	dandahan,	fouquennou.
	anganadigueriànada-goyée,	adohé,	boudechoum,	houpaye.

copiste, écrit *amasser*, dans le Vocabulaire saracolé, et *auasser*, corrigé en *auansser*, dans le Vocabulaire bagnon et floupe.

Français.	*Guiolof.*	*Mandingue.*	*Foule.*
Avertir,	yeguelman,	afo,	huymo,
Aveugle,	boum,	finquité,	goumdo,
Aviron,	houatte,	guiba,	guioo.
Avoir,	ham,	soto,	dagui.
Babillard,	careguinguimin,	diamla,	hehuy hondouque,
Babiller,	careguinguimin,	caquaye,	hehuy hondouque,
Bague,	guiaro,	codina,	bara,
Se baigner,	sango.	balacou,	caoguiou.
Bailler (donner),	guiocké,	sori,	rocam,
Baiser (1),	fon,	souncan,	courenan,
Se baisser,	segue,	guymy,	okioulesdi,
Balayer,	boubel,	fitar,	boptou,
Bande de gens,	barenil,	mooseté,	imbé heshuy,
Bander,	fouguel,	sary,	dinguy,
Banni,	dauna,	»	doguy,
Barbe,	sikim,	bora,	ouarey,
Barque,	gal,	coulon,	lana,
Barre de rivière,	bel,	bolonda,	»
A bas,	kisouf,	douman,	maten lesdi,
Bateleur,	guayouel,	gualy,	gaaula,
Bâtir,	defendi,	lo,	houade,
Bâton,	hel,	falo,	sahoron,
Battre,	dan,	bouté,	fy,
Beau,	rafel,	guigna,	mogui,
Beaucoup,	baré,	seté,	hehuy,
Bêcher,	oualel,	sené,	hon,
Benin,	neke,	dimman,	huely.
Berger,	same,	cantala,	guaynague,
Bête,	reub,	»	»
Beurre,	diou,	toulou,	nebam,
Biche,	keouel,	onto,	dondi,
Bien,	guiour,	nafoulou,	hiehuy alam,
Bientôt,	legui,	saigne,	guony,

(1) Ce mot a été confondu avec *baisser*, dans le Vocabulaire bagnon et floupe.

	Saracolé.	*Séraire.*	*Bagnon.*	*Floupe.*
	—	—	—	—
	dagaconidam,	lembé *ou* lambam,	deddetem,	hoolen.
	afiguaintay,	afoula,	appomy,	appomy.
	soubadé,	goulaferé,	goulamouc,	hauen.
	naqué-moula,	guaye,	banneg hamo,	nabagué.
	aindigaménengoba,	mahefaniet,	gouguior,	basanguena.
5	aindigaménengoba,	mahegodon,	goulef enguecquy,	outou mounam meguy.
	atimé,	gohede,	manilla,	counamanne.
	annuakeni,	bogohe,	hiquaty,	gnaan.
	annagamounou,	kiohen,	nahecquary,	oulol.
	omé-sambounou,	sabam,	»	»
10	noguimé,	diouguy,	engouac haty,	fimein.
	aquenináhor,	layly,	goun hac hendin,	sac.
	seraygabofaye,	sombamhuine,	hiden alloc,	bouquan coumen.
	onkoto,	hacky gobak,	hoc hondi,	effoun hyto.
	indacatao,	ouaty bourgrom,	quarentigague,	couteiro.
15	seinké,	ratam,	gounondou,	foulempe.
	fouré,	parka,	biquan,	boussan hebabo.
	»	gobier gakal,	bourour gouran,	cacol.
	»	ahienam,	conqui hanniny,	hoaf en nalohé.
	guiaray,	masselam,	ouguiouf,	gualy.
20	nacoupetagena,	commy,	nounque adique,	hegnoum heloup.
	gouma,	golok,	bouhom,	aniana.
	yehendiahoné,	hauy *ou* niohara,	maletty,	hounoc.
	inquieré sana,	amoza,	haboun,	hapounquey.
	inguabassana,	amaya,	halloc,	nameingue.
25	nasocana,	kohoc,	guen haf,	ouhaigne.
	siréserefaye,	amaza,	aboun,	hannasa cayhom.
	»	gaynack,	houquoigno,	amataan.
	anaconoabateteinny,	babam,	guangualy,	amertimy.
	thé,	foner,	toulou,	naré.
30	toumouguyé,	befal,	goubicque,	cayandou,
	caïciré-aoumaca,	ahena,	baquam,	baquam.
	haréquaimbiroy,	ondick,	nammoto,	gué.

Français.	*Guiolof.*	*Mandingue.*	*Foule.*
Blâmer,	koul,	»	feoualy,
Blanc,	oueke,	coué,	toubaca,
Homme blanc,	toubabe,	toubabe,	toubabe,
Blanchir,	foute,	courou,	laoguiou,
Blesser,	guiamnan,	barouma,	hiouhiman,
Bleu,	nioul,	fin,	baleguy,
Bœuf,	nague,	nicy,	nagué,
Boire,	nan,	min,	yard,
Bois,	mal,	loo,	ledé,
Boiter,	lagué,	namata,	bosdo,
Bon,	backe,	guimma,	moguy,
Sentir bon,	kassebonegue,	souncan dimman,	hourenguol,
Bonnet,	makné,	nafa,	cofné,
Bord de l'eau,	tak,	tenda,	todo mayo,
Borgne,	pat,	gnaterin,	docco,
Bossu,	lagué, cangua,	»	bosdo,
Bouche,	guemin,	da,	ondoucal,
Boucher,	fel,	fandi,	oudou,
Boucher un trou,	fetelman berebi,	dinco fandi,	oudou guiteré,
Boue, vase,	binette,	banco,	sesdi,
Bouillir,	bak,	ourou,	facy,
Bouillon,	guicke,	calde,	gniecquam,
Une boule,	margoulou,	coun,	»
Bourse,	sako,	boto,	bata,
Bout,	bope,	nein,	ozé,
Le bout du village,	bope dek bi,	saté nein,	horé houro,
Bouteille,	gambe,	cabo,	fandou,
Boyaux,	boutite,	nouau,	tectequi,
Braies,	toubé,	courty,	touba,
Branche,	bancas,	boulou,	quaté lequy,
Bras,	loho,	boulou,	guionquel,
Brebis,	mkarguiguenne,	»	balou,
Bride,	lahap,	carafé,	tamtagual,
Broche,	ouagui,	spetta,	»
Broyer menu,	oual nemoc,	atououfoa nounquou,	houn,

	Saracolé.	*Séraire.*	*Bagnon.*	*Floupe.*
	—	—	—	—
	andainboutey-bouen-dy,	vennen,	gualigne,	hoossenon.
	ahocorona,	arengua,	oubabo,	oubabo.
	faticoullé,	toubabe,	asser,	hetoumpaye.
	ahouamkeindi,	fataholk,	bagneiguy,	capol.
5	adainguicafa,	romay,	hiatem,	oulip.
	abinenne,	omboute,	gousoup,	basoupahé.
	na,	naque,	haquaye,	hebey.
	namini,	hiery,	roucaty,	houran.
	soua,	gouguida,	cahicqua,	belila.
10	atabané incosé,	akhara,	haquoguy,	haguinque.
	atimellany,	afak,	haboun haguecquy,	haguaguey.
	alissana,	akemak,	assany hanguecquy,	hoppete soun.
	couffouné,	makana,	rangoque,	bempon.
	fankancy,	dangan,	battoum,	founguan.
15	yacbané,	haindeleing,	siguil fily,	diquil fafoumê.
	aguiguimeincocé,	assinguia,	coquoumé,	coquoumé.
	laxé,	godon,	embourour,	boutoum.
	alaquaindaquaney,	ouarnak,	rocquetty,	holoque.
	comeintainqué,	sokhen,	roc bounonque,	loc broum.
20	doret,	acouba,	dedippe,	boquappe.
	guainguereindain,	aouaïa,	saguinty,	houlac.
	elineguiey-anadockin,	faingueniere,	baribe,	heioffehabé.
	aberébeinquiem,	gofilor,	balla,	sitangua.
	nafalemé,	saco,	boto,	hemep.
25	caquienimé,	gandeze,	locquanné,	fouquan founom.
	kanenimenfakié,	gandere saak,	embe donocohobyadio-damman,	holofor heloupa homé.
	gouboulemé,	gomon,	rodom,	biticha.
	nougoulemé,	laau,	sinditta,	moulam.
	»	»	battouba,	battoupa.
30	ytóguinguié,	guennaak,	gougueinde,	»
	kité,	guenna,	quilaac,	canguen.
	guiakacoré,	omballe,	sahaga,	saagua.
	karabé,	lahap,	carfa,	founougne hepilingue.
	kibouifon,	faissen,	simfy,	indip.
35	»	ouny,	bouguauno,	outampo.

Français.	*Guiolof.*	*Mandingue.*	*Foulc.*
Bruit,	fougue,	sonquo,	soumy,
Brûler,	lak,	guané,	soumdé,
Çà *et* là,	fi *et* fa,	guan, nin, guéla,	dan *et* da,
Cabri,	bé,	ba,	beouar,
Cacher,	nebel,	noundy,	ressenam,
Calebasse,	batou,	miran,	hordé,
Canot,	gaal,	coulon,	lana,
Captif,	guiam,	guion,	makiodo,
Cause,	bef,	fein,	ondé,
Ceci, cela,	ko,	gny,	doum,
Cendre,	deombé,	céé,	ndoondy,
Cent,	temer,	quemé,	temederé,
Chaîne,	kialalal,	corenta,	qualalel,
Chair,	hiappe,	soubo,	tehou,
Chaloupe,	gotol,	lambot,	lana tocosel,
Chambre,	mnegue,	boun,	soudou,
Chameau,	guelem,	gnoncomé,	gueloba,
Champ,	tol,	conquo,	guessa,
Chandelle,	chandelle,	candea,	chandelle,
Changer,	ouayké,	afalin,	ouatto,
Chanter,	oué,	douquilifo,	him,
Charbon,	rin,	queimbo,	ghulmeréy,
Charger,	hep,	douny,	houattou,
Charpentier,	saign,	calfanter,	labó,
Chasse,	reub,	demar,	rouggo,
Chasseur,	reubeby,	demarla,	mofy dethey,
Chat,	ondou, guenap,	guancouma,	oulondou,
Châtier,	dan,	bousa,	fy,
Chatouiller,	tiec,	calignelé,	nafqui,
Chaud,	nayenan,	candia,	nanque soums,
Chaux,	deumbé,	cal,	ndondy,
Chemin de Dieu,	yon hialla,	halla silo,	lahoulalla,
Chemise,	boube,	dondoqui,	quiomqui,

Saracolé.	*Séraire.*	*Bagnon.*	*Floupe.*
agadain managaba,	fendape,	guioum, *ou* houcoul,	helop.
ybé toutaye,	dokhen,	houdouquy,	nabolo.
kequé fereynocou,	mainay mala,	nanquan henanquan,	babécoubabey.
sougo,	fambay,	sabby,	hegnamen.
mokonaindan,	dasnay,	gnoumpahaty,	hoyhofo.
collé,	kassahal,	engouquongue,	calinne.
fouralaimé,	goussouque,	quidenney,	bousanna.
comé,	patte,	ousongue,	meiquel.
naguaindanourouola,	dion,	conque,	hoaf.
soubaney,	huennay foucana,	coquo engoquo,	hafé dafé.
quaymé,	indau,	boudonto,	boussesse.
camé,	themer,	quemé,	hecquemaye.
souroumé,	huialaly,	seinquein lombon,	caneifounon.
kié,	oudol,	haquar,	heliou.
fouré,	goror,	biguamia,	boussanna.
compé,	guendoc,	bougoude,	bouroun hougue.
guiogomé,	guelempe,	»	»
thenny,	omgal,	goureing,	bitte.
fitiry,	candea,	candeia,	candeia.
quiéfaraindan,	sophy,	hocquoho,	houtita.
fougounou,	guemy,	baindi,	huquim.
aimbé-coré,	kaguainne,	guanhaigne,	bougueique.
conké,	miapy,	baddooc,	roquen.
saqué,	seen,	quesse,	ichen bousain.
dagacanié,	imis,	gousan,	boulougnor.
caniána,	kailoche,	housa hounap,	halagnora.
moussouné,	mous,	daly,	heguanguon.
aleméguémoro,	kahuy,	guimmaley,	houliquennan.
nioconiny,	kakalay,	bouguac ombin,	»
kiequéantaca mocombourou,	adoha,	goulondou,	boussoppabou.
quiemé,	dar,	boudaigne,	coty.
allakitté,	»	binarque din,	bouroum himit.
dolomqué,	fendoky,	gousaul,	gaagnioupo.

	Français.	*Guiolof.*	*Mandingue.*	*Foule.*
	—	—	—	—
	Chercher,	houte,	guinné,	raremam,
	Cheval,	farse,	sou,	pouquiou,
	Cheveux,	kahouars,	contin,	souccoundou,
	Chez moi,	kia sma kere,	inté ya,	kia soudoum,
5	Chien,	kaille,	oulou,	kahouandou,
	Chier,	douille, allé,	bouqué,	yabouha,
	Chirurgien,	barbel,	guarila,	barbel,
	Choisir,	tanne,	tombon,	soub,
	Chose,	lef,	fein,	ondé,
10	Ciel,	assamam,	santo,	attamane,
	Cigogne,	guiougiour,	guimmé,	guinel,
	Cinq,	guerom,	loulou,	guiohi,
	Cinquante,	guerom fouc,	tanloulou,	quapandé guouy,
	Cire,	endab,	lycagnan,	tary,
15	Clair,	lossel,	senouman,	laby,
	Clef,	dome,	counnédin,	bidan,
	Cloche,	gueuleul,	talan,	guiololé,
	Clôture, haie,	paitem,	sansan,	gualley,
	Clou,	denguetite,	preou,	pingual,
20	Clou de girofle,	corompolé,	soumaré,	korom foullé,
	Cochon,	drouin,	séau,	babaladé,
	Cœur,	kol,	guousou,	berendé,
	Coffre,	ouakandé,	cound,	beratheol,
	Dans le coin,	guoque,	odoulato,	quiouquery,
25	Colique,	kart,	calya,	»
	Collier,	kaicke,	cantoconon,	konté,
	Combien,	nhakamodé,	guelou,	nofoty,
	Commander,	guiabanté,	quy,	houatte,
	Comme,	naka,	quo,	codom hony,
30	Commencer,	dal,	folo,	ouaddo,
	Comment,	naka,	moun,	codom hony,
	Compter,	ouagny,	casabi,	lim,
	Con,	sar,	bé,	faciré,
	Confesser,	toup,	toignafo,	touby,

	Saracolé.	*Séraire.*	*Bagnon.*	*Floupe.*
	nankénoumoudou,	niapy,	taminten,	houguel.
	sy,	goupis,	guiboon,	heppelingue.
	ainté,	gaile,	guagnen,	hehoual.
	payencompaindou,	bin dis,	amobenain,	homecbatanguey.
5	oulley,	gobokho,	guiquy,	hyen.
	madaguainnacourou,	cosmik,	biep,	bassan.
	serebéguiaraindi,	pafaye,	hounogue,	helangua.
	nassougandiny,	guily,	tototty,	homourom.
	kefayaye-garemi,	tigue,	conque,	hoaf.
10	alla,	toque,	diin,	himetty.
	guimé,	»	rossessy,	»
	carago,	betique,	quilac,	foutam.
	tankaragué,	karbahay betique,	gnanamenac enqualan,	bouquamcouguaba abacougueique.
	marais,	linquaye,	hiagnan, *ou* gualol,	hiagnau, *ou* gualol.
15	casso,	khaula,	hout harenny,	ettienné.
	caroulemé,	kiaué,	gourahounoum,	hechouloum.
	gourangué,	gucololy,	boucquam,	hetalan.
	sangallé,	gaquep,	goufar,	carta.
	mequayetonto,	gorenk,	preou,	hepreou.
20	socsoki,	gorenk polay,	soumare,	»
	faré,	groulle,	guifeique,	hefeique.
	boulé,	khaigne,	bouquin,	fougne.
	berey-taye,	kounahay,	counneguey,	hebombolom.
	caupé-kéguioqué,	coulengue,	goubamba,	fouloumel bouroum.
25	noquoin ouate,	kalia,	caliya,	fara foungnouney.
	cambaingue,	pambay,	goulingue,	henombaye.
	natoumouyamoulou,	ponom,	souboneihey,	bouan.
	goliniangua,	omade,	bougnetti,	houbogne.
	conticonaindancoudou	finainay,	nihey,	bouheyney.
30	caronner oaouye,	phairy,	gnoucquetty,	houmondocham.
	mané founiqué,	nam,	nehey heinquo,	boupom pan vocam.
	perigana,	laimy,	tebety,	houpin.
	niamou,	»	houquitte,	hepel.
	maré-fequé-counda-nantamoulouré-amourou,	kanemosa,	lebecgnouguen,	sanquin maleguin,

	Français.	*Guiolof.*	*Mandingue.*	*Foule.*
	—	—	—	—
	Connaître,	camna,	lou,	mïandi,
	Conseiller,	feley, diguel,	alalé,	hacquiley,
	Content,	guerem,	gousoularin,	mielly,
	Contre,	ki,	cam,	bally,
5	Coq,	sek,	dountoun;	guertogual,
	Coquille,	kor,	ombo,	bagney,
	Coquin,	sokor,	tilimbaly,	maguialy,
	Corail,	corail,	corouil,	deguenegue,
	Corde,	bom,	guoulou,	bogol,
10	Corne,	beguin,	binan,	halladou,
	Corps,	yaram,	bala,	bandou,
	Une côte,	huet,	cara coulou,	quaby bir,
	Le côté,	huet,	cara,	huirenguo,
	De l'autre côté,	kuia-houalleha,	caner,	huirenguo,
15	Coton,	outenne,	cotondy,	antolan,
	Cou,	bat,	can,	dandé,
	Se coucher,	tede,	la,	lolo,
	Le coude,	cassal,	conbaly,	coulé,
	Coudre,	guian,	acara,	guiola,
20	Couler,	sainne,	sineney,	hinecinta,
	Couleur,	niroour,	»	nandalé,
	Un coup,	tang,	trague,	gouré,
	Couper,	dog,	contou,	taille,
	Courage,	nabake,	aoua,	comoguiou,
25	Courge,	nayé,	bata,	nangué,
	Courir,	dan,	bory,	dog,
	Couteau,	paka,	mourou,	laby,
	Coûter,	guiar,	san,	guary,
	Coutume,	coubel, sedifin,	madintambo, namo,	cofgual,
30	Couverture,	hangue,	bitiran,	ouderé,
	Couvrir,	sangou,	tiba, bity,	souddou,
	Crachat,	guiendakhit,	daguy,	guelbé,
	Cracher,	tefely,	daguibon,	toute,
	Craindre,	raguel,	sila,	houly,
35	Crever,	faicque,	fara,	fery,

	Saracolé.	*Séraire.*	*Bagnon.*	*Floupe.*
	—	—	—	—
	nayemourou-nanmou-louuatou,	endasnou,	henain,	nemanguol.
	seré-quéfoterindiaqui-létou,	lalganday,	ligueiteym,	»
	eliguassana,	phailaham,	hasamy,	mayhorey.
	quéfossirondine,	gatno,	hateguahey,	losorey.
5	selemgama,	ciekque,	rancounounque,	quen.
	kodo,	huiangore,	gouquonque,	caponcolou.
	yaoussé,	cokclek,	hoummou goudouhoud	haletan.
	deguené,	coroye,	baras,	baroquiou.
	caquié,	gobague,	sinquindi, simboque,	canneau.
10	benné,	goguian.	goufouganton,	cassin.
	ferayfaté,	kaire,	haringuen,	hanily.
	sacabancotou,	gosahak,	goussal gougnoun,	coolnac.
	saqué banhé,	gosahak,	bioquone,	balamouque.
	ouakain,	cata,	goubagua,	guattaba.
15	cottollé,	follitte,	guamolle,	bouffoun.
	cané,	gofague,	boudaub,	coumer.
	nassaka,	ouendokh,	couan,	cafinto.
	sogoné,	nongongue,	gougour,	»
	nalifini,	nio,	ballouf,	houquique.
20	acarcabaka,	saity,	»	»
	fobiney,	hiakga,	hebanguedde,	caban.
	namorono,	gomaque,	calanguan comman,	casem canan.
	acoutou,	daisguy,	touquoletty,	houmin.
	acourouman,	sarguinohay,	acaigue,	nappetto.
25	goubau,	gofaide,	coucougue,	cabin.
	ourou,	guioufir,	honemoun,	habouguiau.
	labo,	fak,	bourinqua,	guiliba.
	macoboquemdaye,	niamaguiaro,	haecquidi goudila,	hanomé.
	sagalaye,	maira,	conguoguoumlui,	gnappouley.
30	coufouryoramé,	oucoula,	taucouddac,	cafimé.
	nandoucoufoudi,	koulouhay,	guitty,	houtey.
	bequiey,	touhoude,	lottou,	foulaquiafou.
	bereny,	touhoudy,	lottetty,	foulaquy.
	acounou,	sardaba,	abeniqui,	nacolquoly.
35	egoco,	boly,	attatty,	gnappanem.

Français.	*Guiolof.*	*Mandingue.*	*Foule.*
Crier,	guioé,	limba,	midohienny,
Cristal,	socmate,	cristal,	lamlam,
Crocodile,	gniassié,	bamba,	noroa,
Croire,	guem,	mouta,	guabanim,
Croître,	dolil,	alafa,	besdou,
Cru,	guiorour,	quairey,	obendalé,
Cueillir,	dog,	outou, caty,	taillé,
Cuillère,	coudou,	dausa,	lal,
Cuir,	onder,	coulou,	gourou,
Cuire,	guior,	tabir,	obendl,
Cuivre,	kanguer,	tassa,	guaraouallé,
Cul,	tal,	guiou,	talbé,
Culotte,	toubé,	courty,	touba,
Dame, madame,	comba,	comba,	guehan,
Dans,	ki,	couoto,	guegué,
Danser,	feke,	don,	ham,
Dattes,	tendreman,	»	tamoro,
Débarquer,	hebby,	tendy,	guehemnodé,
Décharger,	hebby,	tendy,	houaqué,
Dehors,	kiabiti,	bantoto,	yattou,
Déjà,	guicque,	quilin,	guouy,
Déjeuner,	deki,	datanka,	caquitaré,
Délayer,	teki,	afiry,	houmdé,
Délier,	hehuit,	siry,	houmdé,
Demander,	laye,	dany,	lamdo,
Demeurer,	guieki,	si,	guiodo,
Demi,	guenoal,	tala,	fekeré,
Dent,	bint, gueigne,	gny,	guigney,
Dent de morphil,	biemmi,	samagny,	guigné gnieau,
Dépenser,	yake,	tignar,	boni,
Depuis,	boba,	bery,	barendien,
De quoi ?	lomodon,	mounem,	codomhony,
Dernier,	mouguié,	ban,	houattindadé,

Saracolé.	*Séraire.*	*Bagnon.*	*Floupe.*
ahéhoulou,	ouken,	battaacty,	macque.
laingué,	akiem,	badar,	battally.
kiné,	fenno,	guareigue,	hyon.
idetout,	lybano,	lacque tagougueinne,	housof maleihein.
ahécorone,	aneta,	hacquely,	nabacquey.
amamoué,	cisse,	hacqueenne,	guilen.
»	daty,	diboud,	houtouye.
nassougû,	gabanque,	goury,	casser.
gouya,	oudol,	hebaqued,	cuban.
sasoronne,	diahuy,	bouteddac,	hessil.
cuîré,	gomon,	guiaoley,	egualey.
kinié,	kfoude,	boudinne,	effolo.
ouno,	ombape,	batouba,	batiba.
kouagouniacanel,	seignare,	signora,	gnara.
areguenev,	kainay,	biecounac,	sindona.
regué,	phaiquy,	cagnam,	heboom.
kiésafa quiécota foula,	»	»	»
toubabé fouré,	diotny,	dicquilaty,	hottippoulou.
ayancandy,	diotinky,	conquinty,	houhalen.
sella,	tafille,	houssanoum,	hassanomay.
naraga,	ondik,	houdecquetihey,	nobiley.
ycandé,	niactohay,	teppoutou,	dibouguiom.
aouasenan,	akysaah,	quiqueletty,	houfclolou.
nahenabourébounaindy,	»	petinty,	hocquaten.
hatago,	lampty,	naquon,	houlon.
interindi,	guainguy,	hangueynanqua,	tattanaquiney.
tacandé,	sakalemk,	baggueguenem,	tatanaroy.
cambé,	nigne,	goureir,	cagny.
tourcambé,	aguinephaniquo,	gourique guagnique,	caguin ougnabe.
»	diokoua,	lemmetty,	hocquayhen.
arouaga,	nareuema,	higuedin,	higuioquonty.
manifainy,	kharay,	commodey,	honam.
queté casso falain,	factam, *ou* nekingue,	guanquaquoum,	cafabelfar.

Français.	*Guiolof.*	*Mandingue.*	*Foule.*
Derrière,	guenaho,	coman,	guademan,
Descendre,	ouaké,	guy,	guendé,
Désirer,	nommam,	lafy,	mihidi,
Dessous,	kiasouf,	acoto,	tolesdi,
Dessus,	kiako,	acant,	toddan,
Deux,	yars,	foula,	didi,
Devant moi,	kismsknam,	inguato,	hiessan,
Devoir,	seb,	»	hasladé,
Diable,	camaté, guinéé,	guinné,	guinné,
Dieu,	hialla,	halla,	alla,
Dimanche,	aléré,	alhady,	halair,
Dîner,	agne,	tilitoquinodomor,	bottaré,
Dire,	oack,	fo,	bollé,
Dix,	fouc,	tan,	sapo,
Doigt,	baram,	bouloucondin,	fedendou,
Donner,	guioke,	sory,	rocam,
Dormir,	nelo,	cyno,	danan,
Dos,	guenaho,	coo,	guada,
Doucement,	danque,	dauman dauman,	guamguam,
Douleur,	mily,	dimi,	moussy,
Doux,	lehuet,	séé,	boubdou,
Douze,	fouc ac yars,	tan ny foula,	sapo didi,
Drap,	bagné,	mouroufé,	bagny,
Droit,	guioubnam,	bolo,	fiehuy,
Dur,	déér,	coléé,	tidy,
Durant ce temps,	kiouactou,	autouman,	ouactou,
Eau,	mdoc,	guy,	indiam,
Eau de vie,	sanguara,	toubabe dolo,	haguourou,
Écaille d'huître,	kor,	nguamba fara,	bagney,
Écarlate,	daldé,	mouroufé,	daldé,
Échelle,	egouaye,	celeran,	guenguedé,
Écorcher,	koti,	oura,	gnaasta,

	Saracolé.	*Séraire.*	*Bagnon.*	*Floupe.*
	—	—	—	—
	amocondiafalen,	gankinche,	guiguedon,	balonquou.
	yanka,	fudohay,	»	»
	nianamendou anaque-na avéquity,	bougam,	congnalidim,	guapanhouef.
	nabacohourey,	gahamga,	rehen,	thetaam.
5	sedynicamboudou,	tok,	raf,	satia.
	fillo,	dique,	hanacquon,	coubaba.
	encaney,	spamis,	manguirou,	faquil.
	aintobo,	gaye,	amoguy,	namaguam.
	guinen,	guinay,	coul,	»
10	älla,	rogue,	din,	hebitte.
	tenenguain,	dibir,	»	»
	yaracatey,	foutokhy,	bodic,	houritoutoulaby.
	acouandan,	lemby,	naclacom,	houreignon.
	tamou,	karbahay,	caalac,	haban cagney.
15	doromé,	gongalem,	houccoudoum,	ofussinque.
	enquinen,	kiam,	naguatem,	houlol.
	queinqué,	dany,	sinquehem,	camorey.
	»	gakingue,	sagnan,	hesiguitte.
	moully,	fotte fotte,	hoboun,	cayohanquy.
20	mongny,	godomel,	cobbe ricquem,	couhognac.
	»	koyga,	hanhady,	naguiobé.
	tamoudo toutou,	karba hendique,	caala anacquon,	habanquagnen dou-coubaba.
	fossahaye,	gayare,	teben tambaba,	cafoulou cababohouey.
	kilésequy,	aguiofa,	hugnon,	naguoney.
25	ancotosana,	sarka,	hararey,	naleinly.
	andalla,	nari phinateque,	dam,	fafoulahaye.
	guy,	fosy,	moundou,	moumel.
	bessou,	agou,	connoc houmbaba,	bonoube houbabo hoye.
	codoc,	goyou,	guifaigne,	soul.
30	morphil,	gayard,	theben taquen,	cafoul cayemé.
	seguené,	gakyagande,	anhafoum,	caguetom.
	ounaquequé,	kraissy,	boucouf,	cacouf.

	Français.	*Guiolof.*	*Mandingue.*	*Foule.*
	Écouter,	degueloul,	amouy,	hedan,
	Écrire,	binde,	sapher,	huindé,
	Effacer,	yak,	faa,	bounneré,
	Église,	guiangue,	caramboun,	guiango,
5	Elle,	mom,	até,	bimamy,
	Empêcher,	terenan,	baly,	hal,
	Encre,	ati,	feteicha,	daa,
	Endurer,	mognée,	mougnan,	mougnon,
	Enfant,	dom,	din,	biddan,
10	Enfer,	kian,	hyannaba,	gnagnac,
	Enfermer,	hoube,	son,	houddou,
	Enferrer,	defelkiguaingue,	doun neoto,	houadegui guélé,
	Enfiler,	naisse,	soura,	hourtoudé,
	Enfler,	nehuy,	bity,	bouly,
15	S'enfuir,	dan,	bory,	doguy,
	Enivrer (1),	mendi,	sira,	mandilam,
	Enseigner le chemin,	»	»	»
	Ensemble,	bolo,	gnola,	rendindé,
	Entendre,	deguena,	mouy,	nany,
20	Enterrer,	rob,	saré,	houhedé,
	Entier,	matnan,	bemol,	hiouy,
	Entrer,	caref,	doun,	naal,
	S'envoler,	nahan,	ty,	dioudé,
	Envoyer,	yony,	nquy,	nouldou,
25	Épargner,	dinke,	nafoulousi,	dessendel,
	Épaule,	bogue,	daba,	balahoual,
	Une escale,	taisne,	tenda,	toufendé,
	Esprit,	anquel,	aqué,	haquil,
	Essai,	sietco,	félé,	rartou,
30	Estomac,	den,	conon,	berendé,
	Et,	ac,	nin,	an,
	L'été,	mnor,	tilicandi,	holohueré,
	Éteindre,	faye,	adoubein,	guif,
	Étendre,	talel,	afiry,	forto,
35	Étoile,	bidan,	lolo,	hoderé,

(1) Dans les vocabulaires saracolé, séraire, bagnon et floupe, ce mot est écrit *en jurer*.

	Saracolé.	*Séraire.*	*Bagnon.*	*Floupe.*
	—	—	—	—
	aterainea,	nallohay,	beguety,	ouguiam.
	nassafa,	bindy,	bietty,	hognegue.
	nequé safa,	fourbak,	cofety,	oubouguiou.
	missida,	inguiangande,	saly ran,	saly ran.
5	qué ani,	ouok,	homodou,	haquela.
	macagnen,	fonquen,	deguetty,	houfery.
	socafou,	cagaye,	nonam,	houtaye.
	namougny,	sadinkohaye,	cobel riquen,	mognac.
	raimé,	oby,	colden,	guiguil.
10	guianap,	ferne,	»	»
	assoko,	venguy,	dac entem,	coubabo.
	carouroundan,	guenguy,	guogneté,	ausingue golle.
	assouly,	youbi,	coureybanno,	calauren.
	ahity,	outa.	bahouddom,	nalala.
15	harouroulou,	raity,	acoussy,	nattehey.
	acouna,	aoya,	sincany,	nacacal.
	»	lalganday gagade,	»	»
	nacafoumé,	anenda,	encocaye hom,	ouyan.
	inanmoucou,	nany,	heguety,	ouguiam.
20	haboulou,	oufedy,	oubounty,	houfoc.
	assireny,	aphoda.	halendy,	»
	horo,	roky,	naanty,	nooquen.
	aréhouaca,	ayta,	guidetty,	nahitey.
	nacaheny,	louly,	goubougne,	caboigne.
25	ahiocofata,	guianguy,	gnoguenty,	hounen.
	comké,	gakande,	guifanne,	cabande.
	boulougagni,	gaquiengor,	batoum,	catippou.
	naoutou,	gouyifée,	guammeye,	boubeiguel.
	keianinantou,	leby,	ninguoconoc catoc emin,	pampagnic egnaquin.
30	guilhé,	gongaugue,	goufitty,	boussousse.
	antimouni,	»	guecanen,	bahandayé.
	kinahé,	assomman,	couloude,	bassoup.
	amequé,	moufen,	himietty,	hofoc.
	ahouasameindou,	gouken,	hourletty,	houfellé.
35	niongoumougou,	gohor,	hoquoud,	boguoguenne.

Français.	*Guiolof.*	*Mandingue.*	*Foule.*
Être,	amna,	soto,	dagny,
Éveiller,	hebo,	couoy,	findé,
Excepté,	cama,	fo,	antan,
Excuser,	baal,	aquetou,	aquiou aqué,
Fâcher,	mer,	gousoubo,	ticqueré,
Façon,	logniccke,	tein,	coony cala,
Faim,	cof,	conquo,	hoquedé,
Faire,	def,	qué,	coady cala,
Comment faire ?	anankare def,	insiquedy,	loumba retey,
Famille,	kere,	koré,	botahé,
Farine,	sangouf,	mounquo.	quioundy,
Il faut,	dana,	donquaré,	hinanda,
Il ne faut pas,	bolou,	caaqué,	houtarendy,
Faute,	taye,	kafa,	haussaguam,
Femme,	guabar,	moussou,	guenda,
Fendre,	gor,	fara,	sequeré,
Fenêtre,	boul,	guanella,	dembouguel,
Fente,	kar,	dinca,	fequit,
Fer,	ouin,	néé,	guamdy,
Fesser,	hiet,	boussa,	fymo,
Feu,	safara,	dimba,	guanguon,
Feuille,	kob,	guamba,	barouaré,
Fidèle,	camour sake,	mobeté,	diman,
Fièvre,	guiaor,	caleya,	oppy,
Fil,	boum,	boro,	guaraguy,
Filer,	hekié,	ourindy,	mottou,
Fille,	ndaussi,	souncoutou,	bidanto quossel,
Il est fin homme,	nit reire nan,	calcaly,	guoguy,
Flèche,	fet,	begné,	courey,
Fleur,	dehkgorey,	firio,	maye mangno,
Foi,	resse,	goudou,	heirey,
Foire,	guay,	cononbo,	gnafourou,
Une fois,	ben yone,	coquilin,	lahoulguotou,
Le fond,	bir,	douman,	reddou,

	Saracolé.	*Séraire.*	*Bagnon.*	*Floupe.*
	—	—	—	—
	yrambatou,	khemeque,	sam,	anne.
	idahoulou,	yokohay,	guefelahatin,	noguourey.
	aquinahé,	guenguios,	ousanno,	hassan maye.
	nacanguiou,	ouasanen,	nacaten,	houlaulou.
5	aboutou,	phouhark,	haquoguachey,	naguac boutoum.
	nadabarainny,	tikékuno,	boumindy,	nonocoray.
	acourou,	gonguers,	counco,	paquiar.
	adabary,	fy,	hietty,	ouroc.
	hiniana maindou,	namfica,	guohéhencom,	bounou paroqua.
10	marée mais,	gotim,	boubicque,	bihic.
	illiguloura,	bedelle,	guabbon,	heppor.
	yé moulou,	bougamenay,	sam,	samoucan.
	ainteque niana,	bophihuine,	houggahandom,	haguiau hentoun.
	amadagnan,	socahom,	guelaguey,	hequelaguahaye.
15	yacarey,	oterû,	houhiquaham,	hanarey.
	acara,	saiby,	faquetty,	houguisse.
	racatou gounou,	guinelle,	bounouc,	cafoun.
	caréhany,	aessa,	facqué,	nafoumous.
	mekée,	gaylem,	lombon.	founoun.
20	teingner,	nauen,	maletty,	hounab.
	aimbé,	foudel,	coul,	sambon.
	adabaril,	goutado,	gualouf,	hetoye.
	seré-siré-lemmé,	aguioulyta,	houddou haudon,	aféhacco heti didde.
	atahouey,	guira,	vammal,	bourous.
25	garé,	forary,	smotte,	boufoul.
	ahourondine,	mody,	camotte,	hourien.
	cousso,	guyaendeo,	baguitty,	hassoungoutey.
	acara mocobourou,	coraquéhay,	haguior,	nalappouthey.
	bonney,	gacasse,	goudouc,	bopoué hanor.
30	atimelany,	pouy,	guefon,	baffon.
	natougouacon,	degullsa,	bouquin,	fougne.
	nadaguenacobo,	goucome,	binom,	founom.
	guionco,	caigne,	enguondouc,	heanor.
	anguioufa,	okoda,	hanini piguoun,	nalolotan sinco.

Français.	*Guiolof.*	*Mandingue.*	*Foulé.*
Fondre,	ré,	elendy,	tahenan,
Force,	dolé,	seimbé,	dolé,
Forge,	tegne,	touncan,	bayla,
Fort,	amdolé,	sembéty,	guiomdolé,
Fort bien,	guicknan,	aagny betequé,	hebuy,
Fou, fol,	dof,	tourou,	canguado,
Fouiller,	malalam,	asy,	memman,
Fourmi (1),	melente,	magnan,	metteldy,
Fourreau,	bar,	la,	ouanou,
France,	tougal,	frances dou,	tougual,
Frapper,	hiel,	saye,	fimo,
Frère,	raque,	coto,	migney,
Froid,	lehou,	neno,	guanguo,
Le front,	guay,	font,	tindey,
Fruit,	grap,	iridin,	lecquy,
Fuir,	dan,	bory,	doguedé,
Fumée,	sakar,	sicy,	quiourquy,
Gager,	talé,	pistar,	balquou,
Gagner,	haynala,	engagnar,	misemtiny,
Gaillard,	reonga,	satalarin,	seitahal,
Gaîne,	bar,	la,	bar,
Gale,	ram,	caty,	guahé,
Galeux,	ramguerdy,	catity,	guaheyham,
Gamelle,	kar,	counan,	laal,
Garçon,	onaye, ouagny,	dinquerin,	binguel guorey,
Garder,	dink,	saindy,	ressana,
Gâter,	yak,	tignar,	habonny,
Main gauche,	kiamoi,	mara,	nanou,
Girofle,	korompoullé,	soumarey,	quiocsoqué,
Glorieux,	rean,	guanguan,	setandy,

(1) Ce mot semble écrit *fournir* dans le vocabulaire saracolé.

	Saracolé.	*Sérdire.*	*Bagnon.*	*Floupe.*
	adacary,	naenen,	bohinty,	narendem.
	asseinbey,	dolay,	sembé,	sembe.
	ataca,	ouf,	callac,	batacoufagne.
	seimbé-anamassana,	aguyga dolay,	hattiqui,	nalinhé.
5	anquiry,	akhena,	gouguenné,	maleguen.
	ouakayanadou,	ollau,	guangnal,	naboubo boubo.
	namourounou,	niapy,	hoguetty,	houhoc.
	yaquinanga,	nigno,	agnogno,	hetafa.
	onama,	disgoulap,	goubol,	caffon.
10	toubabe dougou,	gandoubabe,	bouccor oupognem-baba,	hafoucou babaye.
	acatou,	khauen,	maletty,	hounac.
	coconey,	endep,	hontoc hounonque,	hatiom.
	teinquey,	gokiogiaon,	guihoc,	gnonque.
	»	goudadigue,	beignire,	fouriou.
15	herremey,	niammela,	cocoheb,	couihel.
	hourounou,	cudy,	goucous,	nathey.
	quidé,	fossonne,	bongaud,	poquor.
	nantacoudomé,	guiala,	hinque hoc,	quettey.
	namoulou nafoquita,	aguiga,	enguagnar,	enguagnar.
20	atourou-yananymain-dou,	gofesse,	haliac,	nassoumy.
	habouhouana,	gohol,	goubaulou,	cafon.
	couty,	ikgue,	guiapocque,	boccohotte.
	couty yanasana,	ikguay,	hond guiapocque,	hata boccohotte.
	nouhorey,	houagaing,	quideinque,	bouril.
25	lemmé,	guyahengoi,	hauldiguen,	haniney.
	atanga,	otahay,	gnohenty,	hounen.
	adaboulondy,	yakay,	gualem hoc,	nelcacayhun.
	tahé,	guianon,	simahi,	caniahacoun.
	guierey,	gorenk polay,	soumarc,	soumarc.
30	hemaindara,	faba,	amingougnagra,	cacaro.

	Français.	*Guiolof.*	*Mandingue.*	*Foule.*
	—	—	—	—
	Gomme,	dakarné,	»	daqué,
	Gorge,	baté,	can,	daandé,
	Goulu,	sopegniam,	nousia,	haidy namdé,
	Gouverneur,	bour,	satety,	laamdan,
5	Graisse,	dou,	quein,	haydan,
	Grand,	magne.	ba,	mauny,
	Gras,	dou,	tolota,	fahydan,
	Gratter,	okou,	guagna,	gnagna,
	Gronder,	mer,	gousoubo,	hatiquy,
10	Gros,	diguié,	aboun,	mauny,
	Femme grosse,	diguienne bire,	moussou conoman.	deborec dou,
	Guérir,	faye,	guara,	safaré,
	Guerre,	garé,	quélé,	haré,
	Habile,	gorenga,	menafeinno,	cadiman,
15	Habiller,	sol,	sity,	bornadé,
	Hache,	semin,	teran,	guambaré,
	Haire,	mer,	fogno,	leoulehuel,
	Haleine,	noé,	niguy,	fofande,
	Hardes,	biré,	sityfein,	coulley,
20	Hardi,	guiomé,	agnagnita,	quattondo,
	Se hâter,	gahouel,	cataba,	hiahuy,
	Herbe,	gniac,	gnama,	houdan,
	Hérétique,	baigno,	hereige,	beinguida leignou
	Tout à l'heure,	legni,	saingne saigne,	guony,
25	Heureux.	baré ouarsek,	»	harsouquou,
	Heurter,	fougne,	acossy,	fidey,
	Hier,	dembe,	counon,	hanquy,
	Homme,	nil, gueré,	moo,	guorquo,
	Honnête,	segor,	bété,	diman,
30	Honteux,	rousse,	maloula,	guaqué,
	Hoquet,	hiaquel,	»	ligueguerré,
	Hors,	quiabiti,	bantorto,	bouul,

Saracolé.	*Séraire.*	*Bagnon.*	*Floupe.*
camberé,	thiokam,	»	»
acané,	forkoquior,	goufitty,	cagnouigny,
hegandé-moulousana,	niamot,	affitty,	nabaye hafare.
cagoumé,	made,	silaty,	affan atta bouroum.
catahé,	neba,	quein,	matop.
lancoro,	gaygada,	haboudou,	nabelo.
ancatay,	aboubay,	badehequi,	natopé.
ancaka,	niahakche,	gougnanboula,	caccoufor.
doko,	fouhay,	haquemesac,	balamouc.
afatanancoro,	magna,	hadey,	narouquey.
nocotenny,	ouagara,	bieddy,	camaalen.
aguiaranna,	ouadnen,	haguebby,	namheley,
ongaguian,	ganiokhe,	bignam,	fougnam.
ackillé,	akariqua, *ou* asseda,	hamessy,	natoutougne.
fanciré-amac,	gnirohay,	haguenagué,	nacocorey.
bidé,	goubahak,	coumocodique,	founiry.
»	»	guioumba,	heguabiry.
ahchouonquine,	nioty,	gounongnolou,	neffesec.
yocou,	nira,	guabben,	pasoul.
antiacou,	assada,	haccagny,	naccagny.
ancourouma,	fykainay,	guatinty,	hoaquen.
bité,	goudade,	guano,	hetourou.
magne,	»	guintrou,	guintrou.
courouman,	diknay,	namonamodou,	gnégnégné.
foréyani,	affelade,	harguiguey,	habaya.
fahé doconom,	hahinbaha,	acoignecouboun hodou,	nanaynague cayhongoutou.
darou,	fasque,	dehen,	fouquen.
hyugo,	oukor,	hondiguen,	haniney.
ahé saleny,	corpahak,	mohobeté,	hatamaleguen.
ahé agounou,	seda,	guaroc,	nappouguian.
naquelaine - souataindé,	boullokouy,	nocquoquian,	»
madaganabaucoup,	tavelle,	sanoum,	hasanoum.

Français.	*Guiolof.*	*Mandingue.*	*Foule.*
Huile,	tere,	toulou,	nebamlequy,
Huit,	gueromyel,	saye,	guetati,
Huitante,	guerom ma fouc,	mouan nany,	guapandé guetaty,
Humer,	nan,	amy,	hiardé, siguirdé,
Ici,	fi,	guan,	dan,
Ile,	don,	guoé,	saré,
Image,	nattel,	»	nandinna,
Imposteur,	sokor,	fanca,	cougnan,
Infâme,	bacour,	amangny,	mogualy,
J'ai,	amna,	abeinfé,	dagny,
Jaloux,	feré,	quili,	quirem,
Jamais,	mouk,	mouc,	abada,
Jambe,	tank,	sin,	coffingual,
Jardin,	tol,	horto,	gueffan,
Jaune,	sosel,	coué,	auby,
Je,	man,	inté,	min,
Jeter,	sani,	fili,	huerlan,
Jeune,	rahuey,	dindin,	toccoguiau,
Joli,	rafel,	guimma,	moguy,
Jouer,	houry,	houry,	auby,
Jour,	bekaike,	tily,	guarauman,
Avant jour,	bola moubire,	fanoa manqué,	soubaqua lan,
Ce jourd'hui,	té,	bi,	handey,
Tous les jours,	guirguep,	lounoloun,	gnandey calan,
Joyeux,	nekatounau,	gnousou larin,	hueleylé,
Jure,	mandi,	sira,	mandilan,
Jurement,	bakars,	caly,	baccato,
Jurer,	defna bakars,	caliqué,	baccaro,
Jusques,	bel,	an,	fadan,

	Saracolé.	*Séraire.*	*Bagnon.*	*Floupe.*
	—	—	—	—
	toubabe outé,	kfire,	mounguiou.	mitty.
	nierou,	bette foutadek,	quilallalan,	soutamlouc oufagué,
	»	barbaba ennadek,	gnanam rennec,	boucan coubac quirey.
	naminy,	irfanier,	roucqui baribe,	noutobe.
5	quenocou,	mainay,	nanqua,	tathé.
	douhondé,	goussaha,	guioguy,	souquiangua.
	douaré,	santo,	»	»
	ahé siuana,	omabe,	houhieppy,	capetehuy.
	hiacarainkiouka,	oteou,	haguindy,	noulahéné.
10	andaquity,	guayga,	hicominey,	nibaguy.
	souca,	nala,	bocquitty,	houlou.
	einfontireindy-gantelon,	nafoul,	goulef habada,	cassanquey foulahy.
	tha,	goukode,	quidinqui,	cacannou.
	thé,	gokol,	gouguionno,	sindona.
15	soubiné,	barbatan,	affer,	catoumpaye.
	namoulou,	may,	mémé,	inguey.
	ahé sedeny,	kahier,	hourelly,	houbette.
	leminé,	guiahamgor,	goussombe,	nassounhey.
	seré sireny,	mossa,	abounou,	napounquo.
20	ouholy,	nietoray,	endecquo houry,	heylouc.
	kiera,	gaygnongol,	bineigue,	balaye.
	illenkaré,	kaydongola,	rambigouled,	bouguiom.
	reinty,	khanay,	goumbou,	guatty.
	cotohokota,	gaygnongolay,	binomobinom.	soulaye o foulaye.
25	himendara mokobourou,	afaha,	halim.	nassoumy.
	couna,	oyehio,	goubatty,	cabatta.
	acouna.	gagny,	goubatty,	cabatacou.
	adaraham,	gagny,	goubatty,	cabatta.
	aréquainbirey,	belmon,	imbian,	baba.

	Français.	*Guiolof.*	*Mandingue.*	*Foule.*
	Là,	fy,	gué,	dau,
	Là où je suis,	fimaguieki,	imbocha doula menné,	dau yanny,
	Lac,	mar,	quené,	quathenguol,
	Laid,	gniau,	moulounguiau,	bony guary,
5	Laisser,	bahit,	atou,	hacquiou,
	Lait doux,	mseau mean,	nono queré,	cossam biradam,
	Lait aigre,	mseau mforok,	nouo coumou,	cossam cadam,
	Lance,	kaye,	tambo,	banguon,
	Langue, langage,	lamin,	cant,	demgual,
10	Lapin (1),	leque,	san,	haugueré,
	Large,	ya,	fano,	hyangué,
	Larme,	guyohit,	combo,	guondy,
	Larron,	sake,	soun,	gouguiou,
	Las,	tasré,	bata,	tamperé,
15	Laver,	ragasse,	fop,	houppou,
	Le,	lani,	a,	guohom,
	Legs,	sedena,	»	ndauno,
	Lequel,	anaquo,	guaman,	hollymo ouady,
	Lettre,	teré,	saphé, *ou* caette,	talcourou,
20	Lever,	yeguety,	aquigna,	houmilman,
	Lèvre (2),	togne,	dacoloman,	tony,
	Libéral,	hinenga,	sorinola,	candocquo,
	Libre,	guiambour,	foro,	diman,
	Lier,	hehan,	assity,	houmey,
25	Lieu,	bereby,	doula,	nocquongnou,
	Lion,	gandé,	guata,	barody,
	Lire,	firi,	saphé, *ou* cara,	huindou,
	Lit,	lal,	laran,	guammet,
	Livre (3),	teré,	saphé,	talcourou,
30	Loi,	yone,	sila,	lahaul,
	Loin,	soré,	guanfa,	hauddy,
	Loisir,	guiotenako,	siy,	chiouhahep,
	Long,	goude,	guan,	guouty,

(1) Dans les vocabulaires saracolé, séraire, baguon et floupe, ce mot est écrit *l'appui*, et trad conséquence.

(2) Dans les vocabulaires saracolé et séraire, ce mot est écrit *l'heure*, et peut-être traduit conf ment à cette indication.

	Saracolé.	*Séraire.*	*Bagnon.*	*Floupe.*
	—	—	—	—
	hierey,	mayny,	biam,	baba.
	anaquenoc,	maiockma,	canguou heminey,	tatanem.
	collanga,	tamendo,	boudon,	fouyhelec.
	fougariniangue,	pharia,	quiou,	naccoyguo.
5	cahouara,	guayky,	balinty,	naccoguey.
	katé kahou,	fosso phessis,	minimoquein,	minimiguiobé.
	katé malaguiou,	fosso phodako,	minimintomy,	minimina firey.
	»	anambo,	gouhal,	cabouhaye.
	oko,	phagnek,	caleb,	alloc.
10	sigué danahierey,	hakandohey,	boucomoun,	guehoquol.
	haincoro,	laïa,	hahoueye,	nahoguy.
	yacankhy,	fougon,	mounguin,	mounçout.
	faya,	gouda,	hoddouc,	hacouhetty.
	forré,	abaca,	coumbin,	bonioc.
15	houankaindé,	lapy,	hiniquia,	cagneon.
	hierey,	kada,	»	»
	»	huyelaua,	hahendy,	neref.
	kué,	kanay,	quamon,	hay.
	safahay,	goubinde,	heguaguin,	nigualenon.
20	coudé,	khoty,	quenoun,	hobito.
	shoumé,	godon,	goumetty,	goumetty.
	siré sana,	massa,	hanac hom,	nahouley houl.
	seré fileman,	guiambour,	housanom,	hasanom.
	comboué,	daray,	nebetty,	houquoque.
25	compe falé,	agoda,	cammané,	babé.
	yatté,	guiohe,	guiomoucodou,	guiomoucodou.
	caram,	guyanguy,	caran,	caran.
	dhaba,	hyquionque,	rannon,	ouaque ouaque.
	candiané,	gondol,	coloutte,	»
30	ahé saline,	niohur,	ley,	ley.
	halatou,	agoda,	hanamadou,	nalohey.
	ahé daingua,	adala,	jominoc,	haumilocom.
	alatou,	aguigada,	hahoudou,	nahilan.

(3) Dans les vocabulaires saracolé, séraire, bagnon et floupe, ce mot est écrit *lièvre*, et sans doute traduit en ce dernier sens.

Français.	*Guiolof.*	*Mandingue.*	*Foule.*
Longtemps,	biague,	ameta,	bohédé,
Loup,	bouki,	soulou,	faicour,
Lourd,	deseé,	couly,	teddy,
Lui,	mom,	até,	canquotan,
Lumière,	tal,	mala,	houbboudé,
Lundi,	atteny,	tené,	haleire,
Lune,	huait,	caro,	lehourou,
Mâcher,	hiay,	guimy,	hacqueré,
Maigre,	om,	labar,	foguy,
Main,	loho,	boulou,	gounguo,
Maintenant,	legui,	saygne,	guony,
Mais,	enda,	barca,	sico auny,
Maison,	mnegue, *ou* kobé,	sou,	soudou hautourou,
Maître,	borom,	mary,	guiomom,
Mal,	miti,	dimi,	moucy,
Malcontent,	gueremour,	amangualy,	hiata liman,
Malade,	rague,	guancarta,	guangaro,
Maladie,	guanguero,	guancar,	gnau,
Mâle,	guere,	quéé,	guorquo,
Malgré lui,	defnaco,	doucaré,	mihouty mam,
Malheur,	aye,	bono,	borauddé,
Mamelle,	ouhen,	sounguou,	hindou,
Manger,	lek,	domorqué,	gnamdé,
Manier,	lal,	ma,	memdé,
Marchand,	yakand,	firila,	saudauré,
Marché,	guay,	firidoula,	quigaurey,
Bon marché,	baréour,	firiguimma,	gueré mogualy,
Marcher,	dok,	tama,	hiey,
Mardi,	talata,	talata,	talata,
Maréchal,	tegue,	noumo,	bahilan,
Marée,	nake,	guy,	nak bacty,
Mari,	guiquere,	queo,	fergua,
Se marier,	cé,	foutou,	cathel,
Marigot,	mar,	fara,	quiatenguan,

Saracolé.	*Séraire.*	*Bagnon.*	*Floupe.*
—	—	—	—
hadalla,	amigna,	migny,	gnouppoyhey.
tourougué,	gomone,	bouddoum,	hemoundoum.
ankota,	ameda,	haminouc,	nalibey.
inquiey,	oïer,	homodou,	haquila.
cassonconté,	sobogny,	hounetty,	houyaben.
acounotan,	taguy,	bioub,	founaquac.
casso,	ongol,	guioun,	fylein.
hacamboudiny,	niamy,	sincobou,	soutocogne.
hacouma,	fora,	gnagnecqui,	nagnamey.
quité,	gobahy,	rancoigne,	cagnein.
adalla,	kiane,	namody,	gné.
»	kagnay,	guin,	haan.
compe,	gombinde,	hadiquy,	heloup.
aquama,	oyal,	gnamo,	affan.
quinté-siré,	guen,	goubouc,	caguelly.
makuikué,	felerein,	samidy,	assoumoufoum.
thohaye,	aguyra,	houned,	aguioaty.
hihamgaro,	godomel,	banedouhand,	cachoon moutaquou.
hiuogohedou,	gongokche,	diguen,	honinne.
haqué-niana,	faria goufoutte,	dinac ongoudou,	lebbieguetom.
haladecacoutou,	nacade,	hougnaque,	canpagny topaigne.
combé,	oudein,	bimin,	foucate.
higa,	niamy,	gouiacla,	foury.
hana,	namy,	mappinty,	imamen.
guihoula,	oky guiko,	houguilan,	hanoman.
daga,	niahy,	nombon,	founouil.
theré-siry,	occaga niahy,	raminen,	bafofo.
dagatheré,	raity,	endecquo,	cougualle.
aye talatan,	guioumelin,	»	»
tagué,	taua,	aulac,	affaignan.
hasoly,	comay,	bomgaan bandouc,	mounoc heianor.
quiné,	okor,	audiguen,	hataan.
hahiaqueny,	ondolo,	goufeddy,	acheiquo.
collé,	gatkal,	coraau,	guiquolgulatit.

Français.	*Guiolof.*	*Mandingue.*	*Foule.*
Marque,	ourede,	risqua,	didol,
Marteau,	tekiou,	martel,	tandé,
Mât,	ron,	basso-colmon,	guahayhy,
Matin,	anteste,	so-élé,	soubaqua lan,
Demain matin,	allekkia lelek,	sauman so-élé,	soubaqua guiang
Mauvais,	bakour,	guan,	bondou,
Méchant,	aye, nekour, bakour,	guan,	hauroldé,
Médecine,	grap,	bory,	lecquy,
Médire,	casté,	nein,	hinnoré,
Meilleur,	guen,	fiça,	mobouly,
Mêler,	bolé,	agnamé,	rendindé,
Melon d'eau,	kale,	sara,	dendé,
Même,	sak,	fanfan,	tembé,
Menacer,	ouatouma,	barandin,	hacquilem,
Mentir,	nar,	fanca fo,	rimy,
Menu,	mok,	mecein,	diggou,
Mer,	guaye,	baba,	guaye,
Dieu merci,	santena yalla,	alla doua,	mihetty halla,
Grand merci,	sante,	doua,	mihetty,
Mercredi,	alarba,	»	alarba,
Merde,	douille,	bou,	daudy,
Mère,	dé,	ba,	hiouman,
Mesurer,	nate,	assouman,	bette,
Mettre,	def,	aqué,	guioddil,
Miel,	lem,	ly,	nguioum,
Mien,	mamon,	yna,	minguaye,
Mieux,	guen,	afissa,	minboury,
J'aime mieux,	momaguenel,	lafita,	anbourenimy,
Mignon,	guiombangua,	guigna,	moguinguary,
Milieu,	digue,	tema,	accoundéy,
Mille,	goup,	guo,	guaury,
Miner,	yebou,	dincosy,	nguasqua,
Minuit,	guenoalgoudy,	doutala,	fecqueré guemma,
Miroir,	peito *ou* cetou,	felerran,	darourgual,
Moi-même,	mansak *ou* tembe,	inté fanfan,	mintan,
Moins,	mtoute,	dauman dindin,	seyda,
Mois,	houer,	caro,	leihaurou,
La moitié,	guenoal,	tema,	fequeré,

Saracolé.	*Séraire.*	*Bagnon.*	*Floupe.*
—	—	—	—
hanonou,	ak,	bouittam,	camanguem.
tané,	goutane,	fountany,	helappouman.
hité,	gatoinio,	gouliquem,	cayoum.
soucouba,	gofaquette,	barouc,	baran.
combané-soucouba,	goufette ofainette,	teppoudou guiounan,	dibouiom.
habouróny,	pharhaire,	hissonguou,	nouccoguey.
seré-bouré,	guyafia,	quessonguou,	hannanacoguey.
fafazé,	gouterhe,	seiguan,	bouguogue.
cahainda,	vareagodon,	bouquehoud,	houguelan.
fossé reny,	»	fabboun,	nemmoun apoungue.
hancafoumé,	diahassy,	sangual,	cannamhor.
kuiehé,	saiquel,	saran,	saran.
haréquainbirey,	matte,	mémé,	ingué.
doho,	enkaho,	iracouo,	oyaguora.
agarena,	mabay,	cahiebbou,	cappel min.
fomissé,	akoya,	hoguep,	nemissey.
fanquoré,	gomague,	haddenné,	canhoc.
allé serondy,	guedma morogue,	ouallat iddin,	houssafeinet.
hiré guiqua,	guedma hon,	hourocim,	nouppoullenom.
theninguay,	talata,	»	»
couro,	touay,	dibeddy,	houat.
schaqué,	iyay,	gouhohe,	guiam.
haquaintié,	layby,	liquetty,	couliquom.
hasangandy,	diakenmana,	canty,	hauquan.
hiagué,	som,	coumpan,	moucoum.
nianfony,	madis,	conam,	gueiqueley.
queniampassou,	moyou,	cobboun,	nappounquey.
quenalé-guaindan,	kayné bougon,	mémé fam baran,	gnegne fam epagne.
fauciré,	oudoutoye,	harenny,	natteben.
hanacan,	gandere,	bagueguem,	detouc.
houdiounanciquy,	guymme,	ouly,	ouly.
fossé-aca,	khoray,	cahoguiou,	couocmy.
hourou-antacandey,	gohien onquitte,	baguendé,	detoufouc.
dhouerey,	godendor,	boninguenan,	cayouquer.
hainquié-sana,	my seque,	memmonomac fanfam,	guery conquom.
haré-quainbirey,	karbahenbetique,	dicando,	hicano.
cassoubanay,	ongol,	nounguandam,	founom.
cassouta candey,	gassenkalck,	maguenem,	detouc.

	Français.	*Guiolof.*	*Mandingue.*	*Foule.*
	Mon,	sma,	ina,	lahom,
	Monne (guenon),	golo,	soula,	houandou,
	Le monde,	nit,	dounia,	neddau,
	Tout le monde le sait,	guiep camnaco,	moloube aolon,	calanguandy,
5	Montagne,	tonde, dune,	conquo,	saundé,
	Montrer,	sieste,	itandy,	hollam,
	Se moquer,	hor,	guélé,	habaquette,
	Morceau,	sok,	countou,	secquéré,
	Mordre,	mate,	quein,	leddé,
10	More (maure),	mnars, kiapatre,	soulacoué,	quapato,
	La mort,	des,	saa,	mahy,
	Mortaise,	thes,	dinqua,	houdderé,
	Mortier,	guenne,	coulon,	haurou,
	Mot,	ouak,	diam,	dandé,
15	Mou, mol,	nohé,	fouha,	hiaphy,
	Mouche,	ouin,	sy,	boube,
	Moucher,	guiendan,	nonnoufé,	nittan,
	Mouillé,	tohé,	sinandy,	lepy,
	Moule,	moure,	soumandan,	moudo,
20	Mourir,	desnam,	sa,	mahy,
	Mugir,	maginé,	ahoury,	barandy oubby,
	Mûr (1),	guiont,	mo,	beindy,
	Nager,	foun,	nau,	guinam,
	Naguères,	hiagour,	aman mé,	bohé aly,
25	Naître,	sacna,	oulon,	guiby nama,
	Natte,	daia,	basso,	seicqua,
	Navire,	raudi,	toubabe coulon,	lana manquà,
	Négoce,	guendon,	firy,	sandiquo,
	Nettoyer,	fop,	fitarque,	houdé,
30	Neuf (2),	guerom nionnet,	conanto,	guenay,
	Nez,	bokan,	noun,	hounquy,

(1) Ce mot (*meur*, suivant l'ancienne orthographe) est transformé en *mettier* dans le vocabul saracolé.

	Saracolé.	*Séraire.*	*Bagnon.*	*Floupe.*
	—	—	—	—
	bougou founé,	teguis,	ounam,	nicquiiey.
	»	»	cogny,	heguian.
	dhouna,	aduna,	dounia,	hessoucopoyo.
	seré-tout-hietout,	vuimon enda,	boucor mes annaou,	hessoucayepop nameré.
5	dhehondé,	gapumbe,	hanafy,	caguilengaatou.
	haquainga,	lalgandeine,	heguinté,	houisolo.
	nancaronne,	ondogote,	guanquil conocar,	annaloué.
	capitanté,	hoptatinde,	boutouncon,	»
	haquainhy,	niaty,	naletty,	couroumbe.
10	sourouhaqué,	nare,	soulacoué,	soulacoué.
	hakara,	rangon,	haquidy,	nacquetey.
	couhoumé,	aessa,	gougnoufon,	hehoc.
	golez,	gahon,	countou,	houssican.
	»	faniette,	gouleb,	cassanquen.
15	faucouromba,	amoka,	nebou,	bourbourou.
	soumis,	goubougue,	bioulounde,	balolo.
	haguahour,	nitiohay,	guiletti,	outilen.
	schouny,	akouba,	haqueny,	noguodmoumet.
	haquainty,	gazaque,	forma,	forma.
20	kuara,[2]	okona,	biequidagou,	hequetnam.
	ahé-hounou,	nakrebouba,	alleby,	assanquen.
	ahé-sereney,	efons,	hegnegné,	nagnulo.
	hahé-queniny,	vaigny,	mohé,	calohé.
	amadalla,	minieres,	mihidon,	hapouito.
25	habé-simana,	arimoha,	aoualy,	naliley.
	bassen,	gossard,	bassan,	cafintou.
	fourra-corré,	kacalle,	bequan,	bissan oubabaye.
	»	omguiguen,	guonguilan,	founom.
	hediosiny,	layly,	meinqueletty,	houey,
30	nierou,	bethfounahak.	cooham,	hioncoulou.
	noconné,	gogmes.	guienquin,	fougnoun.

(2) Ce mot paraît pris tantôt dans le sens numérique, tantôt dans celui de *nouveau*.

	Français.	*Guiolof.*	*Mandingue.*	*Foule.*
	—	—	—	—
	Nid,	taque,	sou,	sabboudou,
	Noir,	nioul,	fin,	bauly,
	Nom,	toude,	too,	hindé,
	Non,	der,	inqualen,	ala,
5	Nonante,	guerom yanet fouc,	mouan nany nintan,	quapandé guenay,
	Nôtre,	sno,	ina,	guehen,
	Nouer,	sette,	sity,	pinol,
	Nourrir.	dondel,	simandy,	hournaman,
	Nous,	non,	intelou,	milem,
10	Nouveau,	henquesse,	couta,	quessan,
	Noyau,	dom, caque,	coulou,	bibey,
	Noyer,	lab,	tou bato,	hioly,
	Nu,	foutourou,	oura,	bandou merou,
	Nuit,	goudi,	souto,	guemman,
15	Nulle part.	cenne,	doula quilincou,	houndé,
	Obéir,	mohanna,	»	caubando,
	Obscur (1),	lenden,	diby,	niurcy,
	Obstiné,	reho,	contoucoleia,	seytahal,
	Oeil,	bette,	gua,	hiterey,
20	Oeuf,	nen,	quilo,	bocquoré,
	Oeuf d'autruche,	neindiasin,	»	poquiodé nauran,
	Offenser,	casté,	boé ouandy coumato,	hiennoré,
	Oignon,	seboula,	sabola,	bassallé,
	Oiseau,	rab,	counou,	dioury,
25	Ombrage,	ker,	duben,	boubry,
	On dit,	nit oknan,	yquo,	neddohaly,
	Oncle,	naguiay,	fadan,	cahan,
	Ongle,	ouay,	nhory,	segueney,
	Onze,	fouc ac ben,	tan ny quilin,	sappoguo,
30	Or,	oroun,	sano,	»

(1) Dans le vocabulaire saracolé, ce mot est changé en *observer*.

	Saracolé.	*Séraire.*	*Bagnon.*	*Floupe.*
	—	—	—	—
	illainsouca,	bofent,	bor och,	heloup.
	fobiné,	baslik,	caraché,	hala.
	seré-tocom,	gougon,	gourel,	quares.
	macagnan,	bara *ou* bourom,	hany,	leignam.
5	tandoumé,	harbaha betfounahek,	gnanamrenec halou,	bouquanque baquir.
	halquenbirey,	ouhaynay,	conguiou,	ouafonou.
	fobiner,	commy,	rounetty,	houssignen.
	hambiramdiny,	nioemday,	heguebboun,	heron honon.
	hanquian,	inon,	minnou,	ouly.
10	fancouromba,	casse,	coquoam,	hioncoulou.
	siré,	assom,	gounoc holon,	saha.
	ahiolagné,	arimanomague,	gnaqué,	nocquet dimoulou.
	hataindourou ahé-dagana,	bungday,	hanamam,	nilum.
	hourondou,	goyengue,	guocquel,	doufouc.
15	thédagana banambam,	retymana,	cantyocanty,	bannobana.
	hahè-niannada,	lalganda,	guamanhy,	napagné.
	naqué-tangara,	anebana,	boguiquy,	naraborab.
	hahé-coutandiny,	ananadara,	hararybiguof,	noutolto fuquo.
	yacaramté,	ganguitte,	sigguin,	fouquil.
20	hielou,	gouguen,	bounin,	quaye.
	firguihelez,	douguin baha,	bouninque souroun-tou,	queyquata sourountou.
	acandio,	afouba,	cassé,	condingué.
	bassallé,	sabol,	haillo,	haillo.
	illingué,	dide,	tounnan,	fouttontou.
25	sirohou,	yok,	tauna,	bolaminahaye.
	aquisanda,	alemba,	haleba,	coussanquené.
	aquaho,	tokor,	ombeigne,	mamayhom.
	»	baimbay,	gouppolé,	cohol.
	tamoudouhanay,	arbahay falengue,	qualac mandouc,	habanquaguen dianor.
30	cagné,	ours,	sano,	sano.

	Français.	*Guiolof.*	*Mandingue.*	*Foule.*
	Ordure,	boub,	noo,	houdé,
	Oreille,	nop,	touloun,	nahourou,
	Orient,	pencon,	tilibo,	foutnanguy,
	Os,	yak,	coulou,	guiel,
5	Ose,	raguel,	guayou,	ouldé,
	Oter,	dindit,	sarey,	hittou,
	Ou,	neke,	minto,	hauny,
	Oublier,	faté,	nguina,	migneguity,
	Oui,	ouao,	aoua,	heye,
10	Ouïr,	deg,	mouy,	nany,
	Ouvrage,	gueffe,	doo,	houdé,
	Ouvrir,	oubil,	eléé,	houdit,
	Pagne,	seyr, alanne,	fauo,	oudéré,
	Paille,	niac,	guantan,	houdan,
15	Pain,	bourou,	mounquo,	boudou,
	Paix,	mar,	dia,	hueltedet,
	Palmier,	ronn,	teing,	guahahuy,
	Papier,	cahet, onakio, onafo,	cahetty,	barcour,
	Paradis,	alguennan,	arguennan,	arguennan,
20	Pardessus,	quiaco,	sanoto,	toddau,
	Pardonner,	baal,	aquetou,	haquou haqué,
	Pareil,	yeprok,	foulan,	nandy,
	Parent,	bokbaye,	barein,	hibama,
	Paresseux,	iescer,	dobaly,	famoro doley,
25	Parler *ou* parole,	ouak,	couman,	baulé,
	Part,	oual,	ny,	guedel,
	Partager,	cederey,	atala,	guedou,
	Partir,	taidi,	bo,	yahy,
	Partout,	saip,	guanoguan,	calafop,
30	Pas,	dago,	tama,	guahédé,
	Passer,	guyal,	tambi,	rehuy,
	Patte,	sebré,	sibri,	direl,
	Pauvre,	basdole,	dauba,	basdol,
	Payer,	faye,	sara,	hiop,

	Saracolé.	*Séraire.*	*Bagnon.*	*Floupe.*
	—	—	—	—
	acafolou,	dakha,	hanory,	nafaus enfaus.
	aindofo,	nof,	quinif,	cahof.
	quaimbaca,	batanfoseia,	gouranque,	bata bataye boupom.
	cotté,	gouhique,	guoguoun,	cool.
5	»	sadera,	cahinty,	noucquofé.
	yabagandiny,	ouatnen,	fodinty,	opperen.
	quenoko,	tamerata,	baguaye,	bahye.
	hemouga,	vayguiam,	firamy,	niguimé.
	heho,	tio,	naac,	gnaman.
10	abagoumedou,	guynonguy,	gneguetty,	ouguiam.
	hagoléniangue,	tigro,	haboun,	hafeynapounquaye.
	ahouhougi,	vektem,	binde datty,	ouba boulou.
	hirainé,	goupaye,	tebben,	pafout.
	sokez,	goudade,	guady,	mouguitte.
15	dranuhiley,	gofongue,	guabbon,	hepot.
	houlanhimo,	koy,	hallinnac,	houban.
	cahé,	gongayche,	sagouque,	sibequel.
	cahety,	kaytte,	cahitto,	cahitto.
	halligana,	guennehou,	din *ou* halque aman,	coufoqua.
20	hahouredou,	galengue,	canty,	hoquaigne.
	hadacoutocanda,	ouassenin,	cafery,	hibaloutty.
	haincaoua,	kamandy,	dinneguoun,	appaloum.
	marené,	oullygue,	barinquom,	hanom.
	tagolé molou,	okposse,	naquarey,	nonquinouonquy.
25	acam,	lemptique,	goulem ,	cassanquey.
	query,	maiguegou,	goufacquilo v,	coubichéy.
	natacandy,	lassery,	bottoumotty ,	hobohaye.
	hanguery,	ouareta,	hiffody,	hippourey.
	hassouhanqué,	adnémort,	cangoulmin,	banoban.
30	heinqué hanguery,	gouguiaf,	goulef,	cacandounquauor.
	hacouty,	fafy,	hecquoty,	ougnofatit.
	kitté,	sibray,	quidic achaye,	caquandou hianor.
	fofoainté maca,	ondol,	gugnotty,	hougualen.
	natougana,	rauedy,	dauba,	hailtoubabaye.

Français.	*Guiolof.*	*Mandingue.*	*Foule.*
Pays,	mreou,	dou,	ourau,
Pêcher,	nape,	gueso,	hahan,
Pêcheur,	mosle,	dolinfayla,	cubalot,
Pendre (1).	haye,	assity,	hian,
Penser.	faguie,	ico,	gueoundou,
Percer,	betunces,	soo,	huly,
Perdre,	raise, rier,	fily,	magguеré,
Père.	baye,	fa,	bama,
Péril.	requina,	»	bocquety,
Permettre,	bahet,	atou,	homborocon,
Perroquet,	kiohé,	guiobohé,	kiaurou,
Personne,	quenne necoufy,	moo	guantho,
Pesant, lourd,	descenan,	coulia,	teddy,
Pet,	poupe,	tony,	riddé,
Péter.	doguet,	toniqué,	fousteré,
Petit,	neou,	soutou,	tocquosel,
Peu,	intoute,	dauman,	riddé,
Peuple.	nit,	moolou,	neddau,
Peur.	ragual,	sila,	couldan,
Peut-être,	fouaco,	fo, acounta,	michicquy,
Pièce (2),	fel,	countou,	houautquéré,
Pied,	tank,	sin,	cosdé,
Pierre (3),	doye,	foulan,	haheré,
Un pieu,	bant,	colmon,	leiquel,
Piler,	houet,	tougou,	hounde,
Piller,	lel *ou* moyel,	boucy,	cauno,
Pilon,	guenne,	couloun,	cour,
Pincer,	dompe,	gnopoty,	moucqueré,
Pipe,	nana,	tabanda,	guardougual,
Pique,	kaye,	nama,	hiouhuy,
Piquer,	guiam,	barouma,	»
Pis,	ret,	assilafa,	besdy,
Pissat,	msean,	smounan,	cayendé,
Pistolet,	fetel lontout,	quidindin,	cabouche,

(1) Dans les vocabulaires saracolé, séraire, bagnon et floupe, ce mot est écrit *prendre*.
(2) Dans le vocabulaire saracolé, ce mot est transformé en *pisser*.
(3) Ce mot, écrit *peire* dans le vocabulaire guiolof, mandingue et foule, ainsi que dans le vocab

	Saracolé.	*Séraire.*	*Bagnon.*	*Floupe.*
	—	—	—	—
	»	goussaha,	bouquor,	bissouc.
	haquainkié,	lafky,	boor,	hessof.
	taughy,	lalafe,	laccolafehien,	hassofesool.
	hahontou,	foty,	hicquetty,	hounhar.
5	haguiara,	layby,	meguinty,	hossel.
	haboto,	youly,	noucquaty,	hougnouf.
	hassamou,	amoha,	nimy,	guimy.
	fabé,	fape,	guano,	hetourey.
	hassamou,	tayky,	binnimom,	quapao.
10	aintinafoquinan,	ricdaham,	hienquafiry,	catteny.
	sahero,	sagoye,	guary,	hecinquely.
	serez,	okin,	houdan houton,	hanahan.
	ancoto,	ameda,	aminiquou,	nalibey.
	tho,	khas,	goudil,	caquohé.
15	thoho,	okakhasay,	hadily,	nacohoc.
	fotogouny,	onololoye,	hottilot,	guettihit.
	haloco,	ondoutoniam,	hottilot,	guettihit.
	seherez,	ganiar,	hiden,	boucan.
	hacounou,	sadaze,	benique,	gniouquof.
20	hariquemberey,	aynda,	habouquel,	maqueguen.
	bourinny,	gonaué,	guouguiopelon,	caboumbout.
	theha,	akiaf,	quidine,	caquandem.
	thebois,	akiafalengue,	tala,	caguissum.
	solé,	atodoque,	gouliquen,	cassondo.
25	golléba,	ounay,	bouguon,	hetampe.
	courir,	aboufa,	hatta,	couhotte.
	gollé,	gofabe,	bouguondou,	hatampeina.
	habefoutaincognigni,	outy,	guognom,	niguognam.
	guinay,	gobier,	condouc tabac,	heranoum.
30	»	»	»	»
	assoufat,	lozy,	guaquatty,	hoyaquol.
	nafoubouré niana,	coigna,	afamy,	cafanben.
	bourine,	assiede,	moussaan,	moussour.
	caboussé,	ongue dendebe,	pistol,	hepoumen cagnan.

aire baguon et floupo, est écrit *père* dans le vocabulaire séraire, et transformé en *paître* dans le vocabulaire saracolé.

	Français.	*Guiolof.*	*Mandingue.*	*Foule.*
	Place,	berebi,	lou,	noccou,
	Plaisir,	banec,	touloun,	huelenné,
	Planche,	dainke,	babara,	hallougué,
	Planter,	ghicou,	lo,	hahandé,
5	Platon (?),	mar, pas,	feinfé,	hierydé,
	Plein,	fesse,	afata,	hehuy,
	Pleurer,	guiohé,	combo,	ouhedé,
	Il pleut,	tannan, tanouinan,	sanguy-abéquéla,	ombonytanba,
	Plier,	guieklem,	ngoguia,	san,
10	Plomb,	beteke,	quioumbe,	betecque,
	Pluie,	tan,	sanguy,	tauguan,
	Plus,	dolleti,	allafa,	besdou,
	Plusieurs,	baré,	seté,	hehuy,
	Poche,	sako,	boto,	bata,
15	Poignée,	saccunamaco,	coun,	noccou,
	Poil (1),	cahouars,	contin,	soucoundou,
	Donner un coup de poing,	reuanamaio,	séé,	fiellau,
	Il est le point du jour,	guail yotnan,	sohéléta,	soubaqua quiouhé,
	Point trop,	dourlob, barcour,	aman tambi,	honan sauné,
20	Pois,	seb,	ty,	guebbé,
	Poison,	combay,	guaman,	»
	Poisson,	guin,	gnéé,	lidy,
	Poivre,	canei,	toubabcani,	cany,
	Pondre (2),	nenan,	quidi mounquo,	quondi poudes,
25	Porte,	bout,	daa,	dambouguel,
	Porter,	yoboul,	assamba,	nabor,
	Se porter bien,	guam lahamé,	quendé,	baradé guam,
	Pot,	nguiake,	da,	fahendé,
	Pou,	taigne,	carangua,	dadoul,
30	Pouce,	baram,	boulocoumba,	hordou,
	Poudre (3),	seule *ou* deum,	mounquo,	foutre,
	Poule,	guenar,	soucé,	guerdouguel,
	Poule pintade,	naal,	camy,	guaanguel,
	Pour,	ki,	fansoun,	halilein,

(1) Ce mot est devenu *post* dans les vocabulaires saracolé, baguon et floupe, et *poste* dans le vocabulaire séraire.

	Saracolé.	*Séraire.*	*Bagnon.*	*Floupe.*
	—	—	—	—
	noco,	patape,	hangueyrou,	fatenam.
	haraingo,	faylabam,	queina,	houppehanom.
	baffé,	oumouande,	goubouguonde,	cayhou quontou.
	tiffi,	doufy,	bourifoun,	caroguen.
5	sahay,	gondogues,	finfé,	cafinty.
	affagou,	maedem,	hurmonim,	nameingue.
	hahé-hounou,	loly,	saffetty,	houlocquou.
	affaheté-cahené,	rogadeba,	halimeonoc,	mitannalop.
	hahé-gounou,	doray,	guonhacqnaty,	houguognen.
10	boumisso,	gophilor,	quioumbou,	deppoumbil.
	tahé-cahené,	gadebe,	din,	naloup.
	angaba,	gateba,	bocquinty,	oubenen.
	angaba,	daylenne,	den helloque,	bouquanquo meiné.
	guiba,	odanga,	boto,	hemep.
15	nieca,	nakhy,	boumoc,	hibahitouc hissadaffé.
	guiney,	kadmana,	beguan,	keberaye.
	faintandé,	makana,	maletté boumoc,	pampannaguen micqua.
	illeincarré,	quek dongola,	gouranquey,	bassanguel.
	amacarigabo,	mayer,	loguodom,	hamenoto.
20	mollez,	goaydire,	bagnigue,	consac.
	fauhouré,	libe,	bourique,	hassic quisic.
	niequez,	kompaye,	guafeigne,	souhanne.
	guieré,	pimente,	gnamahan,	gnamahan.
	bouna,	polobra,	guabbon,	hepor.
25	comporaté,	goubayhaha,	biliminadon,	souloumet.
	aradaingué,	gniaby,	tollou,	oubiltoum.
	houanquaindé-theny,	aguigaguiain,	cangueibou,	norou.
	haupe,	kaneka,	bitifol,	comoyhoum.
	dougniehaye,	haykenne,	»	»
30	dorinhigo,	ongongor,	gougof,	soussinque samaque.
	»	kagyegué,	guabbon,	hepor.
	selingné,	gouballe,	baccod,	hahilol.
	guaingatet,	gassar,	rambo hiontou,	coussinha.
	maneniké,	madaisse,	goubot,	cabaguo.

(2) Ce mot est devenu *poudre* dans les vocabulaires saracoló, séraire, bagnon et floupe.
(3) Ce mot est transformé en *poutre* dans le vocabulaire séraire.

	Français.	*Guiolof.*	*Mandingue.*	*Foule.*
	—	—	—	—
	Pourquoi,	loteré,	mouncamman,	coady dou,
	Pourquoi cela,	cocotaco,	mouncamman,	houadidour,
	Pourrir,	neb,	coumouta,	guanly,
	Pousser,	guign,	agnory,	dougny,
5	Pouvoir,	mannaco,	no	miahuy,
	Le premier,	boquieke,	folo,	cohady,
	Premier que (avant que),	bola,	nemena	rendoudé,
	Prendre,	gnap,	amouta,	ban,
	Prendre peine,	legué,	doqué,	ban,
10	Présence,	anguesea,	guato, guata,	mintahan,
	Présent, don,	maye,	sory,	moroccoman,
	Presser, hâter,	gaontelou,	cataba,	hiaquou,
	Tout prêt,	guiotenan,	acagnenta,	cobady,
	Prêter,	lab,	fou,	haisleb,
15	Prêtre,	serim,	serim,	quernan,
	Prier,	guiaunata,	carafa,	guandé,
	Prière,	guianque,	carafa,	guiouldé,
	Proche de moi,	guieguaye man,	ncara man,	cohady am,
	Promener,	dokall,	tama,	hilo,
20	Promettre,	deel,	fo,	mideroccouman,
	Propre,	cetnam,	couérin,	laby,
	Pucelle,	raho,	souncoutou,	guihan,
	Puis après,	guenaho, colon,	occola,	guada,
	Vin pur,	messeing nein,	dolo quense,	»
25	Purger,	faye,	boridi,	guanno.
	Putain,	curot,	gualon,	guihan,
	Quand,	cagne,	moutouman,	bané,
	Quarante,	yannet fouk,	mouan foula,	quapandé nahy,
	Quatre fois,	yannet youn,	guanany,	labé nahy,
30	Que fais-tu	lo la def?	ibé mounquela?	combadota?
	Quelqu'un,	nit,	moo,	ñedau,
	Va quérir,	demel youcy.	taata,	hia addou,

	Saracolé.	*Séraire.*	*Bagnon.*	*Floupe.*
	manefony,	oulambaray,	commedé,	houam.
	bané foniquay,	goulanbao,	comedé goubar,	houam hateyam.
	hamouty,	rape,	happouticouoc,	happoutey.
	bahiouto,	bonneguay,	gouffanim,	houffal.
5	noumoulinassirondy,	aquiananquey,	homminnin,	hahouilorey.
	hahé-sohouana,	perende,	goulique,	cathihar.
	foffana,	ahetan,	boudècquemette,	napampanoubil.
	quigaheha,	dianguy,	hoddouc,	couyhetty.
	natan padou sana,	sadné gouif,	hicqué doho,	narbroc.
10	serousouyacona,	kyematem,	manguiry,	facquy.
	bahiancounou,	kyen,	bougnan,	bougnan.
	kity,	nioufy *ou* nioubak,	higuatty,	nohaquen.
	hacourouma,	tak doham,	hedet nahy,	nibahey.
	semondy,	bandam,	guagnonom,	hoquaquenom.
15	mody,	serim,	fode,	aloraye.
	carangué,	simen,	bouquassac,	noquottiley.
	hiacarangue,	gakiangue,	saly,	salaye.
	quaintorain,	natyda,	they guaguim,	nallof hom.
	bahé-tererey,	niaylok,	hadecquin,	cahaytor.
20	hafecou handan,	hankiou,	hitam nounquo,	pampalinhessy.
	sofiré agamoulou,	amoza,	renny,	natthien.
	sapé,	andaigon dogue,	baguiddy,	assounquontey.
	aray quainbirey,	kyamkion,	cottity,	guattity.
	bessou,	fessin fonio,	counnon,	bonnouque.
25	baheté miné-neny,	hiernoka,	goumal coubied,	caguor horfar.
	hacana,	fildargodon,	guambes,	babounguel.
	halliquaimbiray,	gambanne,	dacquaya,	foulafaye guatte.
	thanacatez,	karbanahek,	hemmamonaque,	houquanquou couba-ba.
	binacato,	anohac,	hidec quarenhec,	heyacquo bacquir.
30	halamané-niana ?	hoofaray ?	comognouyoc ?	houannoroqué ?
	mané-nequcy,	oukin,	houdou,	an.
	demareguy,	beek kotik,	mintam minty,	ouguian ougues.

Français.	*Guiolof.*	*Mandingue.*	*Foule.*
Queue,	guaisne,	feignan,	laquy,
Quitter.	bahil,	atou.	daly,
Quoi ? qu'est-cela ?	lo loudon ?	mounan mounem ?	codoug houny ?
Rabattre du prix,	ouagui dindi,	findi tala.	hittou boundé,
Racine,	cassin,	sin,	quaté lequy,
Racler,	ok,	guignandi,	hefdé,
Racourcir.	ouagui,	tala,	dabby,
Raison,	mkel,	bolo,	gongua,
Raser,	ouatte,	ly,	feimbadé,
Rasoir,	satou,	lyran,	pembourquy,
Rassade (verroteries),	guerap,	conon,	gnaguy,
Rassasier,	sour,	cononfa,	redouhehuy,
Rat,	guenaque,	guina,	domrou,
Récompenser,	faye,	guoran-dy,	guobdy,
Refuser,	aye,	baly,	hordy,
Regarder,	siete, guiesse,	felé,	hy,
Reine,	guayaye,	mansa mousson,	guay foulbé,
Remercier,	saute,	doua,	hietty,
Remplir,	fesnan,	afandi,	hebin,
Remuer,	yougnetou,	ma,	addily,
Rendre,	faye,	sayendi,	tottou,
Repas,	agne,	«	bottary,
Reposer,	napelou,	guogno,	fofteré,
Rester,	desee,	ton,	heddy,
Retourner,	delou,	saye,	routtan,
Réveiller,	hehou,	couny,	finy,
Rêver,	kalat,	sibo,	miguian,
Rhabiller.	dak,	sity,	coldam netty,
Riche,	bouram naguiour,	nafoulou sia,	hehuy alan,
Rien,	len, dara,	tous,	alahoundé,
Rire,	rais,	guelé,	gualdé,
Rivage,	tay,	dandan,	dande mayhan,
Rivière,	dek,	bolon,	mahcan,
Du riz,	quaispe,	mano,	maro,

	Saracolé.	*Séraire.*	*Bagnon.*	*Floupe.*
	koké,	galasse,	gouquala,	foloignou.
	habouhara,	ouassin,	hory,	nebetty.
	mané-foniquey ?	karef-kainay ?	hamanou comé ?	houam noroqué?
	hadé-guioncontenta,	guygné-habatkero,	bottoumetty.	houaguior.
5	nimé,	gapaye,	sillim,	boutillou.
	canoussi,	gaykandy,	baguisconoc,	cahues.
	adoufatana,	fatarab,	hioppo leonon,	coubomboul.
	nosiar,	taboura,	gouguenne,	noccomé.
	ahé-sini,	roussy,	gouhigne,	caquique.
10	ahé-siny,	ondous,	guigne,	caquicoum.
	guiatacamé,	kala,	bano,	bameppe.
	hafogou,	bagnamin mayou,	bachaye,	nippoigne.
	ninaye,	boudio,	guioucoutte,	écoucoutte.
	tigné-sana,	afayenguiam,	hinaghen,	nihouly.
15	bara,	fouenkyen,	hediguin,	niffirin.
	afaye,	dayty,	ninguetty,	ouguiouque.
	guichouho,	guyay,	houraquan,	assec haby.
	hectigua,	guigmahon,	gouhala,	coppoulen.
	cahéquaye,	naeden,	roum ninty,	meiguen.
20	hadédouyonko,	kayonoha,	naguenty,	hougnor.
	hasagaye,	bolein,	faquinty,	houlagnet.
	hahé-dagana,	guignam,	bouy hac la,	souray.
	toumana,	niotnohay,	houbingualac,	ery holom.
	tacou,	mofmeren,	bec haaty.	houlaquo.
25	hillaye,	fessohay.	coumbilinty,	houlaingne.
	sougondy,	yotohay,	gueffoulahaty,	hougnitto.
	couhï,	gogade	quinguiom,	hihcoutte.
	haheram rondonny,	rokohay,	boulhen,	cassouquen.
	faukamanl,	amaeda,	bannan,	habaya.
30	fofo,	laingue,	conguioguon,	ouafo ouaf.
	sohi,	dialy,	nionquil,	nalouhay.
	haquainhaye,	gatamendo,	boutinty,	boutinty.
	fanguaye,	gakale,	courahon,	guioucol.
	marro,	maslo,	mano,	mano.

Français.	*Guiolof.*	*Mandingue.*	*Foule.*
Roi,	bour,	mansa,	lamdo,
Rompre,	daum,	caty.	hety,
Rond,	morguelon,	nirorin,	morlercy,
Rondache,	paq,	cauteré,	houadé,
Ronfleur,	candor,	cristin la,	harangua,
Ronger,	hyay,	guimi,	guacquou,
Roseau,	guiake,	houa	houdau,
Roter,	kiodi,	crinti boula,	lygueré,
Rôtir,	ouagué,	guané,	guiouddé,
Rouge,	guiokonque,	oulein,	honegguy,
Rouler,	bring,	eleman eleman,	doundé,
Royaume,	macou,	dou,	leydy,
Rude,	aye,	guan,	guaulé,
Sable,	souf,	queigne queigné,	lesdy,
Sac,	sako,	boto,	batara,
Sagaye,	kaye,	tambo,	baanguo,
Petite sagaye,	guiake,	tamba mecen,	saguandy,
Sage,	segor,	afan moutano,	duno,
Saigner (1),	beune,	sanguarar,	feisandé,
Sain,	houer,	quendé,	quelloudo,
Hors de saison,	nahuit,	atouman tamlita,	doungou,
Sale, vilain,	telim,	norin,	founhuy,
Saler,	huck,	salguar,	lammy,
Samedi,	alede,	sibiti,	haleide,
Sang (2),	derette,	hoclou,	guiguep,
Sanglier,	gaminette,	oulaconon seau,	babba,
Sans toi,	dokonke yo,	ny iténté,	holonnanguaan,
Saoul,	mandi,	sira,	mandy laam,
Sarcelle,	rerouaye,	bouron,	quiloubelou,
Sauter,	tep,	saun,	duy,
Se sauver,	moukié, daun,	borita,	doguy,

(1) Ce mot, écrit *seigner* dans les vocabulaires guiolof, mandingue, foule et séraire, devient se dans le vocabulaire saracolé.

	Saracolé.	*Séraire.*	*Bagnon.*	*Floupe.*
	—	—	—	—
	thoraintain,	oumade,	hounan,	hahy.
	hacara,	essain,	moulouquetty,	houtouye.
	molomolainlaye,	amoloha,	hedlinahaye,	coutanguioray.
	codoraye,	»	bassinguy,	cabangual.
5	hagué raindiny,	gonguel,	bouguoundou,	seffesef.
	coté ganbodiny,	kaytoha,	cobgonooc bougaon,	nattoquaigne cool.
	quaingué,	onderhe,	baliro,	hetourey catafal.
	goko,	haraba,	bougnooc,	nouguegoul guegoul.
	habony,	enguden,	guinty,	houbaulou.
10	fodombé,	ayakda,	hacqueny,	nahimey.
	beraimbiny,	reniende,	condinty,	guifar.
	nihé-gommé,	goufichel,	bouquorcoum,	assoucompop.
	foquotaye,	amagna,	harary,	nattolo.
	higniaye,	lanke,	diqueignehac,	hequeppel.
15	nioncommé,	oussako,	botohaddeney,	emepcanhoc.
	thamé,	gassatama,	goual,	cabaye.
	naquihalé,	gabonne,	goussol gourquigne,	bouccaba.
	fossana,	adamokohon,	hamouttouc,	hamouttouc.
	niene gommé,	youlenne,	»	»
20	quaindainteney,	foubalbamoussa,	haguebby,	nemeley.
	quinez,	ombahane,	touma cononguodon,	foun siringuette.
	bogounouqué-houley,	adaka,	higuindy,	nalaheine.
	sapé houalla dou,	dakerhe,	hagoura,	camoussis.
	thenainguaiz,	guyoumelay,	biquotac,	founagnac.
25	forrez,	foay,	moquel,	moussin.
	faraye,	gioulle,	guifac-goufache,	effec caramba.
	anquaimpé,	maka fiskam,	guambodo fifi,	letton baban.
	haquelaln temac,	aoueya,	haccany,	naccaley.
	quililioual,	niappeky,	moulily,	moulily.
30	ouaka,	foly,	haricquahay,	poumpoum.
	ouronnou,	yufy,	cagniddy,	nettehey.

(2) Ce mot est écrit *sans* dans le vocabulaire saracolé, et *saong* dans les vocabulaires séraire, bagnon et floupe.

	Français.	*Guiolof.*	*Mandingue.*	*Foule.*
	—	—	—	—
	Savoir,	cam,	lon,	hauda,
	Savon,	sabon,	safona,	moguioum,
	Sécher,	ounan,	agua,	rarta,
	Secouer,	fougne,	guigny,	siddadé,
5	Sel,	corom, sakmate,	coo,	lamlam,
	Selle de cheval,	togue,	quirquey,	quirquey,
	Semer,	guy,	fy,	hahaoudy,
	Sentir,	hicque,	sounqnan,	mittiny.
	Se seoir (s'asseoir),	guiequi,	si,	guodau,
10	Séparer,	sedan,	atala,	doguedé,
	Sept,	gueromyars,	orongla,	guedidi,
	Sépulcre,	bamel,	moosary doula,	hienteré,
	Serrer,	dinke,	assy,	ressenan,
	Servir,	dagou,	surnir,	batoula,
15	Serviteur, valet,	laptot,	batoula,	lappitau,
	Seul,	dal,	doron,	tauc,
	Si tu le fais,	sokodefé,	ny ibe oquela,	saouadidou,
	Siége, chaise,	gangounay,	siran,	guodourgual,
	Sien,	mom,	ata,	anguaye,
20	Siffler,	olaisso,	fofo,	houdé.
	Silence,	nopelou,	aly idé,	foftou,
	Singe,	golo,	soula,	ouandou,
	Six,	geromben,	auro,	guegnom,
	Sœur,	guiguenne,	dan soucoutou,	miguem,
25	Soif,	mar,	mindan,	domdy.
	Ce soir,	qua engon,	souto,	quiquidé,
	Soixante,	gueromben fouk,	mouan saba,	quapande queguom,
	Soldat,	sourga,	satama,	batoulabé,
	Une sole,	derer,	canteré,	»
30	Soleil,	guent,	tilo,	nahangué,
	J'ai sommeil,	guemétounan,	cinobenna,	hecquetou,
	Songer,	fatelicou,	cibo,	miquiou,
	Sonner,	hiaingue,	acossy,	guololdou,
	Sorcier,	demme,	boua,	soucougnan,
35	Sortir,	guenne,	bo,	hiattou,
	Sot,	dof,	tourou,	canguadou,

	Saracote.	*Séraire.*	*Bagnon.*	*Floupe.*
	sagonaninatou,	garguay,	couhetty,	hounaguey.
	savonner,	savou,	saffena,	saffena.
	ahouarahaincahoua,	glilen,	hidinty,	hochahen.
	manoufoniquez,	haray,	hana,	namerey.
5	sapé,	goufande,	houmedde,	moussisse.
	gueriché,	lahaben,	quirquey,	quirquey.
	théfini,	doufy,	guarouc,	calouc.
	théminy,	yeganom,	faninty,	hoppoutennaye.
	lelez,	mofy,	noguotty,	houlac.
10	hidemé-sara,	gatete,	nonguoteney,	cottely.
	nierou,	betafadague,	mounguou,	moucquir.
	hieboulou,	gamboye,	bouyhinny,	foyhac.
	hié tagoudiny,	guyaky,	houquique nonquon,	nounorein.
	batoula,	bouknayhen,	battoula,	battoula.
15	bouté negui,	bouquenek,	haulconom,	hagnolol.
	baney,	foguien,	mandouc,	hianor.
	adaniancouey,	oufy engan,	guouhiem,	nouroquom.
	coromdomé,	gotongoul,	bounoguom,	calaquom.
	houlé,	gobo,	counom,	fil.
20	hahé foulenez,	ouguy,	guozin,	caffonguioup.
	hacourou,	bayam,	nadetty,	houtounten.
	founaye,	gakoye,	facquidy,	hegnaran.
	toumou,	betafalengue,	quilanguedouc,	foutochianor,
	guidé-niacary,	omdebs,	hohanqui houdic-quom,	hatoumby hanarey,
25	holima,	hodaymena,	barouc,	baran.
	oumourondou,	gouyaraham,	guombou bougua-neigue,	guaty calim.
	tanieray,	setenta,	gnannamelal,	houquanquoquou faye.
	batoula,	noniokor,	corey,	boucanom.
	foura,	oussapal,	»	»
30	quié,	fossaye,	bincguy,	balaye.
	guigono,	annyma,	sinquim hallac him,	camornasso fam.
	simeny,	liby,	meguinty,	holen.
	yocouno,	yomy,	quibetty,	hounaquo.
	foconian,	onnak,	hocquetty,	halaye.
35	hebaque,	oualy,	foutty,	houppom.
	haquelain tabac.	odof,	hagualac,	hamiritein.

Français.	*Guiolof.*	*Mandingue.*	*Foule.*
Souffler (1),	ouelkiou,	afé,	ouitoudé,
Soufflet	pesse, hioup,	fara,	bifdey,
Soufre,	tamraac,	sofre,	»
Souliers,	ydal,	samata,	padé,
En soupant,	reerandan,	»	hirtandé,
Souper,	reire,	soutoquino,	hirandé,
Soupir (2),	nohé,	coquy,	fofandou,
Je soupire,	mangonohé,	imbe coquy la,	midofofo,
Sourcils,	henne,	guaty,	timoney,
Sourd,	tak,	touloucou teta,	pahau,
Sous,	kiasouf,	ocoto,	laisse,
Souvent,	baré,	lounoloun,	hiéhuy,
Sucer,	fonrokou,	sousou,	mousnou,
Suer,	guece,	tara,	holohueré,
Il suffit,	douenan,	acaguanta,	youy,
Suivre,	top,	taanola,	doftou,
Sur (3),	kiaco,	acan,	todau,
Table,	table,	messa,	»
Tâcher,	»	bamban,	ouallam,
Se taire,	noupil,	idéé,	deguiou,
Tamarin,	daskars,	timby,	guadbé,
Tambour,	ndend,	tantan,	baguou,
Tant,	soma,	souman,	dountan,
Tant seulement,	mtoute,	damman,	seidey,
Tante,	baguenne,	fadaa,	guorguor,
Tarder,	biague,	méé,	bocdau,
Tâter,	lal,	ma,	membadé,
Teindre,	soub,	cara,	soubenguo,
Témoin,	haté,	mabé,	féhéré,
Tempête, grain,	kaimme dainnou,	tourbada,	diranguan,
Le temps,	at,	touma,	ittaindé.
Bon temps,	at montsack,	touma dimma,	ittaindé moguy,

(1) Ce mot est écrit *souffleur* dans les vocabulaires saracolé, séraire, bagnon et floupe.
(2) Ce mot est écrit *soupirer* dans les vocabulaires saracolé, séraire, bagnon et floupe.

	Saracolé.	*Séraire.*	*Bagnon.*	*Floupe.*
	houhonqueni,	ouguy,	countoun belein,	hetountoun belein.
	saintendey,	fadem,	goular,	camin.
	tandarama,	»	soffry,	soffry.
	thépouny,	haniefade,	samatta,	samatta.
5	niamaca henaye,	»	atomna gouhiac,	quinan quolim.
	niamaqué,	gakioha,	bouhanam,	riccalehein.
	ahé-ouonguini,	knyola,	annoumouly,	nessephé.
	hahé-foufené,	soussa,	hinoum louquoloc,	nessephé sef.
	hanta dampira,	oudike,	goufonque,	coufandoun.
10	longou,	araman,	thetac,	hahyanditte.
	»	dauank,	rein,	thetam.
	haré quaimbiraye,	adobay,	toumâ otouman,	foulaye ofoulaye.
	bossiny,	boussien,	saucetty,	hourap.
	foutissana,	gongueche,	guouguèn,	niguenguen.
15	assirocondoua,	afoda,	hedaguy,	nettanguorey.
	habatou,	ouatnen,	cocquetté,	ouribol.
	fonbé-gayé-quaintiny,	gagny,	gouguenné,	maleguen.
	beré telemaye,	maissa,	messa,	messa.
	aroganaquity,	fiquenay,	tignaty,	houmougnac.
20	courou,	aniota,	guadetty,	houtountan.
	caralez,	kassobe,	timbin,	timbin.
	guimaye,	goufamme,	guiram,	caragnel.
	hangaba,	agueramayo,	loo,	coumeigné.
	habanez,	amaya,	naac,	gnem.
25	hamarémain,	taboter,	hassom,	hassom.
	adallana,	bomin,	hamiguy,	nappoya.
	henanena,	moupen,	happinty,	houmamen.
	hlememéquenaye,	soupy,	nometty,	nometty *ou* bounoum.
	ecronquiouycolla,	damaname,	matty,	namattey,
30	guiondo,	gouyague,	bouquiddiqued,	brousmamac.
	costa,	amigna,	touman,	nanin.
	costa-siré,	anemoza,	toumaboun,	nanin nappounquiou.

(3) Ce mot paraît être la préposition *sur* dans le vocabulaire guiolof, mandingue et foule, et l'adjectif *sûr* dans les autres.

Français.	*Guiolof.*	*Mandingue.*	*Foule.*
—	—	—	—
Longtemps,	hiague,	améta,	bohédé,
Tendre,	toyé,	fouma,	hiaffy,
Tenir,	om, guiape,	soto,	enda,
Terre,	binette, co,	banquo,	lesdy,
Tête,	bope,	coun,	hauré,
Tête de chien,	bope kaille,	oulou coun,	hauré rahouandou,
Téter,	nampé,	sousou,	mousnou,
Tirer,	fetel,	quidy,	fetel,
Toi,	yo,	yté,	an,
Toi-même,	yotembé,	ité fanfan,	an teinbé,
Celà est à toi,	yokomom,	ytalein,	anguaye,
Toile,	endimon,	fano,	bagny,
Tomber,	danou,	boué,	hahianny,
Ton,	sa,	hela,	man,
Tonner,	tau,	fétéin,	endenou,
Tordre,	domme, oique,	foua, .	mottodé,
Tu as tort,	yatoigne,	icafata,	toignicam,
Toucher,	lal,	ma,	hammemy,
Toujours,	guirguep,	lounoloun,	guandé-cala,
Tour à tour,	momay,	quilin quilin,	hedan,
Tourelle,	mnegue,	boun,	soudou,
Tu me tourmentes,	bouguel gua man,	ibé infitila,	hasogne liquam,
Tourner,	hour,	tolmi,	houenquitan,
Tous,	guiep,	bé,	cala,
Tousser,	sekat,	totorin,	guouroumon,
Tout de même,	yeprok, yepben,	tentilem,	calaquoguotel,
Tout à l'heure,	caol leni,	cataba,	hiaquoguony,
Trafiquer,	guiende,	firy,	saude,
Traire les vaches,	rate,	nissy-bondy,	bir,
Travailler,	guefe, legué,	doqué,	couguel,
Treize,	fouc ac yet,	tan-ny-saba,	sapotaty,
Trembler,	lok,	guarguary,	singuerey,
Trente,	fanuer,	mouan-ny-tan,	quapantaty,
Très-bon,	nekuan,	dimman,	huely,
Tribut,	coubel,	madintambo,	coffengual,
Triste,	nekouco,	abalaamandy,	bandoumanhuelaly,

	Saracolé.	*Séraire.*	*Bagnon.*	*Floupe.*
	hadalla,	amigna,	migny,	gnouppoyhey.
	hafoutou,	nanohay,	gouran,	cappaigne.
	dhaquity,	danyana,	lacquetty,	boussof.
	nienhaye,	nioty,	diraac,	boulom.
5	himey,	gouhok,	bignof,	fouquanhoc.
	houlou himaye,	hogobo,	bignof conguicquy,	fouquanhoc hehen.
	segou,	gonoma,	mimin,	foucсat.
	foutoulou,	»	»	»
	inquié,	oua,	fify,	hahou.
10	kuiesana,	ouessaha,	mémé modomodo,	ingué douquonquom.
	hiqué afony,	madef enquenay,	hogne guiquen,	hoaffey.
	bagui,	gatemo,	baye,	baye.
	haquenou,	ayena,	haniny,	nalohan.
	niaconiquessou,	tombo,	bagueddy,	hettaf.
15	queryguidinez,	goufalal,	gouffalal,	catta hemitty.
	tolomny,	koulien,	nogguetty,	houbanquen.
	haniambacal,	bouro,	houmou guahaguy,	gualaguy.
	harena,	doken,	nahinty,	houguor.
	cotohacotha,	baidobende,	habada,	foulaye.
20	careménacanou,	lakohé,	goumbe enguananquen,	dathé ahoquiley.
	hahoterainay,	»	bougoudde,	calimmis.
	hahé-terolongonou,	gayfarhors,	mittinoccom,	niocconam.
	hilandiny,	soubten,	dodimbinaty,	hobocquenor.
	soufahequey,	mos,	mes,	pop.
25	nana,	okotohay,	casquetty,	hocquimo.
	hassou,	lengarefo,	nahey,	guémoun.
	scassasca,	dikny,	nammoto,	gué.
	guioula,	okidiko,	gouguila,	founom.
	camondiny,	birky,	gounoon,	calloutho.
30	gallinna,	oukyaguel,	doo,	broc.
	tamoudoucico,	karbahay foutadlk,	halac,	halallo.
	hahé seingueriny,	assends,	gnahenty,	cabophoquen.
	tandiqué,	karbahentadek,	honnam houalac,	hanhianor aban quagnen.
	sosiré,	afakalom,	aboundinan,	noppoun quobohol.
35	soudayé,	kyohenbahom,	bayham,	cayham.
	habouteylainguay,	foubalmaamassa,	hanhady,	boulibé.

	Français.	*Guiolof.*	*Mandingue.*	*Foule.*
	Trois,	yet,	saba,	tati,
	Tromper,	hor, bagué,	mony,	baguineddou,
	Trop,	baré,	aassa,	hehuy,
	Troquer,	guinde,	afaly,	saudam,
5	Trou,	can,	dinca,	guasca,
	Trouble,	telim,	fity,	attounuy,
	Troupeau,	guait,	corée,	houran,
	Trouver,	féké,	soto,	rartou,
	Truie,	drouen,	seyan moussou,	guenbaba,
10	Tuer,	ré,	afa,	ouar,
	Turban,	metel,	fatara,	metel,
	Tuyau,	sonk,	dora,	solom,
	Un,	ben,	quilin,	guo,
	L'un et l'autre,	yep yars,	y foulan bé,	min et man,
15	Usé,	yak, kar,	coto,	houny,
	Va-t'en,	demel,	ta,	ya,
	Vache,	nague,	niey,	nagué,
	Vaillant,	guiomé,	faty,	moguo,
	Vaincu,	guiam,	guion,	guiadan,
20	Vaisseau,	randi,	toubab coulon,	lana,
	Valet,	beukenet,	boucanegue,	boucounet,
	Valoir cela,	liguernako,	aosy,	saude guarirman,
	Se vanter,	reonan,	cabeté fannan,	seitan,
	Vautour,	tanne,	doua,	doutel,
25	Veau,	selon,	nicy din,	gualel,
	Veiller,	yaigue,	canta,	tindan,
	Vendre,	guaye,	asan,	hiaye,
	Vendredi,	alguman,	arguman,	alguman,
	Vent,	guelo,	fogno,	hendou,
30	Ventre,	bir,	conon,	redou,
	Venu,	nioudic,	nata,	moreta,
	Un ver,	sak,	tombon,	guilguou,

	Saracolé.	*Séraire.*	*Bagnon.*	*Floupe.*
	siko,	tadique,	halallo,	coufaguy.
	ancana,	hodano,	bouguiouc,	afafeny.
	augaba,	amayda,	hagnecquy,	nafan houtan.
	haffara,	sofeneu,	guahocque,	catitty.
5	commé,	gassimbe,	bounouc,	cagnof.
	aquahieny,	anoutoha,	hamittan,	naliguen caliguen.
	nanquorrey,	goussir,	corey,	simeiguey.
	hidamanaingary,	aguissan,	hetotty,	nimourouc.
	farayacarré,	groulgourer,	guifechadicquaam,	effechanaré.
10	haquary,	ouaerim,	coffetty,	houbouguiou.
	nafadé,	fity,	goutendé-connam,	foubouraye.
	guinainguiolez,	youlen,	goussaingue,	foulaingue.
	bané,	oleingue,	mandouc,	guanor.
	cassoadokuié,	okaynay kana,	meslida,	nippague pope.
15	agniame,	aissa,	queiley,	cafouloul.
	daga,	raity,	minny,	houguian.
	nayakaraye,	nak,	haquaye,	heibey.
	higousaqueny,	assada,	hacquagnan,	nappeito.
	»	»	haminac,	couhilol.
20	hiauqué,	dakale,	bequanny,	bousama boubaba.
	bouquenaye guï,	boukenek,	houssongue,	miquel.
	queraqué guionbon-baga,	kayneguera,	sonquonom guamma,	affé hessonhaut.
	yagoudéraga,	dykohay,	memenguoud,	henguian.
	caradiguey,	nayelokay,	guiougouddy,	hegoutoum.
25	nehalemaye,	dokhel,	haquinty,	fouquluty.
	habouytangadiny,	noguey,	biquogne,	hematte.
	gagana,	dikohé,	slutau,	fanoma.
	haleguiouma,	aguiouma.	»	»
	tacobo,	gakenne,	bocques,	larous.
30	noco,	goufoude,	biedde,	far.
	hary,	gary,	hadeoquoty,	nabley.
	coudé,	gohierize,	habouguou,	hepous.

Français.	*Guiolof.*	*Mandingue.*	*Foule.*
Verrot (verroterie),	guérap,	conon,	gnagué,
Vert (1),	guel,	couta,	guobongué,
Vesir,	siette,	felé,	rar,
Veuve,	fengui,	filiba,	quesnidan,
5 Prends ma vie,	bomé la donde,	inté a fa,	guilombo oury,
Vieux,	magnet,	queba coto,	naheguo,
Vif,	donde,	quendé,	cidy,
Vilain.	gnian,	corondé,	boninguary,
Village,	dek,	saté,	ouran,
10 Vin,	msing,	dolo,	»
Vingt,	nit,	mouan,	naugas,
Visage,	knam,	mouloun,	hiessan,
Vite,	gaol,	cataba,	hiaquou,
Vivre,	donde,	quendé,	hourdé,
15 Voguer,	guiau,	batotama,	omboagua,
Voici, voilà,	mongui,	ngué,	ineny,
Voile,	huyr,	basso,	»
Voisin,	dekaté,	sou quilin tam,	bandam,
Voix,	ouak,	diam,	dedderé,
20 Voler comme un oiseau,	naho, naka rab,	tyco, counoun,	dihuy,
Voler (dérober),	sake,	sougnar,	ouguiou,
Voleur,	nit sake,	soun,	gouguiau,
Volonté,	sago,	dia,	sagoman,
Vôtre,	sa,	hela,	mobour yeman,
25 Vouloir,	bougue,	lafi,	idi,
Vous,	yen,	altelou,	honon,
Voyage,	yone,	sila,	lahoul,
Vrai,	degue,	toignan,	gongua,
Yeux,	guet *ou* bet,	gna,	hiteré,

(1) Ce mot est écrit *vers* dans le vocabulaire saracolé.

	Saracolé.	*Séraire.*	*Bagnon.*	*Floupe.*
	—	—	—	—
	cagnot missé,	kala,	bameyley,	bameppe.
	faubiné,	gomboule,	haraquey,	lahen lahen.
	hato,	akhonis,	gouhanty,	caffas.
	quinaincara,	aniabo,	guanguio heham,	naquete hatahol naquatol.
5	moutoucourouma,	guiangué gonioyez,	coufom,	hou bouguiom.
	hacasso,	omak,	dicqualy,	cafalloum.
	macarammabiré,	onio,	haguebby,	naronhe huquetoutou.
	fauxboré,	farhere,	norin,	noulahen.
	dhebaye,	goubinte,	hadiguy,	heloup.
10	bessou,	fossingue,	counnan,	benouc.
	tampillé,	karbahendik,	hounam,	cacandoum doucougnen.
	yaco,	apamo,	biguir,	boul.
	courouman,	nioufy,	guatinty,	houaquen.
	hahé birenné,	nyoduy,	haguebby,	narom.
15	hantésiry,	faraseingue,	duquohaguaquam,	ougual dimoulou.
	afaille,	ouytan,	hinounquamma (*bis*),	nicanafé nicanafé.
	fouradou-hiramé,	ombague,	bassan,	bassan.
	sorofilicanaco,	ingriguen,	houguiniquen,	hacquinory.
	cané,	dayty,	ninquananon,	mihihouc.
20	hahé ouacacauhilainguay,	yity,	quidetty mantounnou,	houhitty.
	faya,	goudy,	hoddou,	caquouetty.
	faya,	engagouda,	houddouc,	haquouetty.
	hahé-sagonianė,	bainaik,	gualim,	soumam.
	hainquain,	nouna,	conanquen,	hatahan.
25	serebé gamoulou,	bourbangueney,	heragny,	nippagny.
	anquain,	ouo,	nincananon,	mihoul.
	quillez,	maihynoua,	chadecque,	heguabroum.
	hatė adou,	oudalgeul,	gouguenné,	maleguenné.
	yaké,	ganguide,	siguin,	souquil.

BIBLIOTHÈQUE ROYALE
I

TABLE.

NOTICE SUR LE PAYS ET LE PEUPLE DES YÉBOUS, EN AFRIQUE.

APPENDICE.

VOCABULAIRE DE LA LANGUE PONGUA.

VOCABULAIRES GUIOLOF, MANDINGUE, FOULE, SARACOLÉ, SÉRAIRE, BAGNON ET FLOUPE.

BIBLIOTHÈQUE ROYALE
1

Imprimerie Dondey-Dupré, rue Saint-Louis, 46, au Marais.

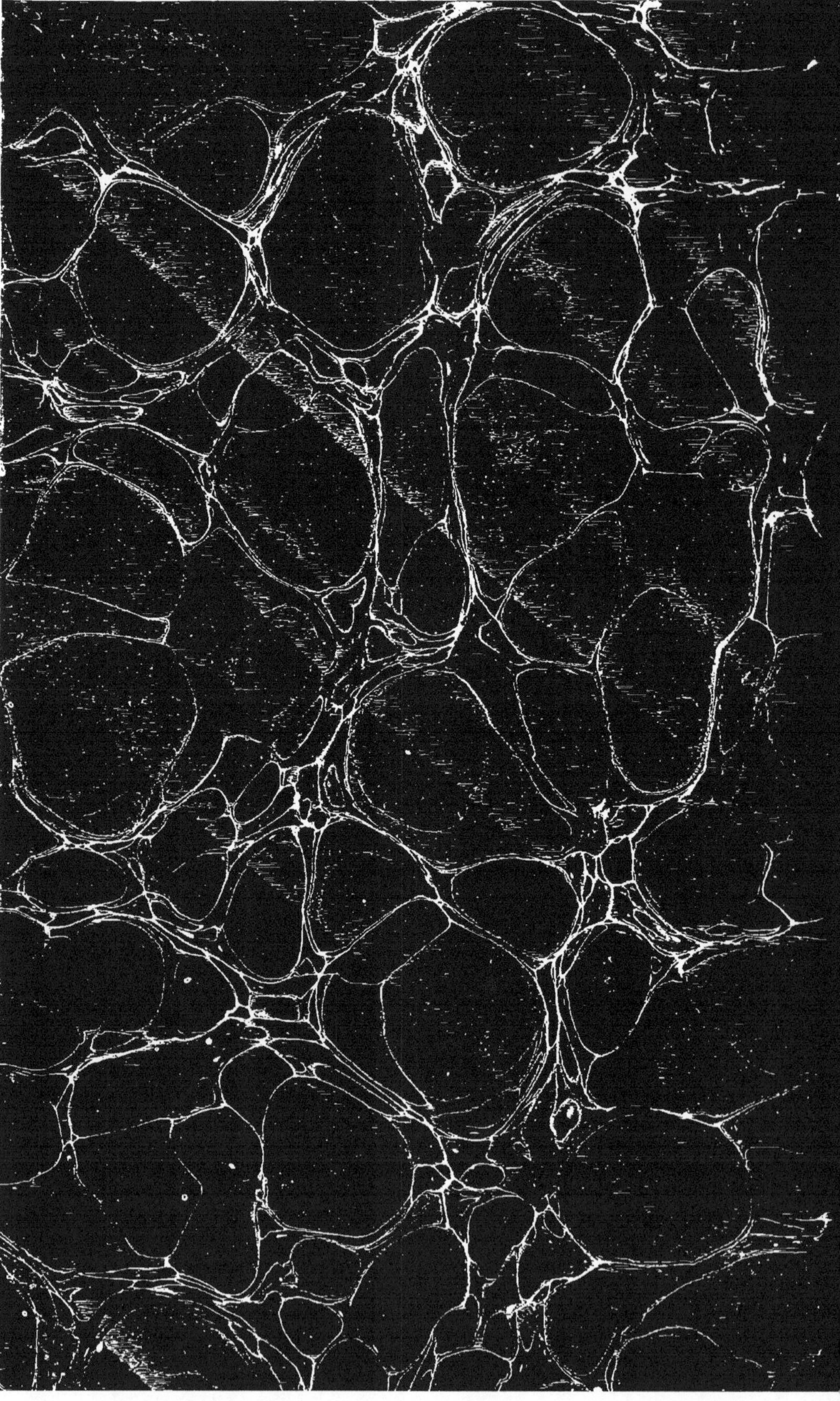

www.ingramcontent.com/pod-product-compliance
Ingram Content Group UK Ltd.
Pitfield, Milton Keynes, MK11 3LW, UK
UKHW031045260726
13965UKWH00006B/436